정신사적 고찰

Heibonsha Library Series: SEISHINSHI-TEKI KOUSATSU
by FUJITA Shouzou

Copyright © 1982, 2003 FUJITA, Shouzou
All rights reserved.
Originally published in Japan by Heibonsha Limited, Publishers, Tokyo
Korean translation rights arranged with Heibonsha Limited, Publishers, Japan

# 정신사적 고찰
―붕괴와 전환의 순간들

후지타 쇼조 지음 | 조성은 옮김

2013년 11월 4일 초판 1쇄 발행

펴낸이 한철희 | 펴낸곳 돌베개 | 등록 1979년 8월 25일 제406-2003-000018호
주소 (413-756) 경기도 파주시 회동길 77-20 (문발동)
전화 (031) 955-5020 | 팩스 (031) 955-5050
홈페이지 www.dolbegae.com | 전자우편 book@dolbegae.co.kr
블로그 imdol79.blog.me | 트위터 @Dolbegae79

편집 최혜리
표지디자인 강영훈 | 본문디자인 이은정·이연경
마케팅 심찬식·고운성·조원형 | 제작·관리 윤국중·이수민
인쇄·제본 한영문화사

ISBN 978-89-7199-575-4 (03100)
이 도서의 국립중앙도서관 출판시도서목록(CIP)은 e-CIP 홈페이지
(http://www.nl.go.kr/ecip)에서 이용하실 수 있습니다.(CIP제어번호: CIP2013022061)

책값은 뒤표지에 있습니다.

붕괴와 전환의 순간들

후지타 쇼조 지음 조성은 옮김

정신사적 고찰

돌베
개

차례

일러두기

1. 이 책의 원서 『精神史的考察』는 1982년 일본 平凡社에서 첫 출간되었고, 2003년 같은
   출판사에서 라이브러리판으로 재출간되었다. 이 책은 라이브러리판을 기준으로 삼아 번
   역했다.

2. 저자의 원주는 절 뒤의 후주後註로, 옮긴이 주는 각주로 표기했다.

3. 원서에서 글자 옆에 점을 찍어 강조한 부분은 짙은 고딕체로 표기했다.

4. 책·잡지의 제목은『 』로, 시·단편·논문의 제목은「 」로, 그림의 제목은〈 〉로 구분했다.

5. 본문 중의 한자는 한국어 표기에 쓰이는 한자로 통일하되, 고유명사의 경우는 최대한 원
   표기에 따랐다.

6. 한자어의 독음은 각 장 안에서의 맥락과 통일성을 고려해 표기했다.

# 어느 상실의 경험

숨바꼭질의 정신사

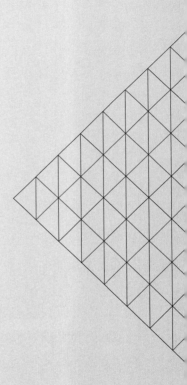

파울 클레의 그림 〈새로운 천사〉Angelus Novus

이 글은 후쿠인칸쇼텐福音館書店에서 발행한 『어린이의 집』(子どもの館) 1981년 9월호에 처음 실렸다.

# 시작하며

골목길에서 아이들의 숨바꼭질 놀이를 볼 수 없게 된 지 이미 오래다. 어림잡아 15년은 넘었을까. 시대가 변하면서 놀이 종류의 체계가 변해 버린 것도 있겠지만, 그뿐 아니라 길이란 길에는 모조리 자동차가 달려 들어와 방약무인한 질주를 마음껏 하고 있는 것이 큰 원인 중 하나라고 생각한다. 아니 오히려 현대 일본에서 시대가 변모하는 방향과 상태를 전형적으로 보여 주는 것이 이 자동차의 무차별 침입이라는 사태이며, 그러한 변화의 결과 놀이 체계도 근본적으로 바뀐 나머지 길 위의 숨바꼭질도 안계眼界에서 사라져 버린 것이리라. 물론 여기서 말하는 길[道]이란 '기내칠도'畿內七道[1] 할 때의 '도'와는 전혀 다르다. 그런 국가제도적 '공도'公道나 오늘날 말하는 '하이웨이'라면 마차가 다니든 우차가 다니든 다이묘大名 행렬이 다니든, 트럭이 달리든 자동차가 날뛰든 간에 공기 오염과 소음 확산만 없다면 직접적으론 우리가 상관할 바가 아니다. 그러나 골목길은 그와는 다르다. 골목길은 집의 내부와 출입구를 경계 삼아 바로 연속해 있는 친근한 밖의 세계이며, 사람들이 다목적으로 사용하는 공동의 공간이다. 그것은 관공서적인 의미에서가 아니라 우리가 그곳에서 관계한다는 의미에서 공공 공간이다. 그 골목길을 '공도'와 마찬가지로 자동차가 질주하고 있는 것이 지금 현재 우리의 사회적 현상이다. 그리고 그 덕분에 골목길에서 숨바꼭질이 사라졌다.

하긴 전 세계에 자동차를 팔아 치워 돈을 벌어들이는 나라이니 그

---

1    기내칠도畿內七道: 고대 율령제 아래, 일본 전국을 수도권에 해당하는 기나이畿內 외에 도카이도東海道, 도산도東山道, 호쿠리쿠도北陸道, 산인도山陰道, 산요도山陽道, 난카이도南海道, 사이카이도西海道 일곱으로 나누던 광역 지방 행정 구획.

나라 안이 자동차로 가득 차 버린다 해도 어쩔 수 없는 일일지도 모른다. 판매 전투라는 게 얼마나 난폭한 요소를 내부에 품을 수밖에 없는가를 일상생활 한 켠에서 다소나마 항시 보고 있는 자로서는 세계 곳곳에서 펼쳐지고 있는 일본의 판매 작전이 품위 있고 공정한 경쟁 행동이라 믿기는 도저히 어렵기에, 무자비한 판매 작전으로 돈벌이를 하는 나라라면 그에 걸맞은 천벌을 받아도 어쩔 수 없다는 생각이 들기도 한다. 무언가를 얻는 것은 다른 무언가를 잃는 것이라는 비용의 법칙에 비추어 봐도 '신중상주의'新重商主義의 막대한 돈벌이가 지불해야 할 희생은 당연히 상당히 클 것이므로, '성장 경제'로 인해 잃어버린 것은 널리 사회의 각 분야에 걸쳐 상당히 심각한 것이리라. 들어온 돈의 액수 증감에만 정신을 뺏길 뿐 아니라 잃어버린 것에 대한 자각도 분명하게 갖지 못하는 경우, 돈은 필요 이상으로 벌지만 그 대신 살아가는 방법에 대한 가치와 기준을 잃어버리고는 무엇을 위한 경제활동인지 그 까닭을 알 수 없게 돼 버리곤 한다. 그것이 신중상주의의 니힐리즘이다. 그리고 살아가는 방식에 대한 정신적 골격이 사라진 사회 상태는 더 이상 충분한 의미로 사회라 부르기 어렵다. 그것은 일정한 양식을 가진 생활 조직체가 아니기 때문이다. 그건 오히려 사회의 해체 상태라 말하는 편이 나을 것이다. 그리고 이런 때야말로 곧잘 사회 바깥쪽에서 '생활에 목표를' 부여하겠다고 설치면서 '국가를 위해'라는 가짜 '가치'가 횡행하기 시작한다. 그렇게 되면 사회의 재생은 극도로 어려워진다. 국가란 기계적인 장치이므로, '국가를 위해서 생활한다'는 건 곧 생활이 기계적 장치의 말단기관으로 화함을 의미할 뿐이다. 이런 가운데선 생활조직과 생활양식의 독립성이 무너져 사라질 수밖에 없다.

상실의 경험을 소홀히 하고 오직 신중상주의의 궤도를 달려가고자 하는 태도 속에 이 같은 길을 향한 분기점이 잠들어 있다면, 우리는 어떻게 해서든 오늘날 잃어버린 것이 무엇인가를 근본적으로 확인해 두어야 할 것이다. 여태껏 길 위에서 언제든 마음껏 펼쳐지던 숨바꼭질이 어라, 어라 하는 사이 소실돼 버린 것 또한 오늘날 벌어진 상실 경험의 작은 일례인 것이다. 그러나 작은 일례라 해서 그것이 함의하는 사회적, 정신적 사정射程 범위가 작은 것만은 아니다.

1

숨바꼭질 술래가 되어 눈을 감고 몇 십 정도를 센 뒤 이제 동무들을 찾고자 눈을 뜨고 돌아본 순간 고작 수십 초 전과는 완전히 달리 눈앞에 돌연히 펼쳐지던 막막한 공백의 경험을, 그 누군들 잊었을까. 동무들 모두가 숨어 버릴 것을 놀이의 약속으로 충분히 알고 있었음에도, 그런데도 순간적으로 그 누구 하나 없는 공백 속에 돌연히 자기 혼자 내팽개쳐진 것처럼 느껴진다. 어른들이 그 주변을 걷고 있더라도 그들은 세계 외의 존재이며, 길가의 돌멩이나 나무 조각과 마찬가지로 사회의 사람이 아니다. 눈에 들어오는 것은 단지 사회가 없어진 텅 빈 펼쳐짐뿐이다. 그리고 눈을 감고 있던 얼마 동안의 어둠으로부터 밝은 세계로의 급전急轉이 그 돌연한 공백감을 한층 강하게 만드는 것이리라.

　이렇듯 숨바꼭질은 급격한 고독의 방문, 일종의 사막 경험, 사회의 돌연변이와 응집된 급전적 시간의 충격이라는 일련의 심각한 경험을, 까불대며 돌아다니는 명랑한 활동 속에서 희미하게, 그러나 확실하게 느낄 수 있도록 만들어진 놀이인 것이다. 즉 숨바꼭질은 이러한 일련의 심각한 경험을 추상화처럼 단순화해, 너저분한 세부 사정이나 감정들을 말끔히 도려내고, 원시적 모형 완구 같은 모양으로 집약해서 그 자신의 내부에 파묻은 놀이인 것이다. 그리하여 이 놀이의 반복을 통해, 유희자로서의 아이는 자기도 알지 못하는 새 마음속에 차츰 일련의 기본적 경험에 대한 태반을 형성해 갔던 것이리라. 그것은 결코 경험 그 자체는 아니지만 경험의 작은 모형이며, 그 완구적 모형을 가지고 놀면서 원물原物로서의 경험과 같은 어떤 형질을 몸에 받아들이게 되었음에 틀림없다.

이러한 유희적 경험의 핵심 부분에 그림자 그림처럼 비추어지는 '실물'은 대체 무엇일까? 즉 숨바꼭질의 주제는 무엇인가? 구보타 도미오窪田富男 씨가 번역의 노고를 쏟은 잔니 로다리Gianni Rodari[2]의 지적에 따라 단적으로 말하자면 이 유희적 경험의 심芯에 비추이는 것은 '미아의 경험'이며, 자기 혼자만이 격리되는 고독의 경험이며, 사회로부터 추방되는 유형流刑의 경험이며, 오로지 홀로 헤매야만 하는 방황의 경험이며, 사람이 사는 사회의 경계를 넘어선 곳에 펼쳐지는 황량한 '숲'과 '바다'를 표식도 방향도 모르는 채 무엇인가를 위해 헤쳐 나가야만 하는 여행의 경험이다. 그리고 추방에 의한 이런 방황의 여행 세계가 잠깐 눈을 감았다 떴을 때 불현듯 찾아온다는 점, 어느 날 아침 잠에서 깨어나면 도래해 있을지도 모를, 일상적 예상을 아득히 넘어선 사건에 대한 상상이 바로 그 그림자를 드리우고 있다. 그것은 거의 카프카적인 세계까지 통하는 어떤 가능적 경험의 암시이기까지 하다.

이렇게 「엄지동자 다로」(親指太郎)[3]의 세계와 '숨바꼭질'의 세계는 완전히 같은 주제로써 대응한다. 차이점이라면 전자는 말로 이야기되어 귀로 듣는(혹은 읽는) 것임에 비해 후자는 동료와 함께 신체를 사용해 행위된다는 데 있으며, 따라서 전자가 주로 집 내부에서 행해지는 것에 비해 후자는 바깥의 행동적 세계에서 이루어진다는 점, 전자가 대개

---

2    잔니 로다리Gianni Rodari(1920~1980): 이탈리아의 아동문학 작가. 1970년에는 한스 크리스티안 안데르센 상을 수상했다.
3    「엄지동자 다로」(親指太郎): 일본의 전래 민담. 엄지손가락만 한 크기의 작은 남자아이가 갖은 모험을 겪게 되는 내용의 이야기다.

노년의 이야기꾼 한 사람을 필요로 함에 비해 후자는 비슷한 또래 집단을 필요로 한다는 점에서 다른 것뿐이다. 이 둘은 같은 주제가 완전히 다른 형태로 나타난 것에 다름 아니었다. 놀이로서의 '숨바꼭질'은 듣고 외운 '동화'의 촌극적 번안이며, 신체 행위를 통해 집단적으로 다시 이야기(再話)한 '동화'이며, 놀이의 형태로 행해지는 '동화'의 실천판이었다. 그 '작은 연극'이 무대장치나 의상이나 화장이나 소도구 그리고 대사마저도 일절 필요로 하지 않는다는 점이, 숨바꼭질이 실로 '동화'의 실천판에 적합한 공상적 상상력임을 드러낸다 말할 수 있을 것이다.('현대 연극'은 동화를 모방한 숨바꼭질을, 또 한 번 모방하는 것일까!)

그러나 다른 한편, 숨바꼭질이 모형화하고 있는 일련의 심각한 경험은 실제 사실 세계의 경험 그 자체를 모사한 것은 아니다. 그것은 '실물'도 '원물'도 아닌, 이미 '동화' 고유의 어떤 구조 속에서 이야기되고 승화된 경험을 모사한 것이었다. 여기서 우리는 이미 '고독한 숲 속 여행'이나 '추방 뒤의 방황', 그리고 일정한 '잠' 뒤에 일어나는 '이변'이나 '별세계의 일'들, 아이들에게 들려주는 여러 가지 '동화'나 '전래 동화'들을 떠올릴 수 있을 것이다. 앞서부터 언급한 '시련'이나 '다른 세계 지나가기'를 거쳐, 일상적 예상을 초월해 다가오고야 말 어떤 결말(결혼)에 도달함으로써 사회 속에 다시 재생되는 이야기는 결코 단 하나의 표현형식에 국한되진 않지만, 그러나 그 주제를 아이들의 세계에서 펼쳐 보이는 건 '동화' 하나뿐이다.

게다가 숨바꼭질과 동화는 이러한 주제를 절대적인 가벼움으로 소화해 내고 있다. 앞서 말한 일련의 기본적 경험이 그 주제이되, 여기에는 그 심각한 경험의 질료에서 오는 중압감이 없다. 번잡한 세밀 묘사를 모두 지워 버리고 명쾌하고 간결하게 구도(구조라기보다 구도)를 그려내는 동화 고유의 방법이 경험의 중량을 소거하고 그 엑기스를 혈청처럼 뽑아냈기 때문이기도 하지만, 동시에 그 동화를 대본으로 삼은 촌극이 말의 사용을 철저히 제거함으로써 간략한 완구적 즉물성을 배가했기 때문이기도 하다. 경험은 여기서 점착적인 개성으로부터 해방된다. 이렇게 해서 동화에서 이야기되는 주제로서의 경험은 촌극화를 통해 갑갑한 무게로부터 더욱 해방되고 엑기스가 되어, 깨닫지 못하는 사이에 아이들의 심신 깊숙한 바닥에 혈청으로써 주입·축적되어 간다. 이를 통해 장래에 찾아올 경험에 대한 태반을 항체 반응 없이 형성했던 것이다.

이렇게 보면, 집 바로 밖의 골목길에서 행해지는 숨바꼭질의 의미를 어느 정도 알게 될 것이다. 집 안에서 들었던 동화의 주제(혹은 방 안에서 읽은 동화의 주제)는 숨바꼭질로 번안되어 놀이가 되면서 '듣는' 것(혹은 그에 더하여 '읽는' 것)과 '연기하는' 것이라는 두 가지 다른 차원의 통로를 통해 심신 깊숙이 받아들여진다. 이야기를 들을 때 느껴지는 억양과 음률에 대한 지각, 읽을 때 자생적으로 일어나는 지적 상상, 무언 연극으로 번안되면서 스며드는 신체감각적인 감득, 그것들이 일체가 되어 통합적으로 주제를 소화하게 되는 것이다.

경험이라는 것이 전두엽만의 것도 신체만의 것도 아니며 감정만의 것도 아닌, 심신 전체가 행하는 사물과의 교섭인 이상, 심신 일체의 태반이 준비되지 않은 곳에서는 경험이 자라날 여지가 거의 없다고 해도 좋다. 그런 곳에서는 경험으로 화할 수 있는 경우라도 그로부터 일회성의 충격 체험만을 받아들이게 될 터이다. 그렇다면 동화와 숨바꼭질, 이야기와 놀이의 통합적 대응이 사라진 상태를 그대로 방치하는 건 곧 경험의 소멸을 촉진하는 일이라 해야 할 것이다.

## 2

동화와 숨바꼭질의 세계가 영사하는 것은 육취肉臭를 제거한 경험의 '정수'(粹)이며 질료에서 해방된 경험의 '형상'이었다. 그토록 순화된 작품이 세계적으로 넓은 보급도와 대중성을 띠고 존재해 왔던 것이다. 이를 만들어 낸 것은 대체 누구일까? '작품 있는 곳에 작가 있다'는 것이 분업 제도 속에서 개성을 다투는 사회의 통념이지만, 그러한 통념하에 있는 그 어떤 '세계문학'의 저자도 도저히 손에 넣을 수 없는 세계성을 동화와 그 유희적 실천판은 드러내고 있다. 그리고 그 순화의 철저함은 그 어떤 전문 작가의 추출력도 능가하며 그 번안의 묘妙는 그 어떤 개인 작가의 변형력도 훌쩍 넘어선다.

동화와 숨바꼭질의 작자는 대체 누구일까? '역사'라고, '사회'라고 대답해야 할 것이다. 하지만 그 본래의 기원을 연표나 시각표처럼 확인하고자 하면 그것은 역사의 시작과 함께 아득한 시간의 심연 속으로 홀연히 모습을 감추고, 어딘가 특정한 사회에서 그 발상지를 찾고자 하면 그것은 금세 모든 곳으로 확산되어 버린다. 즉 '작자'가 인간 사회의 역사 속에 공기와 같은 보편성으로서 존재하면서, 각 지역마다 특징적인 요소와 몸짓을 지니면서, 그러면서도 동일한 주제를 동일한 구도로 전개하는 것이 동화와 놀이의 세계인 것이다.

그러나 편재하는 신神 또한 때로는 구체적인 형태로 사회적 현상 속에 모습을 드러낸다. 인간 사회의 역사 내내 편재해 온 동화의 '작자' 역시, 긴 역사 동안 유형有形의 사회적 행동으로서 모든 사회에 반복해서 출현했다. 성년식이라 불리는 사회의 제식祭式이 그것이었다. 물론 '작자'의 전신全身이 거기에 나타난다는 말은 아니다. 그러나 핵심적인 부분이 그 행사 속에 처음으로 나타나 있음은, 블라디미르 프로프[4]의 획기적인 분석을 비롯한 선학의 연구들로 미루어 봐도 거의 틀림없다.

그 근거의 이모저모는 여러 가지 국면에서 찾아낼 수 있다. 예를 들어 형태적으로 볼 때 동화와 숨바꼭질이 흔들림 없이 명확한 윤곽과 틀을 지니는 것은, 한편으로는 오랜 세월 이야기돼 오는 가운데 굳어져 온 자연생성적 결정 작용의 결과이기도 할 것이나 동시에 아마도 역사를 통해 반복돼 온 사회적 행동의 '의식적儀式的 틀에 대한 존중'이 거기 각인되어 있기 때문이기도 할 것이다. 또 예를 들자면, 동화에서 세 명의 공주가 차례로 구출되는 장면은 진행형식으로 보면 완전히 같은 과정을 완전히 같은 말하기 방식으로 세 번 반복하여 그 반복의 '고조'를 통해 이야기상 다음 전환을 향한 잠재력을 축적해 가는 것인데, 이렇게 일정한 양식을 활용하는 방식 속에는 노무라 히로시野村滋 씨의 일본어 번역을 통해 소개된 막스 뤼티Max Lüthi[5]의 혜안이 뚫어본 것처럼 분명 '종교적 의식'과 동일한 성질의 방법이 깃들어 있다. 독경이나 축사祝詞나 송가에 나타나는 그 같은 진행형식을 우리는 익히 알고 있을 것이다.

이렇게 보면 형태적 국면에서도, 그리고 이야기 진행형식의 국면에서도 '제식적' 틀의 각인을 발견할 수 있다. 하지만 까마득히 떨어진 채 동화에 형식적 각인을 부여하는 '제식'성을 어떻게 성년식의 통과의례라 특정할 수 있을까? 거칠게 말하면 그 분명한 답은 주제에 있다. 거의 모든 동화의 주제는, 나이 어린 자가 여러 가지 형태의 비유적 죽음을 거친 뒤 다시 한 번 재생함으로써 이전과는 질적으로 다른 새로운 사회적 외양(形姿)을 획득함에 있으며, 그에 대한 상징으로서 결혼의 성립이나 왕위의 획득 등이 이야기되는 것이다. 앞절에서 언급한, 홀로 떠나는 여행이나 생사가 걸린 재액 등 일련의 심각한 경험은 비유적인 죽

---

4  블라디미르 프로프Владимир Пропп(1895~1970): 러시아의 민속학자, 예술 이론가.
5  막스 뤼티Max Lüthi(1909~1991): 스위스의 민담 연구가.

음을 상징하며 재생·부활의 과정에 부과된 시련을 표현하는 것이었다. 이 주제의 이치 속에는 분명 성년식이라는 통과의례가 의미하는 세계가, 다양하게 변형되었으면서도 골격 차원에서 복사돼 있다. 골격만이 여러 가지 여과 장치를 뚫고서 그림자 그림처럼 비치고 있는 것이다.

그러면 그 본이 되는 성년식이란 과거에 무엇이었을까? 어떤 구조적 골격을 가지고 있던 것일까? 생각해 보면, 피보호자인 유소년기로부터 벗어나 한 사람 몫의 권리와 의무를 갖는 사회 성원으로의 이행은 인간의 생애에서 일대 비약이었다. 잇달아 연속되는 걷기와는 달리, 뛰어넘는 행위가 지닌 불안과 기대와 결단 등이 거기 모여드는 것도 당연했다. 그러나 그뿐만이 아니다. 성년으로의 이행은, 사회의 시점에서 보자면 새로운 성원을 더하고, 따라서 낡은 성원을 삭제하며 이루어지는 새로운 사회 구성으로의 갱신이었다. 이는 노인의 은거와도 연동하는 사회의 커다란 사건이었다. 이처럼 성년식은 인간의 변신이면서 가장家長의 변경이었으며 동시에 사회 전체의 갱신이기도 했다. 이 삼중의 갱생이 서로 교착하는 데 그 의미의 중대함이 깃들어 있었다. 새로운 성인의 비약 없이는 가족의 질서도 사회의 구성도 갱신될 수 없으며, 새로운 성인의 탄생은 사회 구성의 변경 없이는 성립할 수 없다. 또한 가장의 갱신이 이루어지지 않으면 성인 후보는 온전한 시민권을 가진 사회 성원이 될 수 없으며, 노인의 은거 또한 불가능해진다. 즉 사회 구성 또한 새롭게 바뀔 수 없다. 오늘날의 '성인의 날'과는 달리, 과거의 성년식은 사회 전체의 근본적 재생산을 짊어진 중요한 것이었다.

그리고 사회 구성의 갱신을 대표적으로 보여 주는 것은, 추장이나 당주(棟梁)처럼 그 사회의 왕 되는 자의 갱신이었다. 그리하여 전형적인 성년식은 왕의 성년식, 즉 즉위식을 그 핵심에 포함할 수밖에 없었다.

그리고 수장의 즉위식이 사회 그 자체의 갱신을 전형적으로 상징하는 이상, 그 전형적인 성년식은 사회의 생산적 토대 갱신과도 연동되어 야만 했다. 그리하여 수확제라는 새로운 생산과정을 시작하는 행사가 성년식과 결부되어 있었다. 이는 동시에 해의 갱신을 의미하는 계절제 이기도 했다. 여기서 사회와 자연적 우주 간의 관계까지도 갱신되는 것 이다.

이처럼 성년식은 사람들의 새로운 탄생, 가족의 재생, 사회와 정치 질서의 갱신에서부터 생산과정의 구분, 자연 세계에 대한 관계의 갱신 에까지 이르는 대규모의 전체적 획기劃期였다. 일개 성년식이 갖는 의 미의 세계가 그리도 넓고 깊은 연동을 불러일으키는 것이라 한다면, 그 로부터 필연적으로 사회의 갖가지 가장 중요한 행사가 발생하게 된다. 그 갱신의 실질은 사회의 객관적 구조로 보면 사람과 해의 변화에 대 한 단순재생산에 지나지 않지만 그 속에서 살아가는 인간에게 그러한 변화는 문자 그대로 '성상星霜이 옮겨갈 때 사람은 떠나감'[6]을 의미하 므로, 거기엔 비가悲歌풍이라고만은 할 수 없는 '격세지감'이 나타나고 그로부터 화려한 '내세'에 대한 기대와 안온한 '전세'에 대한 추억 등이 일거에 뿜어져 나온다. 이를 포함하는 사회의 앞길이 모든 면에서 '예 축'豫祝되고 또 기원되어야 하는 것이었다.

이렇게 해서 성년식의 주변에 사회의 신앙이 결집되고 사회의 기능 과 예능이 집중되며, 기도와 점술, 동화와 회고가 그때마다 다시 다 함 께 펼쳐지게 된다. 상징 세계에서 사회의 갱신이란 '세계의 시작'이 방 문하는 것이므로, 인류와 세계의 기원을 드러내는 신들의 드라마로서 신화가 그곳에서 이야기되었을 것이다. 이 세상의 재생과 대지의 부활 을 불러일으키는 예술이 전개되기도 했을 것이다. 그리고 그들과의 사

---

6  원문 '星霜移り人は去る'는 세월이 가면 사람도 떠나간다는 뜻의 격언이다.

슬 관계 속에서 왕이나 새로운 성원의 탄생 제식이 행해졌을 것이다.

그 탄생은 적자赤子의 탄생과는 달리 무無로부터의 산출은 아니다. 반복하건대 그것은 바로 사회적 외양 면에서의 환생이다. 환생은 당연히 그 이전 모습의 죽음을 거쳐야만 한다. 그 죽음은 한 사회적 존재형식의 죽음인 이상 앞서 말한 바와 같이 비유적인 죽음이며, 그것이 비유인 이상 다양한 형태로 표현될 수 있었다. 혹은 '잠자는' 것으로 혹은 '틀어박히는' 것으로, 혹은 '행방불명' 되는 것으로 표현됨으로써 '타계'로의 여행을 상징할 수 있었다. 그러나 '타계' 로의 여행은 예사로운 여행이 아니다. 그것은 이 세상의 것일 수 없는 사건을 거쳐야만 한다. 그렇기 때문에야말로 이변이나 재액이나 고난을 나타내는 극적인 동작이 연기演技될 필요가 있었다.

이렇게 해서 성년으로의 전기轉期는 단순한 연령적 시기구분도 아니고 단순한 발달심리학적 성장 단계의 이행도 아닌, 이승과 저승 간의 왕복을 포함하는 장대한 규모의 '세계 전환'으로서 하나의 획기가 되었던 것이다. 그 세계 전환의 과정은 시민권 획득을 위해 통과해야만 하는 시련이었다. 그러한 세계 전환과 그러한 시련이 상징적인 행사로 표현되려 할 때 거기에서 많은 극적 이야기들이 태어나는 것은 지극히 당연한 일이었다. 이 세상의 것이 아닌 시련에 부딪혀 초인적인 활약으로 그것을 극복해 가는 영웅의 이야기, 혹은 생각지도 못한 구원의 손을 뻗어 주는 동물과 요정과 소인들의 이야기, 혹은 혼인을 둘러싼 소극笑劇적인 이야기, 이러한 여러 형태의 이야기나 연극적 동작들이 세계 전환으로서의 성년식에 군생한 것이었다. 그리하여 그곳에, 동화와 숨바꼭질 세계의 먼 조형祖型이 있었다. 역사는 몇 번이나 판을 갈아가며(改版) 환골탈태하면서도 어떤 시원의 모습을 전하는 법이다. 바로 거기에 우연적인 변화를 넘어선 '존재' 가 있는 것인지도 모른다.

3

성년식에 대한 이야기가 마치 무슨 체계적인 설명처럼 된 건, 나로서
는 별로 의도한 바가 아니었다. 좀 더 비약을 포함한 단적 단편으로 짧
게 이야기해 내는 것이 내가 바라는 바지만, 그러나 이제 와서는 어찌
할 방도가 없으니 이대로 진행을 계속하겠다. 한마디로 말하자면 동화
의 까마득한 배후에 성년식의 사회사적 경험이 있다는 것, 그리고 그것
은 신화와 영웅 이야기로부터 동물 이야기나 소극 등에까지 이르는 여
러 형식을 띤 이야기의 구조적 덩어리를 감싸 안고 있었다는 것이다.

　　그 구조적 덩어리로부터 신화가 지닌 성스러운 성격이 떨어져 나가
고, 영웅 이야기가 지닌 비극적 갈등이 탈락하고, '요바이'夜這い[7]를 둘
러싼 소극의 희극적 폭소성 또한 씻겨 나갔을 때 아마도 거기서 동화
의 세계가 탄생했을 것이다. '동화는 신화의 영락한 모습'이라 말한 선
학의 지적은 이러한 사정을 날카롭게 꿰뚫는 것임에 틀림없다. 그러나
동화는 신화적 세계가 갖는 신성함으로부터 탈출해 있을 뿐만 아니라,
그 정반대의 극에 있는 술자리[8]의 야단법석으로부터도 이탈해 있을 터
이다. 세계는 적어도 두 개의 극을 필요로 하는데, 성스러운 의식儀式의
세계를 하나의 구조적 세계로 성립시키는 '또 하나의 기둥'은 성성聖性
의 대극에 위치하는 '제사 끝의 연회'이자 축제적 '향연'이었다. 동화는
그 양극에서 모두 벗어남으로써 신화적 세계로부터 구조적으로 탈각한
곳에서만 태어날 수 있었던 것이다.

　　실제로 동화에 등장하는 인물은, 기적을 행사하는 자라 할지라도
성스런 신령함 따윌 부여받는 건 아니다. 하지만 또 그렇다고 신화의

---

7　요바이夜這い: 남성이 밤중에 여성의 침소에 잠입하던 일본의 옛 풍습.
8　술자리: 원문 '부레이코'無礼講는 신분 고하 등에 개의치 않고 벌이는 연회를 말한다.

영락 형태에 걸맞게 '영락한 신들'의 모습을 띠지도 않는다. 그것은 아마테라스오미카미天照大神[9]도 아니며 가키아미餓鬼阿弥[10]도 아니다. 거기에 깃들어 있는 종이 공예(切り絵細工)와 같은 투명함은 신들의 권위와도, 추락한 우상의 처참함과도 무연하다. 그뿐만이 아니다. 동화에 등장하는 골계적 익살꾼 역시 바보 특유의 우스꽝스러운 표정을 갖추고 있지 않으며, 사악한 악역 또한 증오를 불러일으키는 악당 특유의 시각적 악형으로 그려지지 않는다. 동화에서 사람들은 특별히 내세울 만한 '표정' 같은 것 없이, 단지 행동의 모본적 형태를 조합함으로써 그 줄거리를 구도적으로 단단하게 드러낸다. '표정'을 결여하고 '성격'을 결여한 **인형의 움직임**이 동화의 구도를 조형하고 있다고 말할 수 있을 것이다.

이는 제식적 세계 구조 그 자체로부터의 탈각 없이는 일어날 수 없는 일이다. 의식이 성성聖性의 실재를 **강조**하고, 주신제酒神祭의 폭소가 제식 세계의 일상외적 실재를 다른 차원에서 **힘을 기울여** 표현하는 데 비해 동화의 세계는 실재를 강조하기 위한 수법을 일절 포함하지 않는다. 여기서 '역설 강조'力說强調의 요소는 작용하지 않는 것이다. 동화는 '힘이 넘치는'(energisch) 것을 좋아하지 않는다. 도깨비를 퇴치하는 장면조차 힘의 실재를 있는 그대로 보이지 않으며, 기적적 구제의 출현에서조차 신의 위광 따위를 설교하거나 하지 않는다. 이러한, '실재성'에 집착하지 않는 점과 '힘'의 부정이야말로 동화의 보물이다. 이런 힘의 부정으로부터 풍선처럼 자유로운 이동력이 생겨나서는 신성한 금기로 구속된 의례의 특수 세계를 벗어나, 집집의 난롯가마다, 혹은 마을 십

---

9  아마테라스오미카미天照大神: 일본 신화의 건국신.
10  가키아미餓鬼阿弥: 일본의 민간전승에 등장하는 요괴. 아귀처럼 말라 비틀어져 코와 귀가 떨어져 나간 모습을 하고 있다.

자로마다, 혹은 동네 골목길들에 자유롭게 출몰하며 때와 장소의 제한을 받지 않고 이야기되고 또 연기演技되었던 것이리라.

동화에 나타나는, 이러한 신화적 의식 세계로부터의 구조적 탈각에는 두 가지 방면의 성격이 겹쳐져 존재한다. 하나는 신화 시대의 시작부터 존재하고 있던 탈각이다. 그 아무리 사회의 구석구석까지 제식적인 것으로 덮어 버린 시대라 해도 '공적'인 제식의 장에서 벗어난 세속적 일상의 장은 존재했으며, 거기서는 제식의 주제에 대한 패러디가 '이야기'로, 또한 동작으로 언제나 다시금 펼쳐졌을 것이다. 그러한 제식적 사회 내부의 속적俗的 장에 존재하고 있던 탈각화 경향이 오랫동안 축적되고 그 위에 또 하나, 사회사적 변화에 따른 제식적 세계의 일정한 '세속화'가 겹쳐지면서 동화가 보여 주는 '구조적 탈각'의 충분한 성숙이 나타난 것이리라. 그렇다면 이 두 측면은 원칙적으로 동시에 다뤄야 마땅하겠지만, 동화적 탈각의 특질을 그 외 '세속화' 경향과의 대조 속에서 보다 명확히 하고자 여기서는 편의상 한 덩어리의 사회사적 과정으로서만 다루고자 한다.

동화에 보이는 신화적 체계로부터의 구조적 탈각이 한편으로 어떤 사회사적 '세속화' 과정으로 보이는 이상, 이는 당연히 의식儀式 세계에도 변화를 불러일으켰을 것이다. 신화적 세계 구조가 해체되는 과정 속에서 동화의 반대편에 태어난 것이 바로 장황한 '유직고실'有職故實[11]의 세계가 아니던가. 신화의 매력이나 영웅 이야기의 극적 갈등, 향연의 소극笑劇적 폭소 등을 불가분한 형태로 결합시키던 충실한 통합체가 분해되고 그러한 이야기들의 주제가 '장난감' 같은 동화로 변형되면서 자유롭게 탈출할 수 있게 되자, 또 다른 편에서 그 통합체가 실질적

---

11   유직고실有職故實: 고대의 선례에 의거한 조정·무가의 행사·법령·제도·풍습 등을 가리키는 말.

으로 해체된 뒤에도 여전히 그 외견적 외양을 지속해야 했기 때문에야 말로 성대한 체계적 정비를 뽐내는 '의식儀式의 식순'이 그 자체로 독립해 '유직고실'의 체계로 성립된 것이 아니겠는가. 그것은 해체된 신화적 구조체의 형해形骸이며 해골이기에, 이 또한 본래의 제식의 장을 떠나 어디든 그 살이 될 재료를 찾아 자유로이 횡행하게 된다. 단 '유직고실'의 자유로운 횡행은 가는 곳마다 번잡하고 사소한 절차적 규칙을 부여해, 동화와는 반대로 사람과 사회의 정신을 불편하게 구속한다. 그것은 세속화된 의례의 기구적 합리화를 의미하는 것이었다.

이처럼 이야기군群을 포함한 사회적 통합 구조체인 고전적 성년식의 분해와 해체는, 한편으로는 동화의 엑기스적 세계를 낳고, 다른 한편으로는 유직고실의 '까다로운' 형해 체계를 성립시켰다. 후자는 '이른바 인연因緣'이니 '고사내력'故事來歷이니를 휘두르며 모든 장소를 통제하고자 하며, 전자는 모든 곳에 드나들면서 시간과 장소의 제약으로부터 자유로운, '힘'이 통하지 않는 세계를 그려 내고자 한다. 하나는 어른들 속의 처세적 기술이며, 다른 하나는 주로 고로古老와 미성년의 아이들로 구성되는 '세상 밖 백성'의 영위다. 물론 그 밖에도 이 양극의 중간에 산문의 비평적 세계가 분출돼 왔으나, 거기까지 다루자면이 글의 과제를 이탈하게 된다. 여기서 우리는 고전적 구조체의 해체속에서, 조각나 있기는 하지만 어떤 대조성을 가진 이질적 세계가 복수 출현했고 그 한 가지 극—가장 상상적인 한 가지 극—의 체현으로서 동화가 태어났으리라는 한 가지 이해를 얻는 것으로 족할 것이다.

동화는 과거의 고전적 제식 구조체, 그 안에서 핵심적인 주제로 작용하던 일련의 경험들을 받아들여 자신의 주제로 삼았다. 동시에 '실재성의 역설 강조'를 포기하고 비실재적으로 경험의 존재를 보이는 방법을 체득했다. '실제로 이런 일이 있었는지 어쨌는지는 모르지만, 있었다고 생각하고 들어야 하느니'라는 이야기 방식이 이렇게 태어났다. 이처럼 경험의 존재가 비실재적 형태로 이야기된다는 점에, 동화의 멋진 예술성과 교육력과 양성력이 잠재되어 있다. 앞서 경험 그 자체가 아니라 경험의 태반을 기르는 것이 동화와 숨바꼭질의 세계라고 말한 것도 다름 아니라 바로 이 점을 다른 각도에서 표현한 것이다. '있었는지 없었는지' 따위에 개의치 않는 유희적 공상성이 '있었다고 생각하고 들어야 한다'는 어떤 규범성과 연결될 때 규범은 억지로 강요하는 느낌을 조금도 지니지 않는 먼 곳으로부터의 목소리가 되며, 공상은 완전한 자유 속에서 허풍을 통해 나오는 그 목소리의 지시를 바로 곁에서 일어났던 일이 가르쳐 주는 것처럼 그려 내게 되는 것이다. 여기서 정신은 초현실적 근본 사실에 대한 감수성을 양성하게 된다.


4


동화 세계의 생성물 안에는 앞절과 그 앞절에서 이야기한 사회사적 경험—성년식의 고전 시대와 그 사회사적 해체—이 포함되어 있었다. 그런 특별한 역사적 사태를 지나면서, 또 그러한 역사의 일회적 영향을 넘어 초역사적 혹은 비역사적으로 끝없이 이야기되는 놀라운 과정을 걸어옴으로써 이러한 세계가 결정화結晶化해 온 것이다. 그 '역사'와 '초역사'의 공존은 인류적 경험이라고 부를 만하다. 거의 모든 사회가 그 생성에 참가했으며, 그 속에서 무수한 화자들은 모두 제각각의 개성적인 말들이 이야기되는 과정 속에서 형상을 잃고 용해되고 그럼으로써 시간을 초월한 상호 관계 속에서 서로를 충분히 흡수해 나가는 경험을 했을 것이다. 그리고 여기서 보이는 상호주체성이야말로 동화의 세계를 세계로서 성립시킨 인류사적 운동의 핵이었다.

경험이란, 단지 개인적 경험인 경우라 해도 사람과 사물(혹은 사태)

이 상호적으로 교섭하는 일이다. 이는 우리가 사소한 것에라도 손을 써 본 적이 있다면 분명히 알 수 있을 터이다. 물건을 대하는 순간, 이미 이쪽에서 미리 품고 있던 자의恣意는 그 사물의 재질이나 형태로부터 저항 혹은 거부를 받게 된다. 그리고 그 점에서 상호적 교섭이 시작되며 그 교섭 과정의 결과로 사람과 사물의 어떤 확실한 관계가 형태를 띠고 실현된다. 이것이 한 가지 경험의 완료다. 일개 사물에 대한 경우조차도 그러할진대 더욱 복잡한 사태에 대한 작용이 상호교섭적이지 않을 리가 없다. 그것은 사람과 사태의 갈등을 포함하고 사태 내부의 갈등 또한 포함하며, 이를 거쳐 자의의 개성적인 변형을 불러와 결국 어떤 통합적 관계를 형성하게 된다. 그 상호주체적인 교섭 과정이 바로 경험의 내부 구조인 것이다. 여기서 한 사람 한 사람의 발명이나 특징적 표현은 비교적 저항 없이 수용되는 경우라 할지라도 그 수용 과정에서 개성적 형태의 변형과 융해를 거치게 된다. 그 과정을 통해 외형적 과시에 대한 집착을 벗어던진 실질적 내용이 통합체의 구성 요소로 화한다. 사회적 경험은 이렇게 실현된다. 한 사람 한 사람의 표현은 그로써 외형의 변신, 내용의 갱생과 소산이라는 형식의 탄생을 거치는 것이다.

경험, 특히 사회적 경험이란 이런 것이다. 그렇다면 인류사적 경험인 동화 세계가 얼마나 포괄적인 상호주체적 교섭의 덩어리인가는 말할 필요도 없을 것이다. 이처럼 상호주체성이 생산과정 속에서 자명하게 살아서 작동할 때, 작품 속에 상호주체적 관계가 상징적인 골격으로 짜여 들어가는 것은 이상한 일이 아니다. '양치기와 재투성이' 그리고 '왕자와 공주'라는 대조적인 것들끼리의 상호 전환이나 상호 교섭은 이러한 면을 보여 주는 일례일 것이다.

이 지점에서 우리는 다시 한 번 숨바꼭질의 경험을 떠올려 봐도 좋겠다. '헤매는 아이'나 '혼자만의 방황'이나 '사회로부터 추방되는 유형'

이라는 경험을 맹아적으로 느낄 수 있는 건, 실은 숨바꼭질의 술래가 되었을 때만이 아니다. 숨는 쪽 역시 놀이의 약속에 따라 솜씨 좋게 숨으려는 노력이 지나치게 성공한 나머지, 결과적으로 좀처럼 발견되지 못하는 경우도 종종 있는 것이다. 이럴 때는 혼자만이 남겨졌다는 불안감이 점차 고조되어, 결국에는 놀이가 끝나지 않는 한 영원히 동무들 곁으로 돌아갈 수 없는 게 아닐까 싶어 조금씩 무서워지기도 하고, 때로는 그 지루함이 견디기 힘들어지기도 한다. 숨바꼭질에서 놀이를 시작하기 전에 술래가 얼굴을 대고 눈을 감고 있을 어느 기둥을 목표물로 정해서, 거기에 들키지 않고 도착하면 술래 되는 것을 면제받도록 정하는 것은 아마 너무 잘 숨어 버렸을 때 발생하는 지루함으로부터 놀이를 구원하기 위함이었으리라. 그 '기둥'은 아마도 '사회의 중심'을 상징함에 틀림없는데(그리고 여기에도 신화의 흔적이 존재하는데), 그러나 이는 지금 다룰 문제가 아니다. 너무 잘 숨어 버린 경우의 해결책인 이 규칙은 놀이 자체의 입장에서 보면 늘어짐과 지루함에 대한 구제이지만, 숨는 입장에서 보면 사회로 복귀하지 못하고 고독하게 홀로 남겨진 상태로부터 동무들을 구출할 수 있는 길로 작용하기도 하는 것이다.

숨바꼭질에서 '숨는다'는 행위는 사회로부터 떨어져 밀봉된 곳에 '틀어박히는' 경험의 작고 가벼운 형태이며, '유폐'나 '잠', 그리고 사회적 외양상의 '죽음'과도 비유적으로 이어진다. 요약하자면 그것은 역시 사회로부터 일시적으로 격리돼 있는 상태를 상징하는 것이었다. 술래가 끝없이 넓은 황야를 방황하는 데 비해 숨는 쪽은 작은 '구멍' 속에 틀어박히며, 그 형태의 대조성으로 말미암아 놀이의 경합이 성립한다. 그러나 거기 잠재되어 있는 경험의 공통 핵이 사회로부터의 격리, 동무로부터 멀어짐, 일상사회 성원으로서의 '죽음'임은 어느 쪽이든 마찬가지다. 또한 술래는 숨은 자를 발견함으로써 시민권을 다시 획득해 동무들의 사회로 복귀하고, 숨는 쪽은 술래에게 발견됨으로써 즉 (요정이든 동물이든 신이든, 이 세상의 것이 아닌) 술래(오니鬼)[12]와 만남으로써 다시금 사회로 돌아갈 수 있게 되는 것이다.

이처럼 양쪽 모두가 사회 상실의 위기를 거침으로써 상호적으로 회복과 재생을 획득하는 극적 과정을 어렴풋이 경험하게 된다. (술래가) 상대를 이기는 것은 자신의 구제일 뿐 아니라 상대방의 구제이기도 하며, (숨은 쪽이) 상대에게 지는 것은 상대의 승리일 뿐 아니라 자신의 사회적 승리가 되기도 하는 것이다. 승패의 일의적 양자택일을 보기 좋게 물리친 이 상호성의 세계는 우리에게 무언가를 생각하게 만들지 않는가?

# 5

인류사적 경험이 탄생시킨 집합적 상상력은, 승패 여부가 띠는 일의성을 뛰어넘어 '대항하면서 동시에 서로를 구출해 내는 통합'을 일개 놀이 속에 만들어 냈다. 승리가 지배와 권위와 명성을 의미하지 않고 패배가 참상과 굴욕과 동정받기를 의미하지 않는 그 상태는, 말살과 절대적 무기의 우위를 다투는 20세기 총력전의 세계 속에 어떠한 정신으로 이어지는 것일까. 다소 당돌하게 보일지도 모르는 일례를 들어 보고자 한다. 과거 1930년에 수록된 브레히트의 시구 속에 다음과 같은 한 구절이 있다.

　너의 위치를 떠나라
　승리는 싸워서 얻어졌고

---

12　일본어로 술래를 뜻하는 '오니'鬼는 도깨비나 귀신을 뜻하기도 한다.

패배도 싸워서 얻어졌다
너의 위치를, 당장 떠나라

다시 한 번 바닥 깊이, 승리자여 떨어져라
싸움이 있던 곳, 거기 환호성이 울린다
그러나 더 이상 그곳에 머무르지 말라
큰 소리로 패배를 부르짖게 되는 곳, 그 심연 속에서
그 부르짖는 소리를 기다려
낮은 위치를 떠나라

(이시구로 히데오石黒英男 씨의 번역)[13]

　이 시구는 벤야민의 주석이 선명하게 정식화定式化했듯 '승리자가
명심해야 할 것은 패배의 경험을 패배자에게만 맡기지 않는 것이다. 승
리자 스스로도 패배의 경험을 파악하고, 패배자와 패배를 공유해야 한
다'라는 과제를 제출하고 있다. 이것이 함의하는 그 당시 상황에 대한
정치적 충고가 누구를 향한 것이고 무엇을 이야기한 것인지에 대해서
는 여기서 묻지 않기로 한다. 분명한 건, 역사의 지배적 경향을 보면 이
제껏 저러한 승자는 존재하지 않았다는 것이다. 나라 간의 전쟁에서도
국내적 혁명전에서도, 사회주의든 뭐든, 심지어 운동경기에서조차 거
의 모든 승부에서 승자는 언제나 승리의 순간에 유무형의 '환호성'을

---

13　여기에 인용된 브레히트의 시구와 그에 대한 벤야민의 해석은, 벤야민의 「브레히트에 대한 코
멘터리로부터」(Aus dem Brecht-Kommentar, 1930)에서 발췌한 것이다. 이 책에서는 저자가 인용
한 일본어판 번역(『ウァールタ・ベンヤミン著作集 9』, 晶文社, 1971)을 기초로, 벤야민의 원문 및
영어판 번역(*Selected Writings* / *Walter Benjamin*; edited by Marcus Bullock and Michael W.
Jennings, Belknap Press of Harvard University Press, 1996~2003)을 참고하여 번역했다.

지르며 '명성'과 '영예'를 당연하다는 듯이 자기 몸에 걸쳐 왔다. 그러나 브레히트가 읊고 벤야민이 철학화한 '승리'란 그러한 것이어서는 안 된다. '패배도 싸워서 얻어졌다'는 일구가 말해 주듯, 그들이 보기에는 패배 또한 **획득된** 경험이었다. 어째서 그런데도 승리만이 한 가지 경험의 완료 그 이상의 것일 수 있겠는가? 승자는 승리의 순간 이미 그곳을 탈출해 '다시 한 번 바닥 깊숙이 엎드릴' 필요가 있다는 것이었다. 그럴 때에만 최종적인 무언가에 도달할 정신사적 길이 열릴 수 있다는 것이었다.

그러나 '다시 한 번 바다 깊숙이 잠기는' 일은, 다시 한 번 처음부터 시작하려는 자를 기다리는 실패와 과오와 패배의 세례를 받을 수밖에 없음을 의미한다. 그러므로

고꾸라져 쓰러진 자는
예지叡智로부터 등을 돌려서는 안 된다
확신을 갖고, 잠겨라! 자신을 두려워하라
그리고 잠겨라! 그 밑바닥에서
너를 기다리고 있는 건……

'고꾸라져 쓰러지는' 하강과 몰락을 통해 재생을 이루고자 하는 것, 이것이 승리자가 스스로 선택해 걸어가야 할 방향이었다. 벤야민은 이 시구의 이 대목에 주석을 붙여, '절망 속에 확실하게 발판을 다지라'는 '격려'가 여기 있다고 말한다. 그리고 나아가 '여기서 말하는 몰락이란 사물의 기초에 도달함을 의미한다'고 지적한다. 승리자의 정신적 재생을 위해서는 절망적 기초에까지 떨어져 그곳에 발판을 쌓는 작업이 불가결하며, 그것은 '패배를 부르짖게 되는 심연에서' 그 경험을 패배자와 공유함을 의미했다. 역사의 지배적 현실 속에서 승자가 승리를 이루

어 내는 파멸적 명성으로부터 구제되고 패자가 참혹한 동정의 파도로부터 구출되기 위해서는 이러한 단테적 지옥 여행을 거쳐야 했다. 오로지 그곳에만 정신적 파멸을 넘어서는 재생이 있으며, 오로지 그곳에만 바람직한 모습의 '시작'이 있다. 따라서 벤야민은 말한다. '시작'이 나타나는 것은 '비약에서가 아니라 중단에서'라고. 승리의 현장이 완성되기를 기다리지 않고 갑자기 중도 탈출해 사물의 기초로 내려가지 않으면, '시작'은 모습을 드러내지 않는다. 비약적 성공은 도박의 본질이지 정신적 시작의 핵심은 아니다. 그리하여 '시작'에서야말로 승자와 패자가 함께 분명한 상호적 존재가 된다.[14]

숨바꼭질이 알게 모르게 유희적으로 조형해 낸 상호주체성의 세계는, 이처럼 20세기적 현실 속에서 정신의 존부存否를 걸고 그 실현을

---

14  이 에세이에서 전개되는 후지타의 성년식적 관점과 벤야민(20세기 비판철학)의 관련성에 대해 이치무라 히로마사市村弘正는 이렇게 해설한 바 있다.
"성년식의 고전적 구조와 그 사회적 해체는 '인류사적 경험'으로서 보편화되며, 그 속에 포함된 '상호주체적 교섭의 덩어리'를 매개로 삼아 후지타는 이를 벤야민으로 대표되는 20세기의 비판 정신과 연결했다. 성년식의 형식 해체와 정신적 기저의 노정露呈으로부터, '몰락이란 사물의 기초에 도달하는 것'이라는 벤야민의 명제로 (비약을 포함하며) 뛰어드는 에세이 「어느 상실의 경험」은, 주제의 적중도와 방법의 일관성보다도 그 구성 자체 면에서 후지타가 가진 문제와 관심의 방향을 선명하게 보여 준다. (…) 후지타에게는 사물이나 사태와의 조우·충돌·갈등을 내포한 채 변형·융해·통합을 거치는 '상호주체적 교섭 과정'이야말로 '경험'의 내부 구조였다. '정지 상태에서의 변증법'으로부터 유토피아를 찾아내고 '사고의 정지'에 의한 역사적 대상의 '결정화'結晶化로부터 구제를 몽상하는 벤야민과, '사회는 다이나믹한 운동'이라는 명제를 견지하면서 '생성 경험'과 '쉼 없이 흔들리며 그 움직임을 다양화하고자 하는 정신'을 희구하는 후지타의 차이가 여기서 드러난다 하겠다. 분명, 경험의 '결정'結晶에서 상호적 흔적과 '사회적인 것의 씨앗'을 읽어 내는 후지타에게 경험은 어디까지나 '사회적'으로 열려 있는 것이어야 한다. 그러나 동시에 그것은 후지타의 독특한 벤야민 저작咀嚼 방식을 보여 준다. 전후 일본의 사상가로서 후지타 쇼조가 가진 독자성이라는 게 눈앞의 '고도성장'으로 말미암아 부식되어 가는 사물에 대한 문제 제기를 '인류사적 경험'과 연결짓는 '원근법'적 사고에 있다고 한다면, 그러한 사고가 벤야민에 의해 촉발돼 또 하나의 '묻혀 있던' 과거를 통해 사회적 현재를 발견해 나갔던 것이며, 또한 여기서 실패와 패배, 몰락의 의미에 대해 벤야민으로부터 깊이 배우면서 '현대가 간직하고 있는 인류사적 문제군'이 뿜어내는 희미한 빛을 '영락하고 분쇄되고 단편화된 것' 속에서 발견하고자 한 것이다."(이치무라 히로마사, 「해설」, 『후지타 쇼조 셀렉션』藤田正三セレクション, 平凡社, 2010, 427~430쪽)

고대할 일이 되었다. 기술화의 과잉 속에서 인간 이성이 제품과 장치와 관료 기구와 사무소에 깡그리 흡수되어 '물화'된 탓에 오히려 그 고유의 자유로운 작용을 잃고 '이성 없는 합리화' 속에 유폐돼 버렸듯이, 성년식 또한 그 '세속화'와 '합리화'에 의해 이에 완전한 종언을 맞고 '성인의 날'이라는 일개 묘비명으로 변해 버렸다. 따라서 그것이 품고 있던, 그와 관련된 이야기들이 품고 있던, 동화와 숨바꼭질이 품고 있던 죽음과 부활, 단절과 재생, 중단과 복귀의 사회적 경험 또한 일소되었다. 추방과 방황의 시련을 절반은 유희적으로 절반은 연극적으로, 절반은 교훈적으로 절반은 이야기적으로, 절반은 의식儀式적으로 절반은 본식本式적으로 경험함으로써 사회의 성원이 되는 일은 완전히 없어졌다. '졸업'과 '취직'과 '자격시험' 제도가 그것을 대신한다. 그러한 제도상의 통과(합격)에는 인간 경험으로서의 단절이 없다. 서류상의 취급과 소속 장소의 변경이 있을 뿐이다. 이는 당연히 일방적 변경 혹은 계약상의 변경에 지나지 않는다. 단절의 유무라는 경험은 모두 각 개인에게 맡겨져 있다. 하지만 '합리화'된 사회 속에 그것을 위한 사회적 기회가 준비되어 있는 건 아니다. 성숙한 정신의 존재를 지향하는 자유로운 개인들 간의 상호적 노력만이 단절의 경험을 사회화할 수 있다. 이것을 거친 인간관계만이 '사회'이며, 그렇게 재생시켜 낸 사회야말로 자유로운 사회라고 부를 수 있는 것이다.

　나는 브레히트와 벤야민이 20세기적 현실 속에서 정신의 존부를 걸고 숨바꼭질 정신의 진지한 실현을 시도한 건 그 때문이었다고 생각한다. 더 이상 동화와 숨바꼭질이 '경험의 태반'을 준비하고 성년식이 제식적·이야기적 틀 속에서 경험을 '실연'實演하는 하나의 연속적 성장 과정은 존재하지 않는다. 사회 전체를 덮고 있던 성년식의 고전적 체계가 붕괴한 이후로도 때로는 사회의 단위적 부분(예를 들면 집)에서, 때로는 여러 가지 경험 전달의 장(예컨대 와카슈구미若衆組み[15]나 고講)[16]을 통

해 존속돼 왔던 사회적 성인 과정 역시 이젠 더 이상 존재하지 않는다. 20세기인들에게, 보육기保育器와 소가족의 과보호 기구와 그 외 일련의 '합리화'된 생육 기관 한편에 '추방'과 '방황'은 처음부터 주어져 있었다. 보육기구에서 한 발짝이라도 밖으로 몸을 내밀면 그곳에는 사회도, 성인 과정을 보증하는 그 어떠한 틀도 없다. '추방되는 것'은 과거와 같은 연극적 경험이 아니며 일시적 미아의 경험도 아닌, 존재 그 자체의 기초 조건이 되었다. 그 기초 조건에 시점을 두고 세계를 볼 수가 있는 자에게는, 브레히트의 다른 시구

  나는 아스팔트의 마을에 쏘아 올려진 베르톨트[17]
  검은 숲으로부터, 어머니의 태내로부터, 아득한 옛날로부터

에서처럼 '유기遺棄된' 경험이 자기 근본에 존재하는 것이다. 그것은 움직일 수 없는 존재의 **기초** 조건이므로 마치 '아득한 옛날부터' 그랬던 것처럼 느껴진다. 보육기구의 엘리베이터 속에서 생애를 보내는 자는 결코 깨달을 수 없는 이 기초 조건이 20세기의 자유로운 인간에게는 통절하게 자각된다. 성년식의 '식'이 지니고 있던 틀은 산산조각 흩어져 날아가 버리고, 성년식이 품고 있던 시련만이 연기가 아닌 벌거벗은 실물이 되어 이 세상에 태어난 순간부터 밀어닥치는 것이다.

  아스팔트 마을이 나의 집. 세상에 태어났을 때부터
  듬뿍 받고 있었던, 임종성사의 세례―

---

15  와카슈구미若衆組み: 중세 이래 일본의 향촌마다 있었던 청년 남자 집단. 혼인 및 제례나 재화災禍 시의 구호, 공공 시설의 수선 등을 담당했다.
16  고講: 교육·종교·경제·사교 등 다양한 목적을 위해 조직된 지역 집단. '계'契와 유사하다.
17  베르톨트: 브레히트(Eugen Berthold Friedrich Brecht)의 이름.

성년식은 완전히 종료되고 반대로 처음부터 '임종성사'가 생의 전 과정에 충만하게 된다. '내구성으론 무기한 보증되는 집에 들어가' 있으면서, 생 그 자체는 추방과 방황의 불안 속에서 바람이 되어 확산한다.

> 도시는 남아 있지 않네, 남는 것은 불어닥치고 있던 바람, 뿐.
>                    (…)
> 우리는 알고 있다, 우리는 냉큼 가 버리는 자
> 나중에 오는 자들이 이름도 모르는 녀석들

그리고 그는 말한다.

> 벌써 닳아 버린 담배를 팽개치고
> 나는 불안하게 잠을 찾는다

여기서의 잠은 안식이 아니다. 재생을 위한 '틀어박힘'도 아니다. 휴식을 제공해야 마땅할 잠까지도 불안이 관통하고 있다. 그리고 벤야민이 날카롭게 꿰뚫어 봤듯이 '잠을 불안하게 만드는 것은 눈뜨는 것에 대한 두려움'이다. 눈뜨는 것은 더 이상 부활도 소생도 아니다. 또다시 '임종성사'로 충만한 추방과 방황의 세계로 돌아가는 것뿐이다. '내구성으로 보면 무기한 보증'되는 시멘트적 합리화가 관철된 생애 보육기관 체계 속에서, 빈곤에 의해서든 예지에 의해서든 자유롭게 각성된 정신은 이러한 영원의 방황을 자각하고 경험할 수밖에 없다. 성년식의 문화형식성을 잃어버린 '벌거숭이 성년식'(이라는 시련)이 언제 끝날지 모르는 채로 생의 근원에 뿌리를 박기에 이른 것이다. 완전히 새로운 야만, 일찍이 인간사회사가 경험한 적 없는 야만이 이 20세기의 '이성 없는 합리화'의 극치 속에 찾아온 것이다.

그 누가 이 '벌거숭이 성년식'의 끝없는 '시련'에 형식을 부여하고 그럼으로써 종결을 부여할 수 있을 것인가. 내버려 두면 영원히 이어질 추방과 방황에 종지부를 찍고 부활과 재생으로 향하는 길을 개척해 낼 자는 과연 누구인가. 이를 행할 사회가 바깥쪽엔 이미 존재하지 않는다면 우선 자기 자신의 손으로, 자력으로 이를 행할 수 밖에 없다. 아도르노를 흉내 내 '허풍선이 남작' 뮌히하우젠의 소화笑話[18]를 빌려 표현하자면, 말에 탄 그가 연못에 빠져서 기어오를 수단도 없이 물에 가라앉으려던 그때 자기 상투를 꽉 쥐고 지렛대도 기중기도 없이 자기 손으로 자기를 말 탄 채로 끌어올렸다는, 그 자력구출의 곡예만이 현재 가능한 재생의 길인 것이다. 뮌히하우젠의 기적이 웃음거리 이야기가 되는 건 거기에 인적으로나 물적으로나 구제자에 걸맞은 타자가 출현하지 않기 때문이지만, 그 희극적 허풍의 실현이 지금은 진지하게 요구된다. 이러한 자력재생의 실현 과정은 앞서 말한 '기초에 이르는 몰락'을 통해서 이루어진다. 벤야민은 말한다. '자기를 무너뜨리는 데서부터 시작한 자만이 자기 관심사를 가장 잘 관철시킨다'고. 그 관심사란 다름 아니라 정신의 존속을 위해 자유로운 상호적 사회를 만들어 내는 것이다.

그때에 필요한 것은 무엇일까? 자력구제가 곡예로 화하고 '지구조차 치유의 장으로 화하는' 그때 필요한 것은 '새로운 천사'다. 아도르노가 적확하게 읽어 냈듯 벤야민의 '새로운 천사'[19]란 글로만 아니라 '메

18  실존 인물인 뮌히하우젠 남작을 소재로 독일 학자 라스페가 짓고 작가 뷔르거가 소화집으로 정리한 작품 『허풍선이 남작 뮌히하우젠』(Münchhausens Reisen und Abenteuer)을 가리킨다. 주인공 뮌히하우젠 남작의 기발하고 허풍 가득한 무용담이 내용을 이룬다.
19  벤야민은 파울 클레의 그림 〈새로운 천사〉Angelus Novus(8쪽의 그림 참조)를 각별히 소장했다고 전해지며 그에 대해 다음과 같은 비평을 남긴 바 있다. "이 그림의 천사는 마치 자기가 응시하고 있는 어떤 것으로부터 금방이라도 멀어지려고 하는 것처럼 묘사되어 있다. 그 천사는 눈을 크게 뜨고 있고, 입은 벌어져 있으며 또 날개는 펼쳐져 있다. 역사의 천사도 바로 이렇게 보일 것임이 틀림없

34

르헨Märchen처럼 소리 없는 '비육체적 미소'로도 나타나는 것이다.[20] 동화와 숨바꼭질이 형성해 온 특질은 여기서 '새로운 천사'의 중요한 요소가 되어 20세기인의 방황에 형상적 지침을 주게 된다. 우리는 앞절까지의 서술 속에서 동화가 지닌 '비육체성'에 대해서도 얼마간 알게 되었다. 동화의 연극판인 숨바꼭질이 무대장치나 분장이나 '대사'를 결여함으로써 고유한 의미를 가질 수 있었다는 점에 대해서도 불충분하나마 깨닫게 되었다. 그렇다면 벤야민이 말하는, '목소리'를 결여한 '비육체적 미소'가 무엇을 의미하는지는 저절로 밝혀진다. 그것은 추방의 시련이 전체로 확산된 새로운 단계에서의 '동화'로서, '비실재적으로 어떤 경험의 존재'를 나타내는 것이리라. 벤야민의 글이 독특한 비극적 구조 인식을 지니면서도 그 밑바닥은 '소리 없는 목소리'인 미소로 가득 차 있던 것은, 철학자로서의 그가 비판철학의 특징인 '물物의 한계에 대한 주목'에 완전히 무관심했고 오히려 물적 형상을 통한 초월적 구제를 줄곧 추구했다는 사실과 밀접하게 관련되어 있을 것이다. 사물 각각의 '국경'을 지적하고 사물 사이의 '분업'과 '협업' 관계만을 밝히는 걸로 족했던 것이 아니라, 그가 주목한 건 물적 형상이 포함하는 '한지에判じ絵[21]적 우의寓意', '태고의 조형', 미래의 물物을 규정하는 '냄새'나

다. 우리들 앞에서 일련의 사건들이 전개되고 있는 바로 그곳에서 그는, 잔해 위에 또 잔해를 쉼 없이 쌓이게 하고 또 이 잔해를 우리들 발 앞에 내팽개치는 단 하나의 파국만을 본다. 천사는 머물고 싶어하고 죽은 자들을 불러일으키고도 산산이 부서진 것을 모아서 다시 결합하고 싶어한다. 그러나 천국에서 폭풍이 불어오고 있고 이 폭풍은 그의 날개를 꼼짝달싹 못하게 할 정도로 세차게 불어오기 때문에 천사는 날개를 접을 수도 없다. 이 폭풍은, 그가 등을 돌리고 있는 미래 쪽을 향하여 간단없이 그를 떠밀고 있으며, 반면 그의 앞에 쌓이는 잔해의 더미는 하늘가지 치솟고 있다. 우리가 진보라고 일컫는 것은 바로 이러한 폭풍을 두고 하는 말이다."(『발터 벤야민 선집 5』, 최성만 옮김, 도서출판 길, 2008, 339쪽)

20   발터 벤야민과 교유하며 그에게 여러 차례 비평을 행한 바 있는 테오도르 아도르노는 벤야민에게 미국 망명을 권유한 후학이자 지기知己이기도 했으며 벤야민 사후에도 그의 생각들을 매개로 자신의 이론을 구축했다고 말할 수 있을 만큼 생애적으로나 학적으로 관련이 깊었다.

21   한지에判じ絵: 소리가 통하는 문자나 그림 등을 조합해 의미를 맞히게 하는 수수께끼 그림.

'잔상', 즉 시멘트로 칠해진 기구적 세계의 '분실分室·부국部局'성으로부터 우리를 초월시키는 물의 비실재적 모습이었다. 한마디로 이는 유토피아 정신이다.

실재의 강조가 동반하는 역동감을 일절 부정한 동화의 절대적 가벼움은, 그 형상적 구도를 풍선처럼 초월적인 존재로 만들었다. 애초에 그 생산과정상 그것은 노인이 아이들을 향해 이야기하면서 이어졌는데, 그 두 가지 '세상 밖' 백성들 사이의 왕복 과정이 이미 '현세 속에서의 초월'이라는 계기를 만들어 내고 있었다. 그 '비실재적'인 가벼움과 초월력이, 의도치 않게도 20세기적 황폐 속에서 유토피아 정신을 구성하는 일대 계기가 된 것이다.

'초월자 없이 초월하는' 영위인 유토피아가 대체 무엇인지에 대해 설명하지는 않겠다. 그 대신 다시 한 번 벤야민의 훌륭한 정언을 적어 두고 붓을 멈추고자 한다. "무릇 궁극의 상태를 형상화하는 요소들은 결코 **추상적인** 진보의 경향으로 나타나지 않는다." 그것들은 과거에도, 따라서 현재에도 "바닥 깊이 묻혀 있다." 그리고 이 궁극적인 것의 과거 내지 현재를 향한 "내재적 상태를, 하나의 절대적 상태로까지 순화해 현재 속에 가시적인 것으로 형성하는 것이야말로 역사의 과제일 것이다."(텍스트는 자이펠트 씨가 소개한 것이며 다카하라 고헤이高原宏平 씨의 번역을 이용했다.)[22] 벤야민이 이렇게 말했을 때, 동화의 그 '형상'적으로 순화된 모습이 언뜻 그의 뇌리를 스치지 않았을까. 어쩌면 그가 좋아하던, '흔들면 눈 내리는 풍경이 나타나는 유리구슬 장난감'을 흔들어 보고 있었을지도 모를 일이다. 그런 일이 없었다 할지라도, '궁극의 상태

---

22  여기서는 벤야민이 1915년 발표한 「학생의 생활」(Das Leben der Studenten)이 인용되고 있다. 이는 1914년 벤야민이 베를린 자유학생연합 의장에 취임하면서 행한 2회에 걸친 연설을 문장화한 것으로, 그의 역사철학 테제의 원형을 보여 주는 글이다.

를 형상 짓는 요소'로서 과거와 현재의 바닥 깊이 파묻혀 있는 '내재 상
태' 중 하나가 동화와 숨바꼭질의 세계라는 건 내가 지금까지 심히 서
툴게 말해 온 바를 통해서도 헤아릴 수 있을 것이다.

# 사극史劇의 탄생

『호겐 모노가타리』保元物語의 주제에 대한 한 가지 고찰

**호겐의 난을 그린 병풍 그림**

이 글은 헤이본샤平凡社에서 발행한 『월간 백과』月刊百科 1976년 5월호에 처음 실렸다.

1

『호겐 모노가타리』保元物語[1]는 소품小品이다. 때로는 『호겐·헤이지』나 『헤이케』 등으로 일괄해 불리기도 하지만,[2] 『헤이케 모노가타리』平家物語[3]의 장대한 드라마와 비교해 보면 누구라도 알 수 있듯이 『호겐 모노가타리』는 분량도 적을 뿐더러 드라마의 규모로나 이야기가 포함하는 고비의 풍부성, 인간상의 다양성, 그 모든 면에서 극단적으로 작다.

이 점은 모노가타리 각 단의 표제를 비교해 보기만 해도 이미 한눈에 확인할 수 있다. 『헤이케 모노가타리』의 전개도展開度 규모는 거기 일목요연하게 드러난다. 그뿐만이 아니다. 「단발동자」(禿髮)라든지 「기오」祇王라든지, 「사이코 법사의 최후」(西光被斬)나 「야스요리의 축문」(康頼祝言), 「귀양가는 몬가쿠」(文覚荒行)나 「줄지은 파발마」(飛脚到来)나 「하늘의 소리」(嗄声), 더 나아가선 「북녘 땅」(北国下向)이나 「주상의 몽진」(主上都落)이나 「나토라」名虎나 「네코마」猫間나 「장구판관」(鼓判官), 「노마」老馬, 「노 다툼」(逆櫓), 「고시고에」腰越[4] 등을 보면 확연할 것이다. 『헤이케 모노가타리』의 표제들은 대부분 고도로 상징적이고 간략하며 딱 들어맞는 적절함을 띠고 있다. 여기서 일일이 설명하지는 않겠으나 이 표제

1　『호겐 모노가타리』保元物語: 헤이안平安 시대 말기인 1156년에 스토쿠崇徳 상황파와 고시라카와後白河 천황파 사이에 일어난 '호겐의 난'의 전말을 묘사한 문학작품. 저자는 미상이며 가마쿠라鎌倉 초기에 원형이 성립된 것으로 여겨진다. 호겐의 난에 대한 보다 자세한 것은 각주7 참조.
2　『호겐·헤이지』는 『호겐 모노가타리』와 『헤이지 모노가타리』平治物語를 합쳐서 부르는 말로, 두 작품은 헤이안 말기에 긴밀한 연관성을 갖고 벌어진 호겐의 난(1156)과 헤이지의 난(1159)을 각각의 소재로 하고 있기에 곧잘 함께 다루어지곤 한다. 또한 위의 두 사건을 거치며 조정의 실세로 떠오른 다이라平 가문의 이야기 『헤이케 모노가타리』까지 아울러 『헤이케』 3부작으로 불리는 일도 많다.
3　『헤이케 모노가타리』平家物語: 호겐의 난과 헤이지의 난을 거치며 겐지源氏(즉 미나모토源 가문)에게 승리한 헤이케平家(즉 다이라 가문)의 번영과 몰락을 묘사한 작품이다. 점차 몰락해 가는 헤이안 귀족들과 새로이 대두한 무사들을 망라한 다양한 인간 군상이 등장한다.
4　이상은 『헤이케 모노가타리』를 구성하는 일부 표제들이다. 한국어로 번역 출간된 『헤이케 이야기』(오찬욱 옮김, 문학과지성사, 2006)의 번역을 참고했다.

들은 골계적 가벼움과 일언비유—言比喩 등의 요소까지 포함하여 '시적'인 동시에 본래적인 의미에서 '개념'적 요약이기도 하다. 둘 중 한쪽에 중점이 놓인 경우도 있지만 전반적으로 그 양쪽을 겸비하고 있다. 이게 의미하는 바는 무엇일까? 적어도 작품의 성숙도가 높다는 점을 드러냄에는 틀림없다. 이 표제들이 지닌 하이카이俳諧[5]적 성격으로 봐도(하이카이가 중세 후기에서 근세 초기에 걸친 하나의 정신사적 시대를 대표하는 양식인 이상) 이 표제들이 예컨대 가마쿠라 후기 같은 어떤 시기에 하룻밤새 만들어진 게 아님은 분명하며, 작품이 계속해서 이야기되며 전해져 내려온 긴 시간, 그리고 그동안에 이루어진 개혁과 집적과 간략화, 나아가 '요미혼'読み本[6]의 성립으로 말미암아 시각적 응집이 요구되던 상황 등까지가 이 표제들에 포함되어 있는 것이다. 즉 그런 식으로 역사적으로 전개되고 성숙될 수밖에 없었던 것들이 『헤이케 모노가타리』 안에 존재하면서 줄곧 작용해 온 것이다.

　이처럼 『헤이케 모노가타리』는 각 단의 표제만 보아도 그 규모, 다양성, 전개도, 성숙도 등의 면에서 각별히 크고 높기까지 하다는 점을 알 수 있다. 『호겐 모노가타리』에 그러한 표제는 하나도 없다. 여기에 일일이 인용하지는 않겠는데, 한번 보면 누구나 알 수 있기 때문이다. 그것들은 지극히 평범하다고 할 만하다. 이처럼 『호겐 모노가타리』는 (다시 한 번 말하지만) 모든 점에서 『헤이케』 등과 비교해 급이 다른 소품이다. 그러나 그렇다고 『호겐 모노가타리』의 극적 성격을 부정하려는 게 아니다. 『헤이지 모노가타리』와 한번 비교해 보면 금세 알 수 있다. 『헤이지』에서 느낄 수 없는 극적 주제를 『호겐』에서는 느낄 수 있

5　하이카이俳諧: 일본 전통 시가의 일종인 하이쿠俳句, 렌쿠連句 등의 총칭.
6　요미혼読み本: 에도 시대 후기에 유행한 소설의 일종. 공상적이고 불가사의한 내용이 주를 이룬다. 18세기 말 이후로 유행하기 시작해 19세기 초반인 가세이化政 시대에 절정기를 맞이했다.

다. 『호겐』에 비하면 『헤이지』는 이야기의 주제 면에서 이미 드라마로서의 자격을 잃었다고까지 말할 수 있을 것이다. 한 걸음 더 나아가 말하자면 『호겐 모노가타리』는 그토록 다양한 고비를 갖는 『헤이케 모노가타리』에서조차 느낄 수 없는, **특별한 종류**의 날카로운 극적 성질을 가지고 있다. 작은 작품이기 때문에야말로 이 점은 더욱 날카롭게 드러난다. 이야기로서는 풍부하지 않기 때문에 더욱 단적으로 드러나는 것이다. 이것을 빼놓고는 '헤이케 모노가타리의 세계'가 존재할 수 없었을, 그런 갈라내는 듯한 성질의 드라마가 『호겐 모노가타리』에는 있다. 다시 한 번 반복해서 말하겠다. 개개의 장면이나 인간 묘사 등이 그렇다는 것이 아니라, 주제가 그러한 것이다.

『호겐』의 주제가 보여 주는 그 극적 성질이란 무엇을 말하는가? 고대 궁정의 질적 전락을 선명하고 강렬한 대조로 표현해 냈다는 것, 궁정이 아닌 '무뢰'의 떠돌이가 독립불기獨立不羈의 영웅으로서 골계성까지 겸비하고 등장했다는 것, '공경첨의'公卿僉議의 장에 신분 낮은 '말좌末座의 승려'가 단호한 결정자로서 우뚝 섰다는 것, 그리하여 결국 전락한 궁정으로부터 신성왕神聖王과는 정반대인 '대마왕'大魔王이 출현했다는 데 이르는 것들이다. 그것은 굵고 날카로운 한줄기 역전극의 줄거리다.

궁정의 권위 실추나 무뢰 영웅의 활약 등은 『헤이케 모노가타리』에선 이미 당연하고 자명한 게 돼 있다. 그런 점에서 『헤이케』에서 문제가 되는 건 **어떠한** 무뢰 영웅이 **어떤** 식으로 움직이는지, 누가 누구에 대해서 그러한 자인지, 궁정의 권위 실추라면 그것이 어떤 장면에서 어떻게 나타나는지의 문제이고, 바로 그렇기 때문에 복잡한 구체성을 띤 **'관계들'**이 주제로서 전개된다. 그 속에서는 무뢰 영웅이 펼치는 활약이든 궁정의 실추된 모습이든, '헤이케 흥망사극' 속에서 하나의 역할을 나누어 짊어진 함수로서만 나타난다. 장대하고 풍부하고 성숙도 높은 드라마는 그리하여 비로소 가능했다. 그 배후에는 물론 동란動亂 자체의 성질, 그 규모와 깊이가 가로놓여 있을 것이다. 그러나 표현된 이야기 차원에서 그 특징을 파악할 필요가 있는 이상, 지금 간단하게 살펴본 점을 놓쳐서는 안 되겠다. 이러한『헤이케 모노가타리』의 구조적 특징이 태어나기 위해선 그 전제로『호겐 모노가타리』의 단적이고 날카로운 '극적 돌파'가 존재해야 했다. 무뢰 영웅의 활약이나 궁정의 실추상이 '관계'나 '상황'의 한 항목으로 변모하기 위해서는 반드시 궁정의 실추와 무뢰 영웅의 '탄생'이 이론상의 전제로서 '선행'해야 하는 것이다.『호겐 모노가타리』에는 그러한 '탄생'이 극적인 모습으로 결정화結晶化돼 있다. 그러한 의미에서『호겐 모노가타리』는 모노가타리 차원에서『헤이케』와 한줄기를 이루며, '헤이케의 세계'를 개척해 낸 독립적인 서장序章이라 할 수 있을 것이다.

이런 점에서 보면『헤이지 모노가타리』는 모노가타리로서 반드시 불가결한 필연성을 가졌다고 말할 수 없으며, 말하자면 단발적으로 일어난 실제 역사적 사건의 순서에 따라 이야기 세계의 시리즈를 맞추기 위한 이음새로서의 지시문적 의미를 갖는 데 지나지 않는다는 점에서『호겐』과 대조적이다. 하지만 그렇다고 해서『헤이지 모노가타리』가 모노가타리로서 완전히 무의미하다는 건 아니다. 그 모노가타리는 분명 평범하며 진부하다. 그렇지만 그 평범하고 진부한 모노가타리가 역사적 사건의 단발적 발생에 맞추어 일부러 만들어져,『호겐』과『헤이케』사이에 삽입되어 있다는 점 자체가 무언가를 시사한다—고 나는 생각한다. 무엇을 시사하는가?『호겐』·『헤이지』·『헤이케』라는 일련의 모노가타리 시리즈는 예로부터 통상 '전기문학'戰記文學이라든가 '군기물'軍記物로 불렸고 어느 시기부터는 '서사문학'이라는 학술 용어가 그에 추가되어 양자가 혼용되어 왔지만, 그 무엇보다도 우선 이들이 모노가타리의 형식을 지닌 '사극'이라는 점, 그 점이 어떠한 사실을 시사해 주는 게 아닐까? '사극' 시리즈라면 호겐의 난,[7] 겐페이源平 쟁란, 겐지源氏 정권의 탄생[8]을 소재로 삼는 이상 헤이지의 난[9]을 재료로 삼는 모노가타리가 빠질 수 없을 것이다. 이 쟁란들이 일련의 역사적 사건인 이상 아무리 『헤이지』가 모노가타리로서 '중간적'인 성질, 즉 미숙하고 박력 없는 성질을 띤다 해도 '사극'의 시리즈성을 충족시키기 위해선 빠질 수 없는 존재였을 것이다. 그리고 이 이야기들이 '사극'인 이상 서사적 작품일 수밖에 없다는 점은 말할 것도 없다. 그러므로 이 작품들을 읽을 때 조각조각의 형용사구가 지니는 정서만으로 작품 전체의 성격을 파악하는 것은 지나치게 일면적이며, 또 단지 '전기'戰記 부분에만 주목해서 논의하는 것 역시 시야가 좁다고 말할 수 있을 것이다. 형용 부분의 정서성이든 합전기合戰記의 활극성이든, '사극'으로서의 전체적 기본 골격과의 연관 속에서 비평적으로 파악해야 한다. 그 정서나 활극들은 골격에 붙여진 살, 또는 의상으로서 은폐물로 작용하는 경우가 있는가 하면 적절하게 표현된 경우도 있을 것이기 때문이다.

이처럼 『호겐 모노가타리』는 중세 정신의 성립을 표현하는 일련의 모노가타리 형식 속에서 '사극' 세계로의 '돌파구' 그리고 '이륙점'으로

7    호겐保元의 난: 호겐 원년(1156) 교토에 일어난 내란. 황실 내부에서는 황위 계승에 관해 불만을 가진 스토쿠 상황과 고시라카와 천황이, 섭관가에서는 후지와라노 요리나가藤原賴長와 다다미치忠通가 격렬하게 대립하며 미나모토와 다이라 가문의 무사단과 합종연횡해 하룻밤의 교전을 벌였다. 그 결과 고시라카와 천황 측이 승리하였으나, 결과적으로 이는 귀족의 무력함과 무가武家의 실력을 입증해 무사들이 중앙 정치로 진출하는 본격적 계기가 되었다.
8    헤이안 조정을 장악하고 있던 다이라 가문과 미나모토 가문 간에 벌어진 내란(즉 겐페이 쟁란, 1180~1185)의 결과 미나모토 가문의 승리로 겐지 정권, 즉 가마쿠라 막부가 성립한다. 이는 역사적 시대구분상으로 일본 고대가 막을 내리고 중세가 시작된 시점으로 인식되고 있다.
9    헤이지平治의 난: 호겐의 난 이후 고시라카와 상황의 총신인 승려 신제이信西(후지와라노 미치노리藤原通憲)와 손잡은 다이라노 기요모리平清盛를 타도하고자, 미나모토노 요시토모源義朝가 미치노리와 대립하는 후지와라노 노부요리藤原信賴와 손잡고 헤이지 원년(1159)에 군사를 일으킨 사건. 그 결과 상황과 천황이 한동안 유폐되고 신제이는 살해당했으나, 요시토모와 노부요리 또한 기요모리에게 패배해 처형당했다. 이로써 기요모리를 중심으로 한 다이라 가문 정권이 출현하였고 이후 겐페이 쟁란이 일어나기까지 미나모토 가문의 세력은 쇠퇴했다.

서 실로 그 발단을 이루는 것이었다. 물론 작품 성립 연대의 전후 관계 면에서도 그렇다는 건 아니다. 지금 문제 삼고 있는 것은 그 내용이 지 닌 구조적 특징이다. 그렇다면 『호겐 모노가타리』를 고찰할 때에는 우 선 그 기본적 골격을 이루는 몇 가지 구성적 주제의 의미를 해명하는 데서부터 시작하는 것이 사물을 읽어 내고자 할 때의 옳은 방도라 해야 할 것이다. 그것을 읽을 가치가 있는 모노가타리로서 존재하게끔 만드 는 기둥이 무엇인가, 이를 밝혀내는 것이 바로 구조를 문제 삼는 태도 라 생각하기 때문이다.


2


『호겐 모노가타리』는 두 군주의 죽음에 대한 서술로 시작된다. 한 사 람은 어린 꼭두각시 천황인 고노에近衛 천황[10]이고, 또 한 사람은 전횡 하는 실권자 도바鳥羽 상황[11]이다. 이 두 죽음은 전본傳本의 종류에 따 라 다른 '절'로 나뉘어 쓰여 있는 경우도 있으나—지금 내가 보급도 등 의 이유에서 해석의 대상으로 삼고 있는 고전대계본古典大系本(고토히라 본金刀比羅本) 또한 그 두 죽음에 관한 단락을 (셋으로) 나누고 있는데— 그러나 그 두 가지 사건은 이야기의 구조적 골조 면에서 별개의 **종**種으 로 생각해서는 안 된다. 사실 '고시라카와後白河 상황[12] 즉위하신 일'이

---

10   고노에近衛 천황(1139~1155): 제76대 천황. 1141~1155년 재위. 도바 천황의 9번째 황자.
11   도바鳥羽 상황上皇(1103~1156): 제74대 천황. 1107~1123년 재위. 스토쿠·고시라카와·고 노에 천황의 아버지이며 일찍이 양위하고 물러났으나 조부 시라카와白河 법황의 죽음 이래로 고노에 천황 때까지 상황으로서 실질적인 권력자였다.
12   고시라카와後白河 상황(1127~1192): 제77대 천황. 1155~1158년 재위. 도바 천황의 4번째 황 자. 아들 니조二条 천황에게 양위한 뒤 로쿠조六条·다카쿠라高倉·안토쿠安德·고토바後鳥羽 천황 때에 이르기까지 30여 년간 상황으로 있었다.

라 이름 붙은, 고노에(천황)의 죽음을 둘러싼 서술도 그 첫머리 첫 구는 "멀지 않은 옛날에 제왕이 계셨다. 이름을 도바 선정법황[13]이라 한다"라는 유명한 문구로 시작된다. '멀지 않은 옛날'(中比)이 '근간에'(近曾)로 적혀 있는 책도 있어 그 점에서 서지고증학적으로 책이 성립된 연대의 상대적 신고新古를 측정하는 재료가 된다는 점에도 물론 일정한 의미가 있기는 하지만, 그러나 이야기의 구성적 성질을 문제 삼고자 하는 경우에는 '멀지 않은 옛날'이든 '근간'이든, 어쨌든 '양삼단'兩三段의 시작이 전부 '도바 법황이라는 제왕이 있었다'는 정언에서부터 시작한다는 점에서 한 가지 의미를 발견하지 않을 수 없다. 이는 고대 말기 원정院政[14] 시대의 어떤 특징을 말해 주는 것이면서, 동시에 도바 원정기에 일어난 고노에(천황)의 죽음 단락과 이어지는 도바(법황)의 죽음 단락이, 이 한 구절로 인해 상징적인 한 덩어리로 통합되었다는 것이기도 하다. 이야기의 구조적 관점에서 보면 그렇다고 할 수 있다.

하나 더 예증 비슷한 걸 들어 보겠다. 별로 유명한 문구도 아니고, 또한 다소 엇나간 감이 있는 고증학 방면의 세세한 연구 외에는 보통 작은 주의조차 기울여진 바 없는 부분이다. 규주久壽 2년(1155) 가을 '고노에의 죽음' 단에 이어지는 '도바 법황의 죽음' 단의 첫 줄은 '같은 해 겨울 무렵'이라는 문구로 시작된다. 도바가 죽은 건 이듬해의 일인데 그에 이르는 사건에 대해 이야기하는 맨 첫 구절을 '같은 해 겨울 무렵'이란 식으로 단호하게 단언하며 사건 서술에 들어간다는 건, 분명 고노에의 죽음과 도바의 죽음이 사극의 성질 면에서 '동시적'이라는 걸 나

---

13 선정법황禪定法皇: 불문에 귀의해 출가한 상황上皇을 이르는 말. '법황'이라고만 부르는 경우가 많다.
14 원정院政: 천황에게 양위하고 물러난 상황上皇이 직접 국정을 다스리는 정치 형태. 여기서 원院은 상황을 일컫는다. 시라카와 상황(1053~1129)으로부터 시작되어 대략 7백여 년간 단속적으로 이어졌다.

타낸다. 적어도 그러한 울림을, 즉 질적인 동시성의 울림을 느끼게 만드는 문구이다. 이렇게 읽어야 주의 깊게 읽은 것이라 할 수 있을 것이다. 솔직히 말해 나는 이 한 구절이 지니는 상징적 통합력을 눈치채지 못한다면 읽어도 읽은 게 아니라고까지 생각하곤 한다. 미토학水戶學[15]의 『참고 호겐 모노가타리』参考保元物語는 고증 면에서 많은 사실을 가르쳐 주기는 하지만, 방금 말한 바 같은 무감각한 읽기 방법을 통해 그 전체를 물리적 사실의 고증이라는 평면으로 환원했다. 그리고 그 환원 위에서 비로소 미토학 특유의, 유학적 국수주의의 '허위의식' 체계를 멋대로 꾸며 낼 수 있었다. 정신적 사실이나 모노가타리적인 리얼리티를 무시하고 모든 것을 물리적 사실의 평면으로만 바라보는 그 속에는, 언제라도 자의적인 허위의식을 날조할 기회가 숨어 있다. 단순한 평면도를 통해서는 그 위에 세워진 건물의 구조, 방의 높이, 질감 어느 것도 이해할 수 없다. 바로 그렇기 때문에 거꾸로 그 건물에 대해 어떠한 공중누각이라도 자의적으로 구축할 수 있는 것이다. 이렇게 입체적 진실은 숨겨져서 자기에게도, 또 부주의한 타인에게도 보이지 않기에 그 잘못이 고쳐질 가능성이 적다. 미토학의 영향이 내용과 위상을 바꾸어 가며 은미하게 연연히 이어진 한 가지 원인이 이것이다. 그러한 역사를 이미 거친 뒤에도 아직도 모든 걸 물리적 사실의 평면으로 환원하는 독법이 여전히 방법적 반성을 거치지 않은 채 계승되고 있다. '같은 해 겨울 무렵'에 주목하는 경우에도 그저 대부분 그러한 태도로 일관하고 있다. — 도바 상황이 그해에 사건 장소인 구마노熊野에 간 사실이 있었는지 어땠는지, 그런 점만을 문제 삼는 태도 말이다. 그러한 태도로는 모노가

---

15  미토학水戶學: 에도 시대에 미토 번주 도쿠가와 미쓰쿠니德川光圀(1628~1701)의 『대일본사』大日本史 편찬을 계기로 해 미토 번을 중심으로 융성한 학파. 유학 사상과 국학·사학史學·신도神道를 결합했으며 황실의 존엄을 중시하여 에도 막부 말기의 존왕양이 운동에 막대한 영향을 끼쳤다.

타리 속에서 그 구절이 지니는 통합적 의미를 물론 밝혀낼 수 없다.

이처럼 이야기의 구조적 골격에 눈을 돌릴 때만이, 두 군주의 죽음을 질적 동시성을 갖는 하나의 덩어리로서 다룰 수 있다. 실제 서술 내용의 방식 또한 당연히 그 점을 보여 준다. 천황 고노에의 죽음 단락은 '이본'에 따라 지극히 간단히, 거의 단순한 사실로서 깔끔하게 쓰여 있는 경우도 있고 고토히라본처럼 장황하게 쓰여 있는 경우도 있으나, 후자의 경우에도 고노에의 죽음을 서술한 부분은 의례적 문식文飾이나 와 닿지 않는 '말솜씨'(名調子)로 흘러가는 경향이 강하다. 즉 고노에의 죽음 단락만으로는 하나의 주제를 갖는 이야기로 정리되지 않는 것이다. 그에 비해 이어지는 법황 도바의 죽음에 대한 서술은 심히 극적이다. 그리고 그 둘을 아울렀을 때 비로소 고대 궁정에서 벌어지는 전락 사극의 제1주제가 구성된다.

고노에의 죽음 단락에서 그저 관습적인 문식 부분을 제외하면 이야기적 실재감을 느끼게 만드는 한 부분은 죽음에 대한, 특히 가련한 어린 천황의 죽음에 대한 불교 '철학적'인 사상사적 기술이다. 그런 의미에서 그 실재성은 추상적이다. 또한 그런 한도 내에서 형식적인 것이기도 하다. 그에 비해 도바의 죽음을 뒷받침하는 실재감은 구체적이고 형상적이며 예언적인 리얼리티이다. 도바의 죽음 단락에 '철학적' 기술이 전혀 없다는 건 아니지만, 그 단의 이야기를 지탱하는 건 압도적으로 지금 말한 바와 같은 성질의 것이다.

이렇게 해서 원정院政이라 불리는 고대 말기 궁정의 이중군주 구도가, 두 군주의 잇따른 죽음, 그것도 이야기의 성질상 동시성을 지닌 죽음에 의해 한꺼번에 전락해 가는 모습이 지극히 선명하게 나타나 있다고 할 수 있을 것이다. 형식적인 꼭두각시 천황의 죽음은 간단한 기술 혹은 '문식'과 그 끝에 추가된 종교사상적 명제로 표현돼 있지만, 실질적 궁정 군주인 법황의 죽음은 구체적 형상에 의한 극적인 전복으로 표현된다. 그리고 그 두 죽음, 의식儀式적 꼭두각시와 실질적 제왕의 두 죽음이 겹쳐져 있다—질적 동시성이란 그러한 세로축의 중층적 겹침을 의미한다—는 점에서, 고대 궁정 전체의 신성성(과 영속성)의 결정적 몰락에 관한 이야기가 격한 상징성을 띠고 이루어지는 것이다. 그 전략은 단순한 세력의 쇠퇴라든가 권력의 저하 같은 게 아니다. 권력이라면 전대의 섭관攝關 시대[16]에 비해 오히려 현격히 증대되었다. 그런 일이 아니라, 신성한 것으로 여겨져 온 궁정의 성질 자체가 이 두 죽음의 서술에 의해 완전히 박탈된 것이다. 앞서 '질적 전략'이라고 말한 건 바로 이 때문이었다.

3

그럼 이 두 죽음은 어떤 식으로 이야기되고 있을까? 이미 언급했듯이 한 계열의 전본은 간단히 고노에의 죽음과 그에 대한 부모의 슬픔 등을 사실로서만 기록하고 있다. 구구절절 쓰고 있는 고토히라본에서는 어떨까? "고작 20년의 옥산玉算조차 채우지 못하시고, 고작 17년의 춘추를 보내기 벅차게 그리 돌아가심이 딱하다"라고 서술되는 어린 고노에(천황)의 죽음은 그가 '말세의 범부凡夫'에 불과했다는 점에 기인한다. 이 '인황人皇 76대이신 미카도御門'[17]는 '말세에 이르러 지위로는 여래에 뒤처지는 인간의 몸을 가지고 무상의 바람을 어찌 피하실지' 부모(도바 법황)나 주위에서나 걱정할 수밖에 없었던 것이다. '상주常住의 여

---

16 섭관攝關 시대: 천황의 보좌라는 명분 아래 실질적으로 섭정攝政과 관백關白에 의해 정치가 행해지던 시대를 말한다. 헤이안 시대 수백 년간 후지와라藤原 가문이 대대로 이 자리를 맡으며 권력을 누렸다.
17 미카도御門: 천황의 존칭.

래'님조차 죽음을 피할 수 없었다. '하물며' 이 인황은 시대적으로는 말세에 태어나 위치로는 '여래에 뒤지는' 사람이다. 그러한 '인간' 범부에 지나지 않는 인황이 어떻게 무상의 태풍을 초월할 수 있겠는가?—라고 도바 상황 자신이 생각했다는 것이니 상당히 심각한 이야기다.

이 부분은 사랑하는 자식의 죽음을 한탄하는 도바(와 그의 총비寵妃 비후쿠몬인美福門院)의 비탄을 도바가 화자로서 말하는 듯하며, 그 때문에 화자 자신의 설명은 예를 들면 앞서 인용한 첫 번째 문구—'17세에 죽었다'든가 '76대에 해당하는 인황'이었다는 등의 문구—에서처럼 때로는 사실 설명으로, 때로는 해석의 태도로 도바의 탄식 속에 자연스럽게 스며들어 드나들고 있다. 그 때문에 그냥 읽어서는 어디까지가 도바의 감상이고 어디까지가 화자 자신의 설명인지가 확실하지 않다. 여기에 이 모노가타리가 '이야기된' 것이라는 흔적이 남아 있다고 할 수 있다. 상황을 설명하는 부분, 그리고 주인공을 '대신해' 그 마음 상태를 밝히는 부분은 문장으로써가 아니라 음성의 어조 변화로써 구별되었을 것이다. '이야기'가 지니는 재미 중 하나는 '기색용의'氣色容儀(『보통창도집』普通唱導集)라 불리던 신체와 얼굴 표정 등을 이용해 그러한 일인이역·일인다역의 성조聲調를 만들어 가는 점에 있었을 것이다. 실제로 우리는 고샤쿠講釈[18]나 라쿠고落語[19] 속에서 다른 형태로나마 그러한 모습을 접하고 있지 않나?

하지만 그렇다 해도 고노에의 죽음을 둘러싼 이 대목은 당사자 고노에 주변의 친숙한 사람이 하는 표현과 화자가 담당하는 설명 부분 간의 구별이 지나치게 애매하다. 성성聖性에서 뒤처지는 단순한 범부가 어떻게 하면 무상의 태풍을 피할 수 있을지 "고심하시며, 마음을 달래

---

18  고샤쿠講釈: 에도 시대에 손님을 모아 군기물軍記物을 읽어 들려주던 일.
19  라쿠고落語: 골계를 중심으로 하는 이야기 예능.

지 못하**심**을 깊이 죄스럽게 생각하**시**었다"는 식으로 문장 중 특정 부분마다 높임말을 붙여 이야기를 정리하고 있기 때문에, '대신하는' 표현(表白) 부분이 어느 언저리에 나타나 있는지를 알 수는 있다. 앞에서 인용을 섞어 가며 설명했던 것이 이 부분이다. 그러나 그뿐만은 아니다. '고심하시며, 마음을 달래지 못하심을 깊이 죄스럽게 생각하셨다'는 건 물론 도바 상황 자신에 대한 말이다. 범부의 무상한 이치임을 알면서도, 그럼에도 위안받지 못하는 번뇌의 죄 깊은 자라고 제왕이 스스로에 대해 생각했다는 데 이르면 이야기는 한층 더 심각해진다. 곧이어 도바 자신이 무상의 태풍을 만나게 될 것을 예감하게 하는 말인 한편, 법황이 스스로를 번뇌에 빠진 깊이 죄스러운 범부에 불과하다 인정한 것이기도 하기 때문이다. 여기에는 더 이상 '스메미오야'[20] 조령祖靈의 재생에 의한 연속도, 천황의 신성도 존재하지 않는다. 궁정의 군주 스스로가 그 점을 인정한 것이다. 혹시나 해서 말해 두는데 이 '승인'은 제2차대전 후의 '인간선언'[21] 같은 간단한 속임수가 아니다.(1946년의 '인간선언'에는 자신이 일개 인간이라는 문구는 하나도 없다. 신이 아니라는 당연한 사실을 말했을 뿐이다.) 그런 경사스럽고 휴머니스틱한 분위기에 편승한 성명이 아니다. 고대 신성 궁정의 군주 스스로가, 자신이 죄 깊은 범부인 연유를 솔직한 말투로 고백하고 있는 것이다. 그것도 그 표명을 지금 와선 어디의 누구인지 이름조차 알 수 없는 '이야기꾼'이 '대신해서' 고백하고 있다. 질적 전락의 통절한 자각에 걸맞게, 위엄에 찬 제도적 '성명'이 아니라 이름 없는 하층의 이야기 예인(語り芸人)들에 의해 그것도 직접적인 표현으로 고백하는 것이다. 앞서 본, 연극적이면서 기술적記

---

20  스메미오야皇御祖: 일본 신화에 등장하는 여신으로, 태양의 신이며 일본 천황의 조상신으로 알려져 있는 아마테라스오미카미天照大神를 가리킨다.
21  인간선언: 일본이 제2차대전에서 패배한 뒤인 1946년 1월 1일 쇼와昭和 천황이 아라히토가미現人神라 불려 온 천황의 신격을 부정한 선언.

述的이기도 한 '이야기'의 양의적 특징은 여기서 비로소 살아나게 된다. 이 경우엔 음산한 분위기가 섞여 있지 않나 싶다. 깊게 가라앉은 전략의 사념은 하층의 무명 예인에 의해 '대신' 표현됨으로써 더욱 전략감을 자아낸다. **연기자**가 누구인지가 갖는 의미, **기술자**記述者가 어떤 자인지가 갖는 의미 모두가 여기에는 충분히 나타나 있다.

물론 '인간의 몸'이나 '죄 깊은 범부', '무상의 태풍'이나 '말세말대' 하는 말들은 모두 당시 지배적이었던 불교적 조류의 극히 일반적인 개념에 불과하다. 바로 이 때문에 이 고노에(천황)의 죽음 단락은 추상적인 서술이라 말할 수 있다. '젊어서 죽었다. 양친은 탄식했다'고 쓰여 있는 전본과 문학적 느낌으론 별다른 차이가 없는 이유도 거기서 유래할 것이다. 아니 오히려 간명하게 사실만 기록하는 전본 쪽이 이 경우엔 서사적 태도로서 명쾌하고 그만큼 번잡하지 않아 보이는 한 가지 까닭도 여기 있다. 그러나 그럼에도 불구하고 지금 말한 바 같은 일반적 '말세관'의 범주들이, 다름 아닌 천황의 죽음과 딱 맞게 결부되어(그 죽음의 이유로서) 서술된다는 점에선 역시 특별한 뉘앙스와 문제적 의미가 생겨난다. 고대 말기부터 이어진 불교적 말세관이, 사회 풍속이나 일반적 사건에 대한 사고방식으로서만이 아니라 드디어 여기서 신성 고대 궁정의 핵심적 중심까지 관통하게 된 것이다. 따라서 만약 누군가가 일본에서의 불교사상사를 고찰하고자 한다면 이 문제점을 빼놓을 수 없을 것이다. 고노에의 경우가 아니라도 상관없다. 지금 말한 특별한 문제성을 사상사史上의 획기적 사건으로 보지 못하는 사상사라면 단순한 '학설사'나 '교의사'이고 말 것이다. 거기엔 시대의 정신 구조가 지닌 동적動的이고 본질적인 양상은 조금도 나타날 수 없다. 바꿔 말하자면 정신사적 차원을 포함해 내지 못한다.

고노에(천황)의 죽음을 이야기하는 부분 중에서 실재감을 주는 극히 일부분에 대해 지금까지 설명했다. 그만큼 고노에의 죽음 부분은 그 자체로서는 '형식적'이며, 형식적이기 때문에 불교사상사史상의 일반적 범주를 그대로 사용해 이야기할 수 있는 것이다. 거기 엿보이는 드라마는 범주사史상의 드라마이지 형상적 사극으로서의 결정력決定力은 지니지 못한다. 『호겐 모노가타리』의 제1막이 사극의 제1막이 될 수 있는 것은, 고노에의 죽음을 둘러싼 서술이 '연결 통로'[22]가 되어 도바 법황의 사극死劇을 불러일으키고 있기 때문이다. 반대로 말하자면 『호겐』에서 사극史劇으로서의 제1막의 중심은 도바의 사극死劇에 있다. 그 때문일까? 여러 전본 가운데 다른 책에선 고노에의 죽음 뒤에 이어지는 도바 사극의 발단으로서만 기록하고 있는 구마노에서의 사건을, '가마쿠라본'처럼 '두 사람의 죽음'에 대한 전조로서 고노에의 죽음 이야기보다도 먼저 첫머리 이야기로 쓰고 있는 전본 또한 실제로 존재하는 것이다. 그것이 통용됐다는 사실은 '두 군주의 죽음'이 한 덩어리임을 다시금 확인해 줌과 함께, 도바의 사극死劇이야말로 한 덩어리인 '두 사람의 죽음' 이야기의 요석임을 보여 준다. 즉 도바가 저승으로 가는 극적 '도행'道行인 구마노 사건이 『호겐 모노가타리』 제1막에서 주제의 중점임을 나타낸다. 그러나 '가마쿠라본'을 인용할 것도 없이 제대로 읽기만 한다면, 도바의 사극이 『호겐』이 가진 드라마로서의 골격상 실질적인 제1의 기둥이라는 점은 명백할 것이다.

4

그렇다면 문제의, 전횡하는 궁정 군주 도바는 어떻게 죽었는가? 반복

---

22　연결 통로: 원문 '하나미치'花道는 가부키 극장의 무대장치 중 관객석을 관통해 무대에 이르는, 배우가 다니는 길을 가리키는 용어다.

해서 말했듯이 그것은 극적인 죽음이었다. 어떤 식으로 극적이었나? 고노에의 죽음과 '같은 해 겨울 즈음', 도바 법황은 당시 원정院政의 주인으로서 관례적이었던 구마노 참배에 나섰다.[23] 화려한 행렬을 거느리고 의기양양하게 나섰다. 그리고 본궁의 제1전인 쇼조전證誠殿 앞에서 통야通夜(밤샘 기도)를 했다. 이 세상과 저 세상에 대해 비는 것이다. 그러자 '밤 더욱 깊어지기에 이르러, 인적이 고요해진 뒤' 그 쇼조전의 '비단발〔簾〕 자락'에서 왼쪽 팔이라 생각되는 아름다운 것'이 스윽 나와 '뒤집고 또 뒤집음을 여러 번 하셨'다. 법황은 꿈인시 생시인지 모르는 채 이를 보며 이 '아름다운' 손의 동작이 무엇을 이야기하는지를 알 수가 없었다. 단지 그것이 여래 권현如來權現[24]의 동작이라는 것만 알았을 뿐이다.

'비단발 자락'에서 요염하고 아름다운 손끝을 부드럽게 내보이는 것은 헤이안平安 중기 이후 궁정의 귀부인이 제례 등의 특별한 경우에 행하는 관습이었다. 그것은 풍염함과 아름다움과 부드러움을 우아하게 보이는 동작이었다. 그리하여 그러한 모습을 포함한 궁정 귀부인의 우미優美한 장면은 이따금 현세에 있는 극락의 모습으로 간주되기까지 했다. 틀림없이 정토교淨土教나 정토 예술의 보급이 그러한 시각을 촉진했을 것이다. 이렇게 헤이안 후기 **궁정 세계에서의** 정토관이나 아미타여래 이미지에는 귀부인의 우미한 이미지가 연관되어 있었던 것이다. 한마디로 말해 현세적인 미적 가치와 분리되기 어렵게 결합된 정토관이

---

23  구마노熊野는 현재의 와카야마和歌山 및 미에三重 현의 일부에 걸친 지역의 옛 이름으로, 이곳에 있는 세 신사 구마노 본궁本宮 · 신궁神宮 · 나치那智를 도는 참배가 헤이안 원정기院政期에 성행했다. 특히 시라카와 · 도바 · 고시라카와 · 고토바 상황은 거의 매년 대규모 일행을 동원해 이곳을 참배했다.

24  여래 권현如來權現: 부처의 권현. 권현이란 부처나 보살이 다른 모습으로 변하여 세상에 나타나는 일, 또는 그렇게 나타난 화신을 가리킨다.

며 여래상이었다. 이러한 부분이 중세의 '종교 혁명'을 담당한 호넨法
然[25]이나, 특히 신란親鸞[26]의 '일향염불'一向念佛 및 **그 선례들**과는 완전
히 다른 연유였다.

　도바가 비몽사몽간에 본 '비단발 자락에서 나온 아름다운 손'은 그
러한 여래의 손이었음에 틀림없다. 그러나 동시에 그러한 손의 동작이
신의 뜻이 현전한 것으로 특별히 표현된 건 바로 그 사회적 발생 기반
인 무녀의 춤('오도리'踊り나 '마이'舞) 동작이 존재했기 때문일 것이다. 그
것은 앞으로의 설명 속에서 차츰 밝혀질 것이다. 그러나 어찌 되었든
도바 법황은 여래의 그 손동작이 무엇을 나타내는 건지 알 수 없었다.
보통 귀부인의 경우라면 호색적인 초대로 쉽사리 이해될지도 모르지만
상대는 여래다. 지위 면에서 여래에 미치지 못하는 범부의 자각을 지
닌 자로선 여래 권현의 동작을 이해할 수가 없는 것이다. 그래서 그는
구마노에서 그 방면에 가장 정통한 자라 하는 무녀 '고레오카노이타'伊
岡の板에게 해독을 부탁한다. 무녀는 거의 하루에 걸쳐 강신降神을 행한
다. 만좌는 마른 침을 삼키며 지켜보았다. 좀처럼 권현은 내리질 않았
지만, '한참 지난 후' 간신히 내려와 그 무녀는 천천히 법황을 향해 '왼
손을 들어 두세 번 뒤집고 또 뒤집어' 보인 뒤 '이건 어떠한가'라고 말
한다. 법황은 자기가 몽상에서 본 것과 같은 동작이므로 그야말로 '진
실로 탁선託宣이시라'고 생각해, 두려워하며 서둘러 손바닥을 모으고
'내가 십선十善의 여훈餘薰을 자랑하고 구오九五의 존위를 계승한다 해
도 고작 삼계구박三界具縛의 범부다. 신의 뜻을 감히 헤아리기 어렵다.
무엇인지 시비是非를 알 수 없다. 선사宣事의 뜻을 보여 주시라'고 간청

---

25　호넨法然(1133~1212): 헤이안 말기의 승려. 정토종淨土宗의 개조開祖로서 한결같은(一向) 염
불 수련을 강조했다.
26　신란親鸞(1173~1262): 가마쿠라 초기의 승려로, 호넨의 제자였다. 일향종一向宗이라고도 불
렸던 정토진종淨土眞宗의 개조.

했다. 저는 군주의 자리에 있긴 하지만 그저 중생의 죄 많은 세계에 이어져 있는 일개 범부에 지나지 않습니다. 그러한 제가 신의 뜻이 지닌 깊이를 알 수는 없습니다. '무엇인지 시비를 알 수 없으니' 부디 '선사의 뜻'을 가르쳐 주십시오. 이렇게 법황이 '고레오카노이타'에게 부탁한 것이다.

무녀는 우선 우타우라歌占[27]로 답을 시작했다. 당시 유행했던 속점俗占 중 하나가 쓰인 것이다. 무녀는 공허한 목소리로 우타歌를 읊었다. "손에 담긴 물에 비치는 달 그림자처럼 덧없는 세상에 사는구나."(手にむすぶ水にやどれる月かげの有るか無きかの世にも住むかな.) 이렇게 두세 번 읊는다. 이 당시에는 아마 기노 쓰라유키紀貫之[28]의 원래 우타 중에서 끝부분의 '세상이었거늘'이 '세상에 사는구나'로 바뀐 채 유통되고 있었기에(『사석집』沙石集) 그것이 여기서도 채택된 것일 텐데, 우타로 치자면 양쪽 모두 그저 평범하고 진부하며 단지 당시의 무상감을 비유적 수법이 사용된 서른한 개 문자로 보인 것에 불과하다. 굳이 그 말구末句의 변화에 주의해 보자면 가카리무스비係り結び[29] 같은 기교적 요소나 '그런 세상인 게지' 하는 초월적 영탄의 태도가 제거된 결과, 교양 없는 무녀나 그 밖의 사람들—『사석집』에는 **어린애**(稚児)의 시라 되어 있다— 이 읊기 적당한 평속함과 신상적 직접성은 '사는구나' 쪽이 띠고 있다. 그러나 여기서 가장 주목해야 할 건 어째서 이 우타가 이 이야기의 이

27  우타우라歌占: 무당이 와카和歌를 통해 신의 뜻을 고하는 것, 혹은 그것을 통해 길흉을 판단하는 일.
28  기노 쓰라유키紀貫之(?~945): 헤이안 중기의 가인歌人. 여기서 무녀가 읊은 우타는 그가 지은 와카 작품의 변형이다.
29  가카리무스비係り結び: 일본어 문어에서 문장 중에 쓰인 조사가 문장의 끝맺음에 영향을 주는 호응 관계. 본문에서 든 우타의 경우 'こそ'라는 조사로 인해 'けれ'로 끝나도록 가카리무스비가 적용되어 있던 끝 구절 '世にこそありけれ'(세상이었거늘)가, 문법적으로나 의미상으로 더 평이한 형태의 구절인 '世にも住むかな'(세상에 사는구나)로 변모한 것을 지적하고 있다.

장면에 채용되기에 이르렀는가 하는 점일 것이다. 단적으로 말하겠다. 그 이유의 요점은 틀림없이 '손'이라는 한마디에 있을 것이다. 여래 권현이 비단발 밑에서 왼쪽 '손'을 내어 '뒤집고 또 뒤집었다'는 한밤중의 사건에서부터 이 장면의 극은 시작되었다. 그리하여 여래 권현의 영매자인 '고레오카노이타'는 여래의 그 신체 동작에 의한 연극적 사건을 자신의 연기를 통해 재연함으로써 이윽고 신의 통역이 된 것이다. '신들림'의 실태는 그러한 것일 수밖에 없다. 과연 이 장면에서 무녀는, 우타우라를 읊어 내기 직전에 왼쪽 '손'을 '두세 번 뒤집어' 보였질 않나. 그리고 지금 그 신체적 표현을 언어적으로 해명하고자 하면서 그 도입부에 비유적 상징의 애매함을 품은 우타우라를 읊어 보인 것이다. 거기엔 이 장면의 드라마를 만들어 내는 주요 동작인 '손' 모티프가 여전히 계속 작용해야만 한다. 왜냐하면 사건의 진상은 아직 완전하게 '언어 세계'에서의 표명이나 판결 단계에 도달해 있지 않기 때문이다. 우타우라가 갖는 애매함은, 말 없는 신체적 동작 단계에서부터 분명한 언어적 심판의 단계로 향하는 이행부를 드러내는 것이기도 했다. 극도로 다의적이며 '불가사의한' 사건의 세계에서부터 지극히 일의적이고 명확한 '성명'聲明의 세계에 이르는, 중간적 과도성을 지닌 우타우라의 비유 세계가 여기에 놓여 있다. 초超언어적 상징인 비유이기 때문에 그것은 반反언어로서의 기능도 나누어 가지며, 전全언어적 표현 세계와의 연락교連絡橋가 될 수 있었다. 돌연히 하늘에서 내려온, 인지를 넘어서는 놀라운 사건의 해명 과정이 그 연극적 긴장을 잃지 않기 위해서는 마지막 '급전'과 '심판'에 이르기 전까지 서서히 한 단계 한 단계 나아가야만 한다. 그렇지 않으면 불안과 기대가 경합하는 과정을 유지할 수 없으며, 따라서 두근두근하면서도 안절부절못하게 만드는 전율감을 충분히 나타낼 수 없다.

이렇게 이 이야기의 이 장면에 우타우라가 등장할 때, 그 우타우라는 '손'(특히 뒤집은 손바닥)의 모티프를 품고 있어야 하며 또한 동시에 이어 전개될 언어적 판정의 내용을 예감하게 해야 했다. 그런 의미에서 이 진부한 우타는 비록 우타로서 독립적으로 다룬다면 평범할지라도, 이야기의 극적 진행에 있어서는 그 통속성까지 포함해 지극히 적절한 것이었다고 해야 할 것이다. 동시에 이는 하나의 '우타 시대'가 끝나고, 다른 주요 양식의 통합력 속에서 잡가雜歌들이 그 위치를 인정받고 엮여 들어가 재편성돼 가는 역사적 과정 또한 표현하고 있으리라. 이 경우엔 서사 사극 모노가타리의 탄생이 '새로운, 다른 주요 양식'이란 점을 행론을 통해 쉽게 알 수 있겠지만 그런 커다란 양식의 변천이 갑자기 추상적으로 위에서 내려오는 것이 아닌 이상, 그 역사 과정에서는 우선 직접적으로 새로운 구체적 결합 관계가 여러 영역에서 출현해야 한다. 이 경우의 예를 들어 말하자면 우타가 가집歌集의 세계나 우타아와세歌合[30]의 세계로부터 떨어져 나와 무녀적 동작 세계의 부속물로서 나타나는 가운데, 그 역사 과정의 지극히 구체적인 일환—그것도 근본적인 일환—이 존재하고 있다 할 수 있을 것이다. 그리고 그 무녀적 동작의 세계 즉 사회적 이변(사건)을 연기적으로 재현하여 해명해 보이는 표현 예능의 세계가 극劇, 특히 운명적 변화를 표현하는 서사시 극의 첫째 구성 요소가 된다는 점은 이제 알기 쉬운 이치라 하겠다. **이변으로서의** 사회적 사건은 그것이 통상적 일이 아닌 이변인 이상 우선 당연히 무녀의 동작 세계에 의해 서사적으로 연기되며, 그 '연극' 속으로 재래적 '명가인'名歌人 무리의 우타 또한 흡수된다. 이는 한편으론 무녀의 동작이 일종의 장식적 권위를 장착했다는 뜻이기도 하나, 다른 한편으로는 그 우타의 흡수가, 동작이 보여 주는 절차에 '우여곡절'의 복잡

---

30  우타아와세歌合: 두 패로 나뉘어 와카和歌를 지어 승부를 겨루던 헤이안 귀족들의 놀이.

성을 제공하고 또 그 진행형식에 효과적인 완서緩徐 부분을 덧붙이면서 차례로 모노가타리의 세계로 이어지는 다면성과 풍부하고도 미묘한 변화의 이행성을 동작 주위에 만들어 가도록 도운 것이었다. 이렇게 해서, 단순한 주술적 영매 행위인 무녀의 동작이 비로소 부피를 획득해 하나의 커다란 서사극 속에서 차츰 하나의 중핵이 되었다.

이 이야기 속의 이 장면에만 한정해 말해 보자. '고레오카노이타'는 아마도 '춤'을 출 때 '손'이 하는 동작과 같은 방식으로 왼쪽 손을 '뒤집고 또 뒤집은' 뒤 그 우타우라를 읊은 것일 텐데, 예의 우타는 그 동작과의 관련성으로 인해 선택되었다. 그들은 아마도 몇 가지 장면에 대응해 몇 가지 우타의 전형들을 보유해 두고 있었을 것이며, 상황에 따라 그것들은 자기 신체적 동작에 연관되도록 맞추어 채택했을 것이다. 여기서 '손'이라는 모티프가 주도적 역할을 하는 것도 그중 한 가지 표현이리라. 그리하여 '있는 듯 없는 듯'한 소멸 직전 상태를 예조豫兆하는 그 우타를 '고레오카노이타'는 '그토록 공허한 목소리로' 읊었던 것이다. 퍽이나 골똘히 생각해 낸 것이라 해야겠다. 그러나 우타우라가 동작의 연속인 이상, 그 우타우라 자체도, 말하자면 **언어적 동작**인 '성조'聲調를 중요한 표현 수단으로 삼는다. 여기서는 그 공허한 성조가 연극적 몸짓이 되어 불안과 기대가 경합하는 마음 상태를 한층 돋운 것이다. 동작 세계로의 우타우라 흡수, 반대로 말하자면 동작 세계에 대한 우타우라의 개입은, 예조를 의미로서 그 속에 들여보냈을 뿐 아니라 이처럼 음성에 의한 연극적 몸짓을 동작 주변에 만들어 냈다. 단순한 영매 행위가 여기선 몇 가지 국면과 이행 단계를 제대로 갖춘 연극으로 화하게 되었다.

'선사의 뜻'을 알려 달라고 부탁한 도바 법황을 향해 무녀 '고레오카노이타'가 내놓은 최초의 대답은 그와 같은 내적 구조를 갖고 있었다. 바야흐로 탁선을 말하고자 할 때 '서문'처럼 제출된 그 우타우라는 성조부터도 실로 불길하기 짝이 없는 것이었다. 이처럼 의미적으로나 음조상으로나 불길한 그 암시를 행하자마자, 그녀는 눈물을 **주르르** 떨구며 '그대는 어떻게 해도 낫지 않을 것. 명년 가을경 반드시 붕어하실 것. 그 후 세상은 손바닥을 뒤집는 것처럼 될 것'이라 단언적으로 탁선한다. 이 탁선을 구성하는 세 문장이 모두 '~할 것'으로 끝난다는 점에 그 문언이 지니는 말로서의 강력함이 표현돼 있다. 마치 다다미를 깔듯이 세 가지 '~할 것'이 이어지는 것이다. 그 '~할 것'은 미래에 대한 예보이기는 하지만, 동시에 단언명령조의 '해야 할 것'이란 뉘앙스를 말의 울림으로서 지닌다. 그리고 예언이 일기예보와는 달리 그저 가능적 예측이 아니라 박력에 찬 운명의 결정인 건 이러한 단언명령성에 의거한다. 예언으로서의 탁선이 언어에 의한 심판인 점 또한 여기서 유래한다. 따라서 그 결정적 예언을 전하는 현세의 통역인 무녀는, 더 이상 불안정한 애매함을 품은 '공허한' 표정이 아니라 둑이 터진 것처럼 확실한 '낙루' 행동으로 그 동작을 옮겨야 했다. 놓쳐선 안 될 것은 여기서도 '손'바닥이라는 모티프가 계속 작용하고 있다는 점인데, 그러나 그건 이미 도바의 죽음을 넘어 천하의 '배반'을 예언하는 비유적 형상으로 명언되기에 이르고 있다. 신체적·물적 형상은 그것이 놓인 극적 전개 속에, 지시하는 의미의 사정 범위를 방사선처럼 확대할 수 있다. 그리하여 '손'바닥이라는 모티프는 무녀의 주술적 '춤' 동작이 환기하는 몽상이나 우타우라들을 거친 뒤, 이에 동작의 구상적 세계를 벗어나 아득히 원대한 세계의 운명을 언표하는 언어적 비유가 되어 낙착하였다. 그러한 것을 통해서—'손'이라는 모티프의 이 극적 확충 운동을 통해서, 실권자적 군주가 지닌 통치 능력의 죽음, 그 군주의 생리적 죽음, 세계 질서의 죽음이라는 삼중의 죽음이 더 이상 어찌할 수 없는 결정적인 운명으로서 여기 강인한 어조로 선언되고 있다.

이 단호한 탁선을 듣고 공경전상公卿殿上들은 모두 낯빛을 잃었다.

'어찌해서든 수명을 연장할 수 없겠는가'라며 입을 모아 물었다. 법황은 어떤고 하니, 그 역시 물론 기겁했다. 수하들이 하나 되어 무녀를 향해 '대자대비 신려神慮의 도움'으로 어떻게든 '그 위난에서 구해 주실' '방편을 보여 주시라'고 울면서 부탁했다. 매달리는 듯한 가여운 어조였다. 제왕의 군림적 권위는 더 이상 그의 몸가짐 어디에도 없다. '고레오카노이타'는 '미마사카'美作 지방 사람이라고도 전해지던 일개 무녀에 불과하다. 고토히라본에선 '고레오카노이타'라고 읽히나 때로는 **'이오카노이타'** 혹은 **'요카노이타'**라 불렸다고 전해지는 그 이름('이타코いたこ31)의 이타)으로 봐도 오직 무녀로서 이 세상을 살아 온 자로 간주된다. 이 떠돌이 예인일지도 모르는 무녀에게 매달려 구원을 청하는 게 전횡을 자랑하는 법황 도바다. 무녀는 어떻게 대답했을까? 이윽고 눈물을 흘리면서 '그대는 우리나라의 군주로서 40여 년간의 춘추를 다스려 오셨고, 나는 이 나라를 지키는 신(鎭守)으로서 천여 년의 세월이 지났다'고 단언한다. 너는 일본의 군주로서 40여 년간 통치를 해 왔으나 나는 이 나라의 수호신을 천 년 가량 해 왔다. 이렇게 말하는 것이다. 당연히 권현의 말씀을 무녀가 전하는 것이지만, 그러나 이는 격이 다름을 하명하는 듯한 말투가 아닌가. 그렇게 잘라 말한 뒤 계속하기를 자신은 그런 자이기에 중생을 위하는 방편方便의 자비로 가엾게 여기지 않는 것은 아니나, 유감스럽게도 '정업定業 한계가 있음에는 신력이 이르지 못하고' 정해져 버린 것은 어떻게도 안 된다. 그러니 포기하라. 이 세상 일은 포기하고 저 세상의 극락정토를 염원하시라. '지금은 단지 금생의 일이거든 생각을 버리고 후생 보리菩提에 힘써야 **할 것**'이라 다시 또 단언적으로 탁선한 뒤, 권현은 무정하게도 그대로 금세 '올

---

31  이타코いたこ: 도호쿠東北 지방의 방언으로 무당·무녀를 가리키는 말.

라가 버리신' 상황이 되고 말았다. 단언 명령으로 이루어진 예언은 그 끝나는 방법 면에서도 쓸데없는 장황함을 배제한 직절直截한 것이었다. 법황의 늘어지는 태도와 대조되면서 그 직절함은 더욱더 선명하고 강렬하게 나타난다. 매달리던 법황은 더 이상 어찌할 방법이 없다. 망연자실 귀로에 오르는 수밖에 없었다. 모노가타리 역시 "권현 탁託하시고 올라가셨다"라고 끊어 버리고는 그다음 바로 천황의 딱한 귀로에 대한 기술로 옮겨 간다. 구마노로 향할 때 '의기양양' 했던 법황 일행은 의기소침한 모습으로 돌아간다. 구마노 참배로부터 돌아오는 길을 당시 일반적으로 '기쁨의 길'이라 불렀다는데—이는 구마노행 참배가 얼마나 고행이었는지를 상상하게 한다—, 이때의 도바 일행에게는 기쁨은커녕이었다. 예언을 '점쳤던 무녀마저도 처참히 여길' 정도였다.

물론 법황 도바는 예언대로 이듬해 가을에 죽었다. 그 부분은 '법황 붕어하신 일'이라는 독립적인 단으로 이루어져 있는데, 서술 방식 면에선 고노에의 죽음 부분과 그다지 다르지 않다. 대부분이 '조사'弔詞와 다름없는 의례적 문식으로 채워져 있다. 끝부분에는 역시 고노에의 부분과 유사하게 "염부閻浮의 몸, 귀천고하 할 것 없이"라는 표현으로 범부인 법황의 죽음을 당연시하고 있다. 이로 인해 다시 한 번 불교적 '말세'와 '무상'의 범주가 궁정을 관통한다. 하지만 도바 사극死劇의 중점은 여기 있는 게 아니다. 고대 궁정 군주인 도바 법황이 일개 무녀의 예언대로 허망하게 죽은 것이다. 그녀가 전달한 구마노 권현의 탁선대로, 어찌할 방도 없이 법황 도바는 죽었다. '미마사카 사람'이라고도 전해지는, 방랑자일지도 모르는 '고레오카노이타' 라는 무녀의 말이 고대 말기 전횡 군주의 사명死命을 정한 것이다. 바로 이 점에 '도바의 죽음' 이야기의 근간이 있다.

바로 이 때문에 『호겐 모노가타리』는 모노가타리 형식을 띤 '사극'인 것이다. '사서'史書와는 그 장르를 달리하는 '사극'이다. 그 점은 같은 사건을 다루는 『구칸쇼』愚管書[32]의 방식과 비교해 보면 명료해진다. 『구칸쇼』는 말할 것도 없이 **개인의 사안**史眼과 조사와 서술을 통해서 쓰인 일본 최초의 사서였다. 그것은 혜안을 가진 역사가 이시모다 石母田正[33] 씨가 특정 방향의 비꼼을 담아 말했듯이 '역사철학' 책이라기보다는 우선 무엇보다도 당대의 '현대사'였다. 이 책의 후반부는 고금을 통틀어 출중한 '동시대사'다. 그것이 어째서 출중하며, 그 책이 걸출한 까닭이 어디에 있는지에 관해 여기선 논하지 않는다. 그러나 '도바 상황 붕어하신 뒤 일본국에 난역亂逆'이라는 게 일어나 마침내 '무사의 세상이 되'는 그 '과정의 상황'을 기술하고자 쓰인 이 '현대사 책' 또한, 구마노에서 일어난 '고레오카노이타'의 법황에 대한 탁선 사건을 역사적 삽화揷話로 쓰고 있다. 단 그때의 법황은 도바가 아니라 그 전의 시라카와白河 법황[34]이며, 무녀의 탁선은 법황의 죽음을 예언한 게 아니라 '세상 끝엔 손바닥을 뒤집는 것처럼 될 것'임을, 즉 말세에 세상이 전도되리라는 난세성만을 예언한 것이었다. '손바닥을 뒤집는' 것, 그것은 사회사적 전복을 나타내는 형용 비유에 다름 아니었다. 그러나 『구칸쇼』의 그 기술이 호겐의 난과 관계 없이 쓰였는가 하면 실상은 그 반대다. 시라카와 법황의 그 에피소드는 섭관가攝官家의 분열을 가져온 원정院政의 군주 시라카와 상황의 독단상을 이야기하는 부분에 쓰여 있으며, 그 섭관가의 분열이 호겐의 난의 주요 원인의 하나이기 때문이다. 이렇듯 역사서 『구칸쇼』는 우선 도바 법황의 죽음을 계기로 호겐의 난 이

---

32 『구칸쇼』愚管: 승려 지엔慈円이 지은 전 7권의 역사론서. 지엔은 호겐의 난의 당사자였던 관백 후지와라노 다다미치藤原忠通의 아들로서, 『구칸쇼』에서 주요하게 다루고 있는 헤이안 말기부터 가마쿠라 초기의 시대에 관해서는 당대인이기도 했다.

33 이시모다 石母田正(1912~1986): 쇼와 시대의 일본사학자. 유물사관의 시각으로 고대·중세사를 연구했다.

34 시라카와白河 법황(1053~1129): 제72대 천황. 1072~1086년에 재위하였으나 양위한 후에도 43년간 상황으로서 원정을 행했다. 도바 천황의 할아버지다.

후 동란이 일어났다는 사실을 쓴 뒤, 이어서 그 난의 역사적 원인과 유래를 거슬러 올라가 서술한다. 그리고 그 부분 속에서 시라카와 법황의 구마노 참배를 언급하며 예의 '요카노이타' 탁선 사건을 삽화로 쓰고 있다. 이는 원정 군주의 죽음으로 이어지는 것이 아니라 일반적 난세에 대한 예감을 나타내는 삽화였다. 거기 보이는 필치와 형식과 문맥은 분명 역사가의 역사 서술에 따른 산물로서의 특징을 갖추고 있다. 물론 '고레오카노이타' 탁선 사건이 '사실'史實로서 있었는지 없었는지, 있었다면 실제로는 어떠한 사건이었는지는 확실치 않다. 물리적 사실 차원에선 어느 쪽도 영원히 확인할 수 없을 것이다. 그러나 그 이야기가 이야기로서 당시에 존재했다는 사실은 『구칸쇼』에 적혀 있는 이상 틀림없을 것이다. 이처럼 '현대사서'로서의 『구칸쇼』에 위와 같이 적힌 그 이야기가, 『호겐 모노가타리』에서는 지극히 드라마틱한 모습으로 통합되고 고쳐져서 재구성돼 있다. 에피소드였던 이야기가 극의 중심으로 포착되고, '손바닥을 뒤집는' 일은 일개 형용이 아니라 극의 주역을 맡는 주요 동작으로 개작되었으며, 시라카와 법황 때의 일이 도바 법황의 일로 옮겨지고, 호겐의 난에 이르는 역사적 원인의 일환에 관련된 데 불과했던 삽화적 사건은 난의 직접적 발단이 되는 도바 법황의 죽음과 직접적으로 이어지게 되었다. 이리하여 도바의 죽음은 극적인 모습을 띠게 됐으며, 인격으로 체현된 호겐의 난의 시간상 발단은 단지 시간적 발단으로서가 아니라 사회적 전복을 포함하는 질적 획기의 인간적 체현으로 표현되었다. 고뇌를 짊어진 구체적 인간의 운명적 변화 가운데서 역사의 급전을 표현하는 '사극'史劇이 된 것이다. 도바 법황이라는 궁정 군주의 사극死劇이, 난역과 무사의 세상이 되는 사회사 전반의 급전환에 대한 예언과 '단단히' 부착되면서 그 사극死劇은 고대 궁정의 질적 전락과 장대한 역사적 변화의 운명적 성격을 상징적으로 드러내는 본격적 사극史劇 제1막의 주제가 된 것이다.

이처럼 사극 『호겐 모노가타리』의 제1막을 구성하는 주제의 중심은 일개 무녀의 말이 법황 도바의 운명을 결정지었다는 점에 있다. 때문에 모노가타리 내부에서도 그 점을 '내재적으로' 뒷받침하고 있는 것이다. 어느 부분에서일까? 이미 말했던 것처럼, 도바가 실제로 죽었을 때의 사실을 서술한 '법황 붕어하신 일'이라는 부분은 고노에의 죽음과 마찬가지로 '문식'으로 채워져 있다. 하지만 그럼에도 불구하고 그 단을 마무리할 때는 마지막 부분에서 다시 한 번 **그** 무녀가 행한 붕괴의 예언을 상기시키고 있다. 이를 통해서만 도바의 죽음이 지닌 극적인 의미를 말할 수 있었던 것이다. 또 이를 통해서만 그 죽음이 불러일으킨 사회적 격변 즉 호겐의 난에 대한 예감을 이야기 속에 배태시킬 수 있었다. 『호겐 모노가타리』 제2막을 향하는 화살표를 보여 줄 수 있었다. '법황 붕어하신 일'의 마지막 부분은 바로 다음과 같이 쓰여 있다. "손바닥을 뒤집은 것처럼 될 것이라, 무녀 점쳐 말하였으니 또 이후에 어떠한 일이 벌어질 것인가. 실로 심연에 임하여 살얼음을 걷는 듯이 두려워 부들부들 떨었다."

5

이상, 사극으로서의 『호겐 모노가타리』 제1막의 주제가 무엇이며 그것이 어떻게 구성되었는가에 대해 리라이팅(再話)적 수법을 섞어 가며 해독해 보았다. 하지만 해독의 눈과 해부의 손을 조금 더 가해야 할 것이다. 주제와 그 핵심이 무엇인지는 알게 되었다 해도 그 핵심 내부의 구조적 골조는 아직 명료해지지 않았기 때문이다. 핵의 안쪽에 대해서는 현미경과 같은 눈으로 바라보고 그 분자구조식을 추출해 내 볼 필요가 있다.

이 경우에 불교사상사史적 범주의 변천에 대한 해석은 다른 기회로 양보해도 될 것이다. 이에 대해서 해야 할 말이 없는 건 아니나, 궁정을 관통했던 '말세'와 '범부'와 '무상'의 범주 자체는 대강의 의미에 관한 한 일단은 우리가 기존에 알고 있는 범위 안에 있기 때문이다. 그렇지만 고대 궁정 군주의 극적인 전략 장면에 있어서는, 생략할 수 없는 몇 가지 문제가 아직 남아 있을 것이다. 우선 어째서 그것이 다름 아닌 '전략'인가 하는 점이다. 일개 무녀의 말이 전제 법황 도바의 사명을 정했기 때문이라는 점은 이미 이해했다. 그러나 '일개' 무녀라는 건 무슨 의미인가? 궁정 군주가 점치기를 청하며 '신'의 의지를 전달해 달라고 부탁할 경우 그 이전에는 이것이 어떻게 행해졌던 걸까? '우라베'占部이건 '미칸나기'御巫(혹은 그들의 전신)이건 그 외 형태의 점쟁이이건 율령제에 의해 '합리화'된 '소사'所司들이건, 어쨌든지 간에 궁정 혹은 국가에 종속되고 소속된, 이미 포섭되어 있는 '전문가'에게 명했던 것이다. 그 안에서 이루어진 형태의 변화사史는 여기서의 당면 과제가 아니다. 지금은 일개 무녀라 말할 때 그 '일개인'이라는 성격이 갖는 의미적 깊이가 문제다.

이미 『쇼몬키』將門記[35]에서 마사카도將門가 스스로를 '신황'新皇이라 칭했을 때 어디의 누구인지도 모를 '무당'[36] 한 명이 '하치만대보살八幡大菩薩의 수하'로서 관위를 받으리라는 뜻을 선탁한 일이 알려져 있다. 물론 그 무녀도 국가제도나 궁정에 소속되지 않은 일개 '무당'임에는 틀림없다. 그리하여 헤이안 시대 중엽 이후로 고대사회를 흔드는 사변이 계속해서 일어나던 상황 속에서 그런 일개 무당이 남녀나 종교 여하

---

35  『쇼몬키』將門記: 초기 군기소설 작품 중 하나. 헤이안 중기인 939년 다이라노 마사카도平將門가 간토関東 지역을 점령하고 자신을 신황新皇으로 칭한 '다이라노 마사카도의 난'을 소재로 한다.
36  무당: 원문 '昌俊'는 '가무나기'라 읽는다. 무당을 뜻하는 '간나기'かんなぎ를 의미하는 것으로 보이나, '기녀'로 해석될 여지도 있다.

를 불문하고 활약하기 시작한 건 구야空也[37]나 '고도皮堂의 성인'[38] 같
은 예를 봐도 알 수 있다. 『쇼몬키』의 '무당 한 명'도 그런 경우의 도고
쿠東国[39]적(변경 미개의) 형태였을 것이다.

  그러나 그중 어느 것도 궁정을 관통하는 데까지는 이르지 못했다.
하물며 궁정 군주의 죽음을 선언할 수는 없었다. 『호겐 모노가타리』제
1막의 중심에 주역으로 등장한 '고레오카노이타'는 궁정에 소속된 자
도 아니고 국가제도에 속한 자도 아니며, '구마노 권현'에 속한다는 하
나를 제외하면 '미마사카 출신 사람'이라 불리며, 방랑자적 성격을 풍
기면서 일개 무녀로 '구마노'에 들어와 '구마노'의 무녀라는 자격으로
전제 법황 도바의 생명을 **한마디로** 제압했다.[1] 그리고 동시에 고대사회
의 종언과 중세적 동란의 개막을 선언한 것이다. 이로 말미암아 고대
궁정의 권위는 말살되었다. 이것이 '전략'이 아니고 무엇이겠는가. '일
개' 무녀 대 말기적 전제 법황의 승부는 완벽하게 전자의 승리로 끝났
다. 새로운 시대인 중세로의 전환 사극은 이렇게 시작되었다. '태초에
말씀이 있으셨다'는 말은 이 나라의 정신사에서도 이러한 형태로 나타
나고 있는 것이다.

  일개 무녀 대 전제 법황의 대조를 핵심으로 하는 드라마라는 건, 어
쩌면 작은 여자의 말 대 권력적인 남자의 대조를 얼마간 함의할지도 모
른다. 그러나 그 이상으로 확실한 건 '비단발 자락'에서 '아름다운' 손

---

37  구야空也(903~972): 헤이안 중기의 승려. 민간 정토종의 선구자이며 북이나 징 등에 맞추어
춤추면서 염불하는 오도리염불踊念佛의 개조로 일컬어진다.
38  고도皮堂의 성인: 헤이안 시대의 승려 교엔行円을 가리킨다. 젊은 시절 사냥꾼이었던 그는 자신
이 잡은 사슴의 배에서 새끼사슴이 태어나는 것을 보고 발심하여 불문에 들었으며 그 사슴 가죽을 늘
몸에 지니고 다녔기 때문에 '가죽 성인'(皮聖)으로 불렸고, 그가 교토에 세운 절 교간지行願寺는 '가
죽의 절', 즉 '고도皮堂라고 불렸다. 그는 이 절을 거점으로 법화경 신앙을 설파하여 귀천을 불문하고
많은 신자를 모았다.
39  도고쿠東国는 당시의 간토関東 지방을 가리킨다. 헤이안 시대에는 변방 지역이었다.

을 내민 유미한 여성적 이미지의 여래 권현이, 자기 '신체 언어'를 무녀를 통해 인간의 말로 통역할 때 얼마나 가혹한 단언으로 전제 군주를 대했는가 하는 점이다. 그 유미함과 그 예언의 가열苛烈함, 그 유연한 여성적 동작과 그 속의 엄격한 맛. 그러한 일련의 대조가 제1막이 품은 극적 핵심의 내부 구조를 조형하고 있다. 그 일군의 대극성對極性 속에서 '고레오카노이타'의 '공허한' 발성 상태나 '눈물' 흘리며 말하는 모습은 그녀가 말하는 예언의 문언이나 내용의 단언적 박력과 선명한 대조를 이루고 있다. 『호겐 모노가타리』에서 제1주제의 핵심부가 품고 있는 내부 구조는 대략 이런 것이었다. 그리고 전체적으로 역전 사극인 『호겐』의 제1주제의 내부 또한, 마치 결정結晶 형태를 같이하는 전체와 부분의 관계처럼 그 속에 포함하는 일군의 대극성과 역전으로 구성돼 있다. 그런 일군의 대극성이 그 장면의 다각성을 만들어 냈고 또 그 역전이 한 극에서 다른 극으로의 극적 이행 절차를 가능케 했다는 점에서, 앞서 본 바와 같은 단순한 무녀의 영매적 동작에서부터 하나의 '연극'으로의 비약—모노가타리 형식의 경우 사극으로의 비약—이 출현한 것이다. 그리하여 그 비약의 과정은 권위 있는 '명인'들의 우타마저도 '가집'의 세계에서 **넘쳐 나오게 되고** 불교적 경전 문언마저 '권문사사權門寺社'의 '독경' 세계로부터 **흘러나오게 돼서는**, 그것들이 일개 **유랑하는** 종교적 예언자의 춤(구야 등)이나 동작(무녀, 무당)과 결합해 충돌과 부조화를 포함하면서 함께 모여 사회 전체의 복잡한 역사적 전변轉變을 그려 내기 시작하는 과정이기도 했다. 정연하게 질서 잡힌 일의적 '통신 체계'의 재생산과는 완전히 달리 거기엔 이질적 형식과 이질적 요소가 모험적으로 이어지는 생산적 '혼신混信 현상'이 존재하고 있었다. 특별히 '탄생'이라고 부르는 까닭 또한 그 때문이다. (미완)

그래서야말로 '구마노'의 성격을 해명하고 분석하는 것이 빠뜨릴 수 없

는 과제겠으나, 그에 대한 시도는 다음 기회에 양보하기로 하겠다.

# 쇼인松陰의 정신사적 의미에 대한 한 가지 고찰

## 어느 「요시다 쇼인吉田松陰 문집」 목록 선정 이유

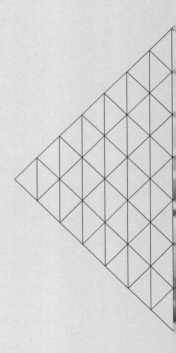

요시다 쇼인 초상

이 글은 1978년 11월 이와나미쇼텐岩波書店에서 출간한 『일본사상대계』日本思想大系의 『요시다 쇼인』吉田松陰에 「목록 선정 이유─쇼인의 정신사적 의미에 대한 한 가지 고찰」(書目選定理由─松陰の精神史的 意味に関する一考察)이라는 제목으로 처음 수록되었다.

1

이 한정된 총서(이와나미쇼텐岩波書店 간행 『일본사상대계』日本思想大系)의 전체 배분 속에서 요시다 쇼인吉田松陰[1]이 단독으로 한 권을 차지하는 것이 타당한지에 대해 나 자신은 다소 의문을 느낀다. 가령 와타나베 가잔渡辺崋山,[2] 다카노 조에이高野長英,[3] 사쿠마 쇼잔佐久間象山,[4] 요코이 쇼난橫井小楠,[5] 하시모토 사나이橋本左內[6]라는 다섯 인물이 한 권에 들어가 있다는 점만 아울러 생각해 보더라도 고개를 갸웃하지 않을 수 없게 된다.[7] 만약 사상사적 진리를 다룰 때도 아리스토텔레스가 말하는 '배분적 정의'가 고려되어야 한다면, 이 배분법 속에 한 가지 문제가 잠복해 있다는 점은 의심할 수 없을 것이다. 그러나 그 문제가 무엇인지를 밝히는 건 배분에 관여하지 않은 내가 할 일이 아니다. 더구나 오늘날의 문화적 상황 속에서 쇼인 권을 담당하는 것에 대해 시종 소극적이었던 나로서는 그런 문제에까지 끼어들어 해명하려는 열의를 보일 필요는 없을 것이다. 지금으로선 한 가지만 말해 두면 충분하다. 즉 '요시다 쇼인'이라는 이름은 다른 역사적 인물의 이름을 압살할 정도로 지명

1   요시다 쇼인吉田松陰(1830~1859): 일본 에도 막부 말 조슈長州 번 출신의 무사이자 교육자. 하급 무사 출신으로, 일본에서 이루어지던 서양 학문 연구인 난학蘭學을 비롯해 다양한 학문을 배웠고 존왕양이尊王攘夷를 주창한 행동과 지식인으로 문하에서 여러 메이지 유신 주역들을 배출했다. 천하는 천황이 지배하고 그 아래 만민은 평등하다는 '일군만민론'一君萬民論으로 유명하다. 1858년 막부의 로주老中이던 마나베 아키카쓰間部詮勝 암살 계획에 연루되어 안세이 대옥 때 감옥에 갇혔고, 이듬해 사형 판결을 받고 참수당했다.
2   와타나베 가잔渡辺崋山(1793~1841): 에도 막부 말기의 화가, 난학자.
3   다카노 조에이高野長英(1804~1850): 막부 말기의 의사, 난학자.
4   사쿠마 쇼잔佐久間象山(1811~1864): 막부 말기의 무사이자 학자. 유학과 난학을 공부한 사상가이며, 요시다 쇼인의 스승이기도 하다.
5   요코이 쇼난橫井小楠(1809~1869): 막부 말기의 유학자, 정치가.
6   하시모토 사나이橋本左內(1834~1859): 막부 말기의 무사, 의사.
7   이와나미쇼텐 간행 『일본사상대계』의 제54권은 『요시다 쇼인』, 제55권은 『와타나베 가잔·다카노 조에이·사쿠마 쇼잔·요코이 쇼난·하시모토 사나이』이다.

도가 높다는 것이다. 만약 일본 역사 속 인물을 두고 인기투표를 실시한다면 쇼인은 최고점을 다투리라. 적어도 쇼인이 '내 스승'이라 부르며 최고의 존경을 바쳤던 사쿠마 쇼잔보다 다섯 배는 더 득표하지 않는한, 이 총서의 분배는 정확하다 할 수 없을 것이다. 실로 쇼인은 좌우를 아울러 모두 높은 인기를 얻고 있다. 우익은 그의 '존왕양이'尊王攘夷적 내셔널리즘에 공감하고, 좌익은 변혁을 향한 그의 정열에 경의를 아끼지 않는다. 그 밖의 사람들도 또한 쇼인의 순진함에 애착과 동정을 금치 못한다.

분명히 쇼인의 생애가 체현하는 순난殉難의 태도는 어떤 정신사적 집중의 강도를 전형적으로 보여 준다. 그리고 그 정신 태도는 실패와 차질을 거칠 때마다 더욱 강하게 수렴하면서 안세이 대옥[8] 때 맞게 되는 죽음(刑死)을 향해 거의 곧바로 직진한다. 그 모습을 볼 때, 특히 그 종막 가까이에 서린 내면적 긴박과 각오의 철저함을 볼 때, 나 또한 거기서 인간 정신의 한 가지 극한이 현전함을 보면서 '오싹한' 느낌을 받고 말로 표현하기 힘든 감동을 느끼지 않을 수 없는 것이다.

그렇지만 요시다 쇼인은 고전적인 의미에서 결코 '사상가'는 아니었다. 누군가의 작품이 독립적으로 어느 시대에나 일정한 보편적 의미를 지니는 것을 '사상가'의 요건이라 한다면, 쇼인을 사상가라고 부르기는 어렵다. 그에게는 그러한 작품이 없을 뿐만 아니라 그러한 작품을 배출해 내기 위한 정신적 기초—'세계에 대한 철저한 고찰적 태도'—가 다분히 결여되어 있다. 그리고 그 점이 그와 쇼잔을 가르는 커다란 차이였다. 쇼인의 밀항 사건[9]에 임하여 두 사람이 보인 판단 방식의 차

---

8   안세이 대옥(安政の大獄): 안세이 5년(1858) 막부의 다이로大老이던 이이 나오스케井伊直弼가 존왕양이파에게 행한 대탄압. 지사 백여 명이 투옥되고 요시다 쇼인, 하시모토 사나이, 라이 미키사부로賴三樹三郎 등 8명이 사형에 처해졌다.
9   외국 유학을 결심한 요시다 쇼인은 1854년 제자인 가네코 시게노스케金子重之助와 함께 미국

이, 설명 방식의 차이 속에 이 점은 여실히 드러난다.(이는 독자 스스로 검토하시길 바란다.) 쇼인은 고찰하는 사람이 아니라 행동하는 사람이었으며, 구성하는 사람이 아니라 기개 높은 사람이었으며, 모든 것에 대해 거리 유지가 서툴고, 상황의 한가운데로 돌진해 들어가는 것이 장기인 사람이었다. 따라서 그의 저술은 체계적인 저작이 아니라 그가 지향했던 당면 방침이고, 상황에 대한 그의 반응이며, 사람들을 향한 설득이자 충고이고, 전체적으로 모두 그 스스로의 정신 상황과 행동양식을 직접적으로 말해 주는 것이었다. 그런 의미에서 그에게는 '주저'主著라는 것이 없다. 주저가 없다는 게 오히려 그의 특색이다. 그의 저술은 전부 자전적인 성질을 지닌다. 하지만 그 자전적인 것이란 노숙기에 안락의자에 앉아 쓰인 듯한, 이른바 빅토리아적인 '자전'과는 거의 정반대의 취지를 지닌다. 그의 역사는 실패의 역사였다. 그러한 실패를 그 실패의 현장에서 써 내려간 것이 그의 글들이다. 때문에야말로 그 속에는 임장감臨場感이 가득 넘치며, 바로 그렇기 때문에 읽어 가면서 종막에 가까운 긴박한 장면에 이를 때 일종의 깊은 감동을 가져다주는 것이다.

쇼인에게는 주저主著가 없되, 그의 짧은 생애 자체가 그의 유일한 주저였다. 자신이 기획했던 몇 가지 '사건'으로 단계를 이루며 오로지 한길 '죽음'(刑死)을 향해서 한 단계 한 단계 나아갔던 그의 채 10년이 못 되는 사회적 생애야말로 몇 개의 '장'으로 나뉜 채 도입부—전개부—휴지부—급전부를 지니는, 그리고 예기치 못했던 급격한 마지막 장에 이르도록 구성된 저서였다. 그 도입부가 무엇이고 전개부가 무엇이며 휴지부가 무엇이고 급전부가 무엇인지에 대한 설명은 모두 생략한다. 설명이 없어도 단락들을 파악해 내기란 그다지 어려운 일이 아닐 것이

---

함대에 밀항하려다가 실패해 투옥되었다. 제자 쇼인의 계획이 실패하면서, 사쿠마 쇼잔도 이 사건에 연루돼 한동안 투옥되었고 이후 1862년까지 마쓰시로에서 칩거하게 된다.

다. 그러나 그 마지막 장은 결코 '고전적' 정연함을 지닌 질서 있는 '결론'(코스모스)이 아니었다. 반대로 그 최후야말로 이후 닥쳐올 너무나도 상황적이고 처참한 시대 상황으로 향하는 전환점이었다고 생각되게 하는 그런 종장이었다. 적어도 이 점에 대해서만큼은 주의를 기울여야 한다.

쇼인의 유일한 주저는 그런 것이었다. 바로 그래서 메이지 이래의 수많은—지나칠 정도로 많은— 쇼인론 가운데 걸작이라 불리는 소수의 저술들은 모두 쇼인에 대한 사회적 전기傳記 구성을 취한 것들뿐이다. 그러한 걸작으로 나는 두 가지를 꼽는다. 하나는 모두가 잘 아는 도쿠토미 소호德富蘇峯[10]의 『요시다 쇼인』吉田松陰(초판뿐 아니라 개정판도 포함해서)이며, 또 하나는 세키네 에쓰로関根悦郎[11]의 『요시다 쇼인』이다. 앞의 것은 유신 이래의 입국 사업이 어느 정도 일단락을 보고 유신사史에 대한 역사적 성찰이 시대의 정신적 과제가 되었을 때, 변동하던 그 상세한 특징과 그 세부를 담당한 인간군群의 특질을 정확히 파악했다는 점에서 지나칠 정도로 탁월한 재능을 지닌 역사가 소호가 쓴 것이며, 뒤의 것은, 이미 일본의 군국주의에 의해 제2차대전이 시작되던 시기에 나라 안에 거세게 몰아친 '쇼와 대옥'[12] 가운데서 과감하게 그리고 끈질기게 저항했던 한 공산주의자가 전문 역사학자들의 성과뿐만 아니라 메이지 시기의 역사가(예를 들면 후쿠치 오치福地桜痴)[13]의 유산까

10  도쿠토미 소호德富蘇峯(1863~1957): 메이지~쇼와 시대의 저널리스트이자 평론가. 정치가로서도 활약하며 전전·전중·전후 일본에 커다란 영향을 끼쳤다.
11  세키네 에쓰로関根悦郎(1901~1979): 다이쇼~쇼와 시대의 사회운동가. 1926년 입당한 일본공산당에서의 활동으로 투옥되기도 했다. 전후에는 『인민신문』을 발행했다.
12  쇼와 대옥(昭和の大獄): 일본 쇼와 연간인 1925년부터 치안유지법의 시행으로 가해진 언론 탄압. 공산당 분쇄라는 목적으로 시작해 점차 모든 반정부 운동을 대상으로 하면서 전후에 집계된 피해자 수가 7만 5,000여 명에 달할 만큼 악명 높고 규모가 컸다.
13  후쿠치 오치福地桜痴(1841~1906): 메이지 시대의 극작가이자 저널리스트·정치가였던 후쿠치 겐이치로福地源一郎를 가리킨다.

지도 충분히 소화해 내면서, 전전前戰 공산주의자 특유의 세계사적 시야와 그 자신이 개인적으로 직접 체험하고 있던 권력의 탄압에 대항하는 자세를 역시 충분히 살려 내 쓴 것이었다. 쇼인에 대한 크고 작은 사실들을 조사해 낸 착실한 연구서로는 예컨대 히로세 유타카広瀬豊의 『요시다 쇼인 연구』(吉田松陰の研究) 등이 있는데, 물론 이러한 연구들은 많은 것을 가르쳐 주는 귀중한 연구이며 그 성실하고 철저한 연구 태도에 경의를 표해 마땅하지만 그러나 쇼인의 비극적인 생애가 지니는 역사적 의미나 그가 체현해 낸 희비극의 정신적 의미를 뚜렷이 그려낸 저술이라면 앞서 든 두 가지 걸작뿐이라 생각한다.

하지만 이 걸작 저서들이 아무리 시대의 정신적 과제를 짊어지고 대면했다 해도, 예를 들어 만일 『강맹여화』講孟餘話[14]의 사상구조 분석'이라는 식으로 쇼인론을 전개하고자 했다거나 그 밖에 어떻게든 이른바 '작품론'적인 형태로 쇼인의 '사고양식'을 추출하려 했다면 결코 그와 같은 걸작은 태어날 수 없었을 것이다. 그 점에 대해서는 거의 단언할 수 있다. 동시에, 쇼인 개인의 전기적 기사만을 단독으로 나열해서는 아무리 상세한 기술이라고 해도 그 또한 결코 '쇼인'의 의미를 뚜렷하게 그려 내지는 못했을 것이다. 이 점 역시 거의 단언할 수 있다. 몇 가지 실례가 이미 이를 보여 주고 있기도 하다. 쇼인의 사상을 사상이라는 모습만으로 파악하려 하거나 쇼인의 존재를 개인적인 것으로 기술해서는, 그의 존재와 그 운명이 지녔던 의미를 결코 밝혀낼 수 없다. 그만큼 그는 철저하게 상황적인 존재였다. 때문에 상황 속에서 그를 바라보지 않는다면 그가 가진 역사적 의미도, 그가 보여 준 일종의 보편적인 정신적 의미도 결코 알 수 없게 된다. 그의 사색은 사색으로서 전

---

14  『강맹여화』講孟餘話: 『맹자』에 대한 요시다 쇼인의 강의록. 안세이 3년(1856)에 완성되었다.

혀 성숙하지 못한 것이었으며, 그의 행동 방침은 거의 언제나 수단의 선택 면에서 경솔했다. 그리고 그 점에서도, 그는 그의 시대가 가진 상황적 특질을 체현하고 있는 것이다.

왜, 그리고 어떻게 그러했는가에 대한 거창한 설명에 대해서도 많은 부분을 생략하고 다시 한 가지 시사점을 제출하는 것으로 그치겠다. 앞서 얘기한 '상황적'이라는 말이 함축하는, 말하자면 그 기호학적인 의미에 대해서만 언급하려 한다. 그것은 모든 '제도적인 것', '틀'을 갖춘 것, '항수恒數적인 것'이 붕괴해 사라진 사회 상태를 나타낸다. '상황적'인 사회 상태란, 사회적 행동 면에서 반응을 기대하고 예측하게 하는 '질서적 관계'가 사회 내부에서 소실되고, '변수' 상호 간의 예측치 못한 충돌이나 결합이 사회의 주된 동향이 된 것을 가리킨다. 그럼 바로 이후에 이어진 일련의 사태들이 머릿속에 떠오를 것이다. 즉 무너져가는 도쿠가와 사회를 다시 일으켜 세우고자 막부가 스스로 계획과 방침과 기대와 예측을 통해 기획한 최후의 '개혁'이 '덴포天保 개혁'[15]이었다는 사실. 그리고 '흑선' 사건[16]이 일어나자 막부 각료들은 통일 권력으로서의 자기결정권을 실질적으로 포기하고 교토의 궁정과 제후에게 '무엇을 해야 할지'를 상담하기에 이르렀다는 사실. 그리고 그 결과 제론諸論이 비등하여 막부 내부의 권력 중추 자체를 마치 뇌 수술처럼 개조하려는 움직임이 나타났고(계사론),[17] 그에 이어 마침내 '안세이 대옥'

---

15  덴포天保 개혁: 에도 막부가 봉건적인 농업 사회를 복원하기 위해 덴포 연간(1830~1844)에 실시한 개혁. 그러나 당시 사회 문제의 심각성에 비해 기존의 전통적 방법에 기댄 개혁 조치들이 효과적으로 작용하지 못해 실패로 끝났다.

16  흑선黑船 사건: 페리 제독이 이끄는 미국의 검은 함대가 1853년 일본 우라가浦賀 앞바다에 나타나 막부에 개항을 요구한 사건.

17  계사론繼嗣論: 페리 내항 직후 취임한 13대 쇼군 도쿠가와 이에사다德川家定(재위 1853~1858)의 후계에 대한 논의. 이에사다에게는 아들이 없었기 때문에 후계 문제를 둘러싸고 막부의 양이론자들과 개항론자들 사이에 정쟁이 벌어졌고, 개항파가 지지한 도쿠가와 이에모치德川家茂가 취임하는 과정에서 안세이 대옥이라는 대탄압이 일어나게 된다.

의 대탄압을 통해 비등하는 제론을 권력으로 진압해 없애려 했다는 사실. 또한 동시에 그 '안세이 대옥'이야말로, 막부 권력이 '정부'로서 스스로의 손으로 직접 법정재판 수속 형식을 취했던 마지막 국사범 처형이었다는 사실. 이것이 끝나고 5개월 뒤에는 그 장본인이었던 다이로 이이井伊가 살해당했으며, 그 후 암살과 습격과 방화의 시대가 분출했다는 것. 이런 등등의 일이 바로 상기될 수밖에 없다. 정치에서 '제도적인 것', '틀을 갖춘 것들'이 모두 급격한 속도로 굉음과 함께 최후를 향해 가는 양상이 여기에 똑똑히 나타나 있다. '덴포 개혁'이 막부가 실시한 몇 차례의 '개혁' 가운데 마지막이었다는 점은, 이로써 통일 권력으로서의 막부가 '개혁 능력'을 상실했다는 사실을 의미한다. 무너져 가던 막번幕藩 사회를 다시 세우고자 실시한 몇 차례 '개혁'은, 그 성패를 불문하고 막부가 '통치자'로서 필수적으로 가져야 했던 계획적 '개혁 능력'(이른바 '가능성의 기술')을 다소나마 지니고 있었음을 말해 준다. 혹은 그 능력에 대한 의욕을 막부가 여전히 갖고 있었음을 말해 준다. 그러므로 '개혁' 시도가 끝을 고했다는 것은 통일 권력으로서의 막부가 '통치자'이기를 포기했다는 사실을 상징적으로 나타내는 것이다. '반샤蛮社의 옥'[18]이라는 탄압 장치를 수반하면서도 또한 '가능성을 개척하고 실현하고자 하는 기술'에 대한 지향을 보여 주었던 '덴포 개혁'을 마지막으로, 막부는 그 정치권력 중 우선 '통치'의 계기를 방기했던 것이다. 그리하여 개항 문제에 대한 자력 결정 능력이 없어 교토 궁정에 말을 여쭙고 각 번의 제후들에게 자문하는 데 이르러선, 막부는 '결정자'로서의 자기를 상실하고, 낡은 망령적 존재 혹은 전통적인 기존의 지방

---

18 반샤蛮社의 옥: 덴포 10년(1839) 막부가 와타나베 가잔, 다카노 조에이 등 난학자蘭學者들에게 가한 언론 탄압 사건. '반샤'란 난학(네덜란드를 통해 들어온 서양 학문)을 '남쪽 오랑캐南蠻의 학문'이라 여기던 국학자國學者들이 난학자 그룹을 부르던 멸칭이다.

세력에게 '결정'을 의존하려는 자세를 스스로 만천하에 드러낸 것이다. 이는 물론 실질적인 '결단권'의 포기였으며, 여러 권력들을 '통합'해 온 막부 권력이 '통합 능력'을 상실했다는 사실에서 비롯된 성명이었다. 막부는 이처럼 스스로 망령적 존재와 지방 세력들에게 자유로운 정치 행동의 권리를 내주고 제론을 비등케 만든 점화자가 되었다. 여기서는 당연히 '유랑하는 무리'의 활약 무대가 나타난다. 그리고 이미 막부에게는 이들을 '통치'할 힘이 없다. 거센 파도를 잠재우기 위해서는 이미 단 하나의 방법밖에 남아 있지 않았다. 사실상 잃어버린 통일 권력을 회복하기 위해, '칙명을 거스르는' 결단을 독단적으로 전행하며 '방해하는 자는 죽인다'고 하는 대탄압을 막부의 면목을 지키는 최후의 도박으로 행한 것이었다. 그리고 그 '안세이 대옥'이야말로, 부족하나마 막부 직할로서는 마지막으로 법정 수속을 거친 국사범 처형이었다. 이미 '통치자'도 아니고 '통합자'도 아니며 겨우 '처형자'로서의 '법적 형식'만을 갖추고 있던 것이다. 그것은 축소돼 버린 정치권력의 마지막 모습이었다. 아직 암살 기관으로 변한 것은 아니지만, 단지 벌거벗은 '권력 기관'에 불과한 그런 정치권력의 모습이었다. 그리고 천하의 정부가 단지 '권력기관'으로 변해 버렸다는 사실은 반사적으로 즉시 적나라한 물리적 힘들이 서로 충돌하는 천하의 상황을 만들어 냈다. '통치'를 상실하고 '통합'과 '결정'을 상실하고 '처형 형식' 또한 상실해 간 그 급속한 과정이야말로 바로 '상황화'였으며, 그 결말이야말로 바로 완전한 '상황적 사회 상태'의 실현이었다. 굳이 덧붙여 두자면 그토록 처참한 상황화의 극치를 거치면서, 그리하여 그러한 상황을 극복하기 위해 그 내부에서 '기병대' 혹은 '연합' 계획으로 상징되는 횡단적 결사가 완전히 새로이 탄생했으며, 이들이야말로 새로운 사회 구성의 핵심이 된 것이었다.

그러나 '제도적인 것', '틀을 갖춘 것', '항수적인 것'이 더 이상 사회의 핵심에 있지 않고 '변수 관계'가 사회를 지배하게 되는 '상황화'는 당연히 정치사회 영역에서만 나타난 것이 아니었다. 사상사적 영역에서도 역시 그 진행이 급속하게 나타나고 있었다. '이론 체계'의 형식을 갖춘 도쿠가와 시대 최후의 이데올로기 '미토학'水戶學은 안세이 대옥을 지나자마자 곧바로 완전히 분해되었으며, 각 지방에 다양한 모습으로 분산돼 존재했던, 에도 시대가 낳은 모든 '학파'가 학파로서 맥이 통하는 질서성(이론적 수미일관성이라 해도 좋다)을 완전히 잃고 종국에는 단편적인 조각으로 변하며 끝을 본 것도 이 시기였다. 이 점도 지금 여기서 머릿속에 떠올려야 할 것이다. 도쿠가와 사회의 사회적 근간이던 '신분제도' 역시 마찬가지였다는 건 이쯤 되면 이미 쉽게 알 수 있을 것이다. 지금까지 사람들은 메이지 국가 형성의 전제 조건을 찾는 데 급급했던 나머지, 막말幕末 동향 속에서 벌어진 이 대붕괴의 붕괴 과정 그 자체, 그 안쪽을 뚫고 성찰하는 작업에는 지극히 불충분하게 임한 게 아닐까. 그렇다면 이 점에 대해서는 특별히 의식적으로 주의해야 할 것이다. 이처럼 안세이 대옥은 막부 권력이 행한 최후의 '정부적 형식'을 갖춘 권력 조치였으며, 또한 막번 사회의 각 영역 또한 이를 마지막으로 각각의 '정형성'을 상실하였다.

  덴포 시대 초에 태어나 '흑선 사건' 전야에 사회적 활동을 시작하고, '상황화'의 마지막 실현을 향한 갈림길이었던 '안세이 대옥'에 휘말리면서 그 생애를 마감한 쇼인은 그 급속한 몇 년간의 과정을 막부와는 대조적으로 우직하기 짝이 없는 자세로 서툴게 살아갔다. 막부는 종래의 '진행 관성'에 철두철미 속박된 채로 한 단계 한 단계씩 새로이 자멸적 수단을 선택했지만, 쇼인은 이와는 대조적으로 역사적 '진행 관성'을 하나하나 차례로 범하며 부수어 나감으로써 스스로의 붕괴를 초래했고 또한 그 자신의 붕괴가 사회 붕괴의 결정적 상징이 되었다. 또한 그의 '범행'들은 항상 우직한 성실함으로 가득 차 있었다. 번적藩籍으로부터의 '망명'죄[19]로 인해 사적士籍과 가록家祿을 빼앗기면서도 그는 조슈長州 번에 대한 충의를 잃는 법이 없었으며, '밀항' 사건으로 하옥되면서도 역시 막부에 대한 충의심을 우직하게 유지했다. 법률과 습관과 규칙에 대한 그의 모독과 범행은, 그러한 제도들로 말미암아 성립하는 자에 대한 둘도 없는 충의심과 두드러지는 모순을 보이면서 그의 내부에 공존했다. 그 모순에 대한 개인적인 해결이 '간언'(諫め)의 철학이다. 자신은 충의를 위해서 자각적인 범행을 행한 것이고, 체제를 쥐고 있는 군주 곁의 간신奸臣들로 인해 불충부정에 빠져 있는 군주는 '상서'上書를 통해 '간언'諫言하여 바로잡을 수 있으며 또한 바로잡아야 한다는, 그것이야말로 진실된 충의라는 그런 순환을 통해 철학상으로는 모순이 해결된다. 그러나 이 '범행'과 '우직한 충의'와 '상서·간언'의 사이클은 당연히, 실제 원만한 해결을 낳는 게 아니라 반대로 이 사이클을 확대재생산시켰다. 범행의 결과 '신하'의 지위에서 추방된 자가 어찌 군신 관계 사회 속에서 '간의대부'諫議大夫의 권리와 자격을 가질 수가 있겠는가? 그럼에도 감히 그것을 행한다는 건 그 자체로 새로운 모독과 범행의 개시를 의미한다. 쇼인도 이 점을 깨닫고 있었다. 그가 '상서'에 붙인 '장급사언'將及私言(바야흐로 사사로운 말에 이르고자 합니다)이라는 제목, 그리고 그 스스로 그 상서의 제출을 통상적인 '사'士의 행동이 아니라 하나의 '맹사'猛士적 행위라 보고 있었다는 점은 천성적으로 우직한 그가 이에 대해 얼마나 고뇌하고 있었는지를 말해 준다. 이러한 자의식, 즉 간언 자격을 결여한 자로서 간언을 행한다는 자기모순 의식은 평생 그의 내부에 존재한다. 한편으로는 그 행위의 정당화를 위해 '간신'諫臣, '간사'諫死의 역사적 사례를 열렬하게 섭렵하면서도 다른 한편

---

19  요시다 쇼인은 1851년 번의 허가를 받지 않고 도호쿠東北 지방으로 여행을 떠난 일로 인해 이듬해에 무사 자격을 박탈당했다.

으로는 감히 그것을 행하는 자기 자신을 더욱더 '사'士의 통상적 상태로부터 이탈한 '맹사'로 자각했기에, 그 자각(혹은 믿음) 끝에 '맹사'적 격앙이 대옥 전야 속에 분출한 것이었다. 그로부터 한편으로는 '진정한 충의자'의 충의 실현을 가로막고 한 단계 위의 군주에 대한 충의를 가로막는 '간물'奸物에 대한 '천주'天誅의 사고가 생겨났고, 또 다른 한편으로는 그 간언 사이클이 다다른 궁극점인 '간사'諫死를 통해 '충의'를 실증하겠다는 사고만이 남을 수밖에 없었다. 아니 오히려 '간사'라는 형식조차 넘어서 그저 일개 '미구'微軀의 '죽음'으로 '충의'를 증명하려고까지 한 것이다. 거기엔 여차하면 '무엇에 대한 충의인가'라는 충의 대상의 문제까지도 크게 개의치 않게 하는 기세마저 포함되어 있었다. 이에 이르러 그의 충의 철학은 무참한 제로를 향해 내면적 수렴을 이루려 하고 있었다. 본래 무사는 군주인 번주에게 충을 다하고, 번주는 한 단계 위의 군주인 막부에 충을 다하고, 막부는 '천조'天朝에 충성함으로써 직접 섬기는 군주로 하여금 그 위의 군주에 대한 충의를 실현케 하는 것이 진정한 충의라고 생각했던 그의 충의 철학—세상을 전부 이러한 충의의 회전으로 채워 버리는 것—은 그 회전이 어긋나기 시작하는 즉시, 아래에서 위로 빨아들이는 충의의 펌프를 막고 있는 '군주 곁의 간신'을 발견해서 숙청하려는 경향을 포함하고 있었다. 그의 마나베 아키카쓰間部詮勝[20] 습격 계획 등도 어느 정도는 그의 충의 철학 자체에 씨앗이 있었으며, 막부 그 자체도 '천조' 가까이에 있는 '간물'奸物로 보일 여지가 있었다. 이처럼 아래에서 위로 향하는 충의에서, 그렇다면 '천조'는 무엇에 충의를 바쳐야 하느냐는 문제에 대해 쇼인은 생각한 바가 없었다. 여기서 충의의 대상에 대한 근본적인 추구가 처음부

---

20 마나베 아키카쓰間部詮勝(1802~1884): 에도 후기의 다이묘大名. 이이 나오스케에게 기용돼 로주老中가 되어 미일수호통상조약을 체결했으나, 훗날 이이와 대립해 파면되었다.

터 결여되어 있었다는 사실이 드러난다.(모리 다카치카毛利敬親[21])에게 바친 쇼인의 극단적인 개인적 충의심은 이 점과 양립한다. 충의의 대상에 대한 고찰은 동시에 충의에 대한 객관적 기준과 한도를 설정하게 만들지만, 극단적으로 개인적인 충의심은 연애 감정과 다름없는 무제약성을 갖기 때문이다.) 비할 데 없는 충의자일 뿐만 아니라 일본 전체를 충의의 회전으로 가득 채우고자 했던 그의 충의 철학이 가진 아킬레스건은 거기에 있었다. 바로 그렇기에 결과적으로, 객관적 한계가 없는 그의 충의는 누군가에 대한 충의라기보다는 막연한 전체인 천하 국가에 대한 충의, 애국자의 정신 태도로서 작용하기도 했던 것이다.[1] 그러나 다른 한편으로 일단 충의의 회전이 절망적으로 보이게 되면 '더 이상 천조도 필요 없다, 막부도 필요 없다, 주군도 필요 없다, 충의를 다하는 것은 이 육척 미구 하나만으로 족하다'는 식으로 충의가 개인적 내면으로 수렴하는 상황이 나타나기도 했다.[2] 충의라는 군신 사회의 현세적 윤리가 여기서는 현세성을 던져 버리고 거의 종교적으로까지 초월하려 한다. 이는 초월적 가치에 대한 것이 아니므로 객관적 형태의 종교가 될 수는 없으나, 요시다 쇼인의 내면에서는 종교적인 기능형식을 갖고 있었다. 본래 종교와 닮은 듯 달랐던 충의가 주위 세계 전부로부터 배반당한 채 그 고독 속에서 깊이를 더해 확신을 얻어 갈 때, 일종의 종교적 내면성과 초월성을 획득하기에 이르는 보기 드문 정신적 영위를 쇼인은 그 종말 가까이에 이르러 보여 주었던 것이다. 철저히 우직한 그였기에 가능했던 이 희귀한 정신적 드라마를 보고 깊은 감동을 느끼지 않을 수 있을까.

그러나 이처럼 쇼인의 정치적―즉 현세적―인 충의의 사회상이 분해되어 단지 그 자신의 일개 내면으로 수렴한 것은 체계적 이데올로기

---

21  모리 다카치카毛利敬親(1819~1871): 에도 말기 조슈長州의 번주.

의 붕괴에 다름 아니라는 것 역시 의심할 여지가 없다. 충의의 계층 질서를 통해 신분적 막번 사회에 근거와 이유를 부여했던 쇼인이 신봉한 이데올로기는 당연히 여기서 운산무소雲散霧消한다. 그것도 쇼인 자신의 정치적 행동과 쇼인 자신의 내면적 수렴을 통해, 자기 손으로 그 이데올로기적 해체를 촉진해 갔던 것이다. 이 점은 스스로가 믿고 있던 제도와 틀을 제 손으로 부수어 갔던 그의 행동 과정과 완전히 대응한다. 이때 그가 행한 범행과 그가 행한 해체의 촉진은 항상 그의 본래 기대에 반反하는 것이었고, 그런 의미에서 자기에 대한 배반이라는 무거운 짐을 짊어진 행위였으며, 게다가 그 결과가 나타난 뒤에도 그는 자신이 원래 믿고 있던 **것** 속의 어딘가에 여전히 진실이 숨어 있으리라 우직하게 믿었다. 이 대담한 범행과 비할 데 없는 우직함의 공존이야말로 오로지 심화 일변도로 향해 간 쇼인의 자기모순을 만들어 낸 핵이며, 그의 희극과 비극을 동시에 구성하는 근본 계기였던 것이다.

그가 '학문'을 대하던 태도의 추이를 보아도 사정은 마찬가지다. 학자들의 '생각하지 않는 병'을 재삼 비판하며 체계가들이 모두 공소空疏해져 가는 형편을 파악하고 있던 그이지만, 그럼에도 각종 '체계적 학문'들 속에서 '내 진리와 맞는 것'을 찾아 평생 맹렬한 공부와 발췌 작업을 게을리하지 않았다는 건 잘 알려진 사실이다. 한편으로는 '병학'兵學을 선택할지 '경학'經學을 선택할지를 고민하며 '방촌착란'方寸錯亂하다가 결국 '경학'을 버리고 '병학'을 선택했을 때 실은 동시에 '가학'家學으로서의 전통적 '병학' 역시 버린 것이며, '양명학'을 접한 경우에도 우연히 그 학문의 '진리'인 부분이 자신의 '진리'에 맞는다는 이유만으로 평가했지 그 이상의 평가를 내리고자 하지 않았다. 쇼잔에게 그토록 경도했으면서도 단 한 권의 '난서'蘭書를 읽어 내지 못했으며, 사고 방식의 중심에 있어선 쇼잔으로부터 거의 아무것도 배우질 않았다. 쇼인 자신의 마음에 든 부분만을 빼내 즉시 실행에 옮겼을 뿐이다.(그리고 밀항 계획으로 이어지는 원래의 바탕은, 쇼인의 내부에선 히라도平戶에서 행한 독서를 통해 이미 만들어져 있었다.) 쇼인은 확신의 대상을 찾아 학문 세계를 횡단 여행하고, 한번 확신을 얻으면 그 확신을 점점 강화하기 위해서만 읽고 또 썼다. 그는 '학'이나 '사상'의 체계성과 구조성을 무시하고 모독하면서 그러면서도 '학'에 대한 우직한 충실함을 갖고 초록 작업에 임했던 것이다. 여기서 거의 과잉에 가까운 주체적 독서 태도가 생겨났다. 자의적 이해라 부를 수 있을 정도였다. 단 그 자의성이 보신保身적 자의성이 아니라 반대로 사신捨身적 확신에 대한 보증을 찾고자 하는 자의성이었음이, 진실성을 잃고 텅 빈 체계를 고집하는 여러 '학파'의 대가들과 대조적이다.

이처럼 요시다 쇼인은 도쿠가와 막번 사회의 정치적·사회적·사상적 모든 국면들에서 벌어지던 붕괴 상황을, 미숙한 예감 외의 선견·예상·예측은 전무한 채로 충실하기 짝이 없게 살아갔던 것이다. 그의 자기모순과 그의 고뇌와 그의 초려焦慮는 격하게 무너져 가는 한 시대의 모순이며 고뇌이며 초려였다. 그는 어떤 은폐도 없이 시대의 괴로움을 체현했다. 그 점에서 은폐를 시도했던 막부나 번정藩政과는 대조적이다. 그를 통해 쇼인은 결과적으로 역사의 격동이 지닌 비극성을 자신의 비극으로서, 또 역사의 전환기가 지닌 좌충우돌의 희극적인 측면 역시 무의식 중에 자신의 골계적 행동양식 속에서 비추어 냈다. 정치적 행동에서 그가 빚어낸 실패와 차질이야말로 역사적 변동의 체현자로서 그가 거둔 최대의 성공이었던 것이다. 사상 면에서도 마찬가지로, 그는 모든 '이론 체계'가 붕괴해 가던 시대에 바로 그 스스로의 미숙한 이론적 능력과 우직한 학습 태도를 통해 오히려 사상사적 해체의 시대를 체현적으로 대표했고, '뜻'〔志〕에 대한 그 자신의 무한정한 지향으로 말미암아, 신분제도가 붕괴해 가는 사회사적 시대에 수감자를 호송하는 가마 메는 인부에게서도 '뜻'을 발견하고 친숙함과 경의를 표하게 되었다. 자기 자신은 무사 신분의 존재 이유를 한 번도 근본적으로는 의심한 적이 없었음에도 불구하고 이렇게 사회제도의 변전 상황을 대표할 수 있었던 것이다. 그리고 이 점에서 그는 훗날 상황적 시대를 내부적으로 극복하는 요소가 된 '기병대'적인 것이라든지 유신을 뒷받침한 하나의 중요한 정신적 기초인 '사민평등'四民平等과 연결된다.

지극히 거친 조묘粗描로 봐도 대강 이러할진대 만약 쇼인의 존재와 의미(즉 쇼인의 '라이프워크'lifework)를 이해하고자 한다면 우리는 그가 들었던 깃발, 즉 '존왕양이'나 그가 펼친 '이론'적 표면 등을 모두 상황적인 변수의 하나로 취급하지 않을 수 없다. 가능하면 그것들은 변수 중의 변수로서 '$x$'(엑스)라 바꿔 읽어야 할 것이다. 그럼으로써만 '존왕'과 '좌막'佐幕[22]과 '양이'와 '쇄국'과 '개항'이라는 다섯 가지 기성 명제가 난입 교착하며 '존왕좌막', '존왕양이', '쇄국적 양이', '개국적 양이'…… 등의 열 가지 깃발 조합이 이론상으로 가능했던 막말의, 극도로 변전하던 확률론적 정신 상황의 역사적 특수성을 특수성으로서 보다 깊이 이해할 수 있을 것이며, 나아가 이를테면 쇼인이 충분히 표현해 내지 못했던 깃발과 미숙한 이론적 표현의 배후에 숨은 채 그림자처럼 표현된 보편적 의미를 발견할 수 있을 것이다. 그러한 보편적 의미 중 하나는 기휘忌諱를 두려워하지 않는 '이의 제기'의 정신이며, 또 다른 하나의 예는 단체 귀속 의식이라는 미몽을 깨부수는 '횡의橫議·횡행橫行'이다. 이 두 가지 예에 대해서만 주기注記해 보자면 우선 그의 생애가 내포하는 보편적 의미로서의 '이의 제기' 정신을 '간언'이나 '간쟁'의 중요성으로만 이해해선 안 된다는 점을 들어야겠다. 왜냐하면 '간쟁'이라는 것 자체가 군신 관계의 존재를 전제로 하기 때문이다. 쇼인이 속박

---

22　좌막佐幕: 에도 막부 말기, 도쿠가와 막부 측의 편에서 막부를 돕는 일. 혹은 그렇게 하자는 슬로건이나 정치 세력을 가리킨다.

돼 있던 사상상의 역사적 특수태를 우리가 그대로 받아들여 이어갈 게 아닌 이상, 훨씬 더 공평하고 대등한 토대 위에서 그 분투의 함의를 재생시켜 이해해야 할 것이다. 보편적 의미란 본래 그러한 재생적 창조성에 의해서만 이해할 수 있는 것이다. '횡의·횡행'에 대해서도 한 가지 지적해 두어야겠다. 즉 그 '횡의·횡행'이란 단지 번경藩境을 넘어 옆으로 넓어지는 것만을 의미하지 않으며, 사회를 상하로 분단하고 격절시키는 종적縱的 '경벽'境壁까지도 뛰어넘어 행하는 자유로운 교류를 의미한다는 점이다. 가마지기 인부나 사도佐渡[23]의 광부나 '표류민의 공술서' 같은 데서도 뭔가를 배우는 태도 속에 이 점이 드러나 있다.

이렇게 해야 비로소 쇼인의 의미를 이해할 수 있게 될 것이다. 하지만 그 바탕 위에서, 어디까지나 그 위에서, 보편적 의미와는 별도로 쇼인적인 것의 어떤 특정한 면이 일본 사회의 자기비판의 일환으로서 우리의 비평의식 내부에 편입되어야 할 것이라고 나는 생각한다.


**1**───── 이론의 표면에선 지극히 진부한 형태를 취하고 있던 쇼인의 '애국적 태도'는 본문에서 말했듯이 그의 충의 철학과 분리하기 어렵게 이어져 있을 뿐 아니라, 한 가지 더, 말할 것도 없이 그의 '이적'夷狄 철학과도 깊이 결합되어 있다. 이 점에 대해 주를 통해 약간 언급해 두고자 한다. '이적'에 대한 그의 생각은 충의 철학과도 똑같은 상황을 포함하고 있었다. '중화'와 '신주'神州(일본)는 어디가 다르고 또 어디가 같은가, '신주'는 어떻게 어디까지 '중화'가 될 수 있는가와 같이 '이적 철학'의 성립을 위한 근본적 전제가 되는 문제들에 대해 그는 묻지 않았다. 그렇

---

23 사도佐渡: 현재의 니가타新潟 현에 위치했던 옛 지역의 이름.

기 때문에 반사적으로 '이적'에 대해서도 이를 문화적 '야만'으로 **완전히** 멸시하는 태도 또한 그에게는 없다. 오히려 그들의 '교지'狡智를 포함한 문화력에 대한 두려움과 일종의 존경이 그의 머릿속의 '이적'에 섞여 들어가 있었다. 체계를 만들어 내는 이른바 '사상가'가 아니라 상황적 존재였기에, '체계'가 갖는 자기중심적 망상으로부터 어느 정도 해방되어 있었기 때문이다. 바로 그 때문에 그의 '양이'는 실질적으로는 진짜 '양이'라기보다는 오히려 역사적 '진행 관성' 앞에서 단지 질질 끌려가는 (듯이 보이는) 막부에 반대해, 소호가 말하는 '적개적 태도' 즉 '신의'信義와 '무비'武備 양방으로 대결(직면이라고 해도 좋을 것이다)하고자 하는 정신 태도이기도 했다. 그의 '이적' 개념은 이적 철학으로서 철저하지 못했던 덕분에 오히려 자기현시적인 '중화 의식'의 권화權化와는 조금 다른 '애국적 태도'로 실질상 귀착된 것이다. 이때의 '애국적 태도'란, 조지 오웰George Owell이 현시적인 '내셔널리즘'과는 반대라 정의한 '애국적 태도'와 어느 정도 가까운 것이었다.[24] 오웰이 정의한 '애국적 태도'는 자기가 속한 생활양식을 밖에서 침해하고자 하는 자가 나타날 때 그에 대해 방어적으로 대결하는 '생활양식에 대한 애정'을 의미한다. 쇼인에게도 소박한 형태로나마 그와 닮은 데가 있었다. 그가 '망명'죄를 범하면서까지 친구와의 약속을 지키기 위해 도호쿠東北 여행의 출발 일시를 변경하지 않았을 때, 타 지역[国] 사람이 '조슈 사람은 약속을 소홀히 한다'고 생각하게 만드는 건 조슈의 명예를 손상하는 게 아니겠느냐고 생각한 것은 스스로를 어떤 생활양식의 대리자로 보는 오웰적 종류의 소박한 '애국심'에서였다. 이렇게 스스로를 '생활양식의 대리자'로서 느끼는 사태는 외국 생활을 경험한 자가 거의 반

---

24  조지 오웰이 말한 내셔널리즘과 애국심(patriotism)에 대해서는 George Orwell, *Notes on Nationalism*(First published in Polemic: GB, London, May 1945)을 참조할 것.

드시 조우하게 되는 것인데, 그 '대리자' 입장에서, 현시적인 '국위발양'國威發揚 쪽으로 행동하는 것이 아니라 반대로 '신의'와 같은 보편적인 기준 쪽에 자신의 입장을 연관지어 처신할 때 그로부터 오웰이 말하는 '애국적 태도'가 생겨나게 된다. 쇼인은 '망명' 사건 때 변경할 수 있었던 일시조차 바꾸지 않는 어리석은 선택을 통해 그 태도를 이루어 낸 것이다. 일본적인 규모에서 나타난 쇼인의 '적개 정신'에도 그와 같은 감정이 관철되어 있었다. 가나가와 조약 체결 후 조약에 대한 그의 의리 깊은 생각이나, 시모다下田 앞바다에서 그가 미국 승무원에게 취한 예의 바른 태도를 보면 그 점은 역력하다. 그러나 일단 그것이 이론의 형태를 취하면 '이적' 철학으로 변하게 되는 탓에, 오웰처럼 자각도 높은 반反내셔널리즘적 애국적 태도로 결실 맺어지지는 못하고 '이적'이라는 말에 포함된 의미를 끌어내 품게 된다. 때문에 그는 이따금 공상적인 전략으로 '만주'나 '조선'을 석권하는 공중누각을 세워 보기도 했던 것이다. 그런 의미에서 쇼인의 '이적' 철학은 한편으로는 그의 소박함과 상황 조건으로 말미암아 '애국적 태도'로서 작용하는 측면을 지녔으나—그리고 그것이 국제적 '횡의·횡행'까지 시도하게 만들었으나—, 다른 한편으로는 훗날의 현시적 내셔널리즘으로 이어지는 일면 또한 가지고 있던 것이다. 그 두 가지 계기 가운데 우리가 어느 쪽을 보편에 이어지는 것으로 채택해야 할지는 이제 분명할 터이다.

2 —— 쇼인의 '정치 이론'이 가진 획기성을 보여 주는 것으로 유명한 '천하는 한 사람의 천하'라는 그의 말이 논쟁의 열기 가운데서 나왔다는 건 그 명제가 함축하는 정신 경향이, '일개 미구'를 향해 내면적으로 수렴해 가는 이 충의와 대응한다는 말이리라. 바로 그렇기 때문에 나는 이 눈에 띄기 쉬운 명제를 정치교의사政治敎義史나 정치이론사의 평면 위에 나열하여 너무나도 금세 눈에 들어오는 표면적 '획기성'을 가지고 쇼인

의 사상사적·정신사적 드라마를 대표하게 하는 것은 천박하기 그지없다고 생각한다.

'한 사람의 천하'에서 가리키는 한 사람이란 본문 중의 서술로도 알 수 있듯이 객관적으로 무한정하며 무제약적이기 때문에, 실제 사회적 수렴의 중심으로서는 기존의, 혹은 현존하는(혹은 새로 나타난) 무엇에 대한 '반反존재'로서만 기능하는 것이었다. 그에 비해 '일개 미구'라는 말의 경우엔, 아무리 반쯤 이상한 것이라지만 분명한 실존인 자기 자신을, 무언가를 위해서 스스로 적극적으로 버리고자 하는 명확한 정신적 자세가 분명하게 나타나 있다. 그런 의미에서 이는 지극히 구체적인 추상적 형상이며, 그러므로 여기서 대표적 사례로 삼았다.

2

위와 같은 게 쇼인의 '주저'라고 할 때, 만약 그의 저술(잘 알려져 있듯이 방대한 양이다) 가운데 몇 가지를 골라 그 좌충우돌하는 '주저'의 윤곽을 가능한 한 굵직하게 읽어 낼 수 있도록 한 권의 책을 만들려면 어떻게 해야 할까? 몇 가지 방도가 있을 수 있다. 그리고 사실, 쇼인의 '저술' 가운데 중요도가 높은 것(혹은 그렇게 여겨지는 것)을 모은 책은 비교적 손쉽게 몇 권이나 구할 수 있다. 또한 『강맹여화』 같은 건 문고본으로 전문이 수록되어 있기도 하다. 그렇다면 독자의 편의를 위해서도 그런 책들과 중복되지 않도록 해야 할 것이다. 나아가 '상황적' 존재인 쇼인의 단 하나의 '주저'가 지닌 상황성을 보이려면, 마치 그를 체계적 사상가처럼 여기는 고정관념을 수십 년간 조성해 온 현상을 촉진하지 않도록 하는 게 진실에 다가서기 위한 카운터밸런스(대립균형)로서 도움이 되지 않을까.

대강 이러한 이유에서 '서간집'을 중심으로 수록하면서 여행 기록을 더하고, 이미 간행되어 있는 한두 권 쇼인집集과의 공존성을 암시하고자 널리 알려진 한두 편의 글을 더 싣기로 했다. 따라서 어디까지나 '서간집'이 중심이며, 만일 지금 다시 한 번 만들 수만 있다면 좀 더 적극적이고 대담하게 편성하고 싶다고 다소 분하게 느끼는 부분도 '서간집'에 관해서다. 잘 알려져 있듯이 '요시다 쇼인 서간집'은 전전戰前에 나온 문고본 초록이 있고, 전후에 나온 몇몇 '쇼인집' 수록 서간들도 분명히 그 문고본을 기준으로 선택되었다. 그렇지만 문고본 '서간집'에는 쇼인이 상황에 대해 어떻게 반응하고 생각하고 느꼈는지를 알기 위해 빠져선 안 되는 많은 편지가 빠져 있다—고 나는 생각한다. 그렇다면 당연히 근본적으로 재편집되어야 한다. 그와 같은 목적에 한 발짝 다가가고자 한 것이 이 책[25]이다.

전신·전화가 없던 시절의 편지는 멀리 떨어져 있는 사람들 간의 가장 직접적인(가까움을 확인하고자 하는 심리적 요소도 포함한) 교류 수단이었다. '편지'(데가미手紙)라는 말 자체가 지닌 어감 또한 이를 역력하게 말해 준다. 거기에는 글씨체가 갖는 손끝의 감각이 나타나 있다. 그 점에서 편지란 떨어져 있는 거리를 초월하여 '악수'하거나 '서로 때리'거나 하는 느낌, 동시에 그것이 실제가 아니라는 초조함 등을 포함한 말인 것이다. 그리고 '틀'〔型〕을 잃고 격하게 유동하기 시작하는 사회 속에서 격하게 사회활동을 행하는 자의 편지에는, 거리를 초월해 나누는 '악수'가 있는가 하면 '놀라움'의 전달도 있고, '말싸움'도 있으며 '고백'도 있고, '토로'도 있으며 그러한 것들을 '취소'하기도 하고…… 이런 것들이 눈이 돌아가게 섞여 있어, 문체를 봐도 한문적으로 깍듯이 예의를

---

25  1978년 이와나미쇼텐에서 '일본사상대계' 日本思想大系 제54권으로 출간된 『요시다 쇼인』을 가리킨다.

차리는 가운데 돌연히 방언적인 속어가 날아들기도 한다. 이런 스타일로 그의 '라이프워크'를 엮어 가는 것이다. 또한 편지는 그 대상이 다양해서 다각적인 부정형不整形 형태를 취하며 하나하나가 띄엄띄엄 중간에서 잘려 나간 단편적인 양상을 보이는데, 이 또한 그 시대 상황 속에서 그 사람의 활동양식이 품은 다기적 성질과 좌충우돌하는 모순적 진행을 표현해 준다. 그 '주저'主著의 급전부에 다가가게 되면 여러 방향으로 갈라져 있던 갖가지 수로가 일거에 모여들어 하나의 주제의 격류를 형성하고, 그것이 곧 여러 방면을 향해 방출된다. 단지 급전부뿐만 아니라 그에게 난관을 가져오는 '사건'이 발생할 때마다 그와 유사한 모습이 편지 속에 드러난다. 이것이 온 힘을 다해 살아가며 온 힘을 다해 사물과 부딪쳐 가는 자에게서만 나타나는 교류의 모습일 것이다.

편지는 물론 하나의 기록이다. 하지만 사물의 기록은 아니다. 그것은 인간의 기록이기는 하나 사진이나 초상화처럼 단지 그 인간만을 기록하는 게 아니며, 상대와의 관계 또한 그 속에 기록된다. 상대와의 관계뿐 아니라 상대에게 전하고자 하는 '세계와의 관계' 또한 그 속에 기록된다. 당사자의 감정과 심리에 관한 지극히 개인적(사적)인 기록이며, 또한 동시에 인간관계의 기록이며, 나아가 객관적 세계와의 관계의 기록이기도 하다는 바로 그 점이 '편지'가 갖는 포함적 성질이다. 그것은 미분화된, 원시적인, 전체적 기록이다. 편지에는 반드시 그 사람이 지닌 감정과 이해력과 타인에 대한 태도와 세계에 대한 태도가 어떤 형태로든 정리되지 않은 채 나타난다. 때문에 편지는 쓰는 사람으로서는 무서운 것이고, 읽는 사람으로서는 흥미로운 것이다. 그리고, 막말 일본 정치사회의 '횡의·횡행'의 선구자가 그 이론적 미숙함과 사상적인 낡음을 안은 채로 '외양 따위에 개의치 않으며' 새로운 정세에 맞서 자신의 사상적 붕괴 속에서 새로운 의미를 체현해 나갔을 때, 그 모습을 가장 잘 표현해 주는 것이 미분화된 원시적 전체 기록으로서의 편지가 아니고 무엇이겠는가? 여기에 비할 것이라면 그의 수기 즉 『유실문고』幽室文稿밖에 없다. 그래서 나는 그 『문고』를 서간문에 준하는 것으로 보고 있으며, 내가 지금 다소 분하게 생각하는 것도 그 『문고』 가운데 준서간으로서 전형적인 것들—그리고 의미 면에서도 중요한 것들—을 뽑아서 '서간집' 속에 넣는다든지 접속하여 부가한다든지 하는 대담함과 적극성을 어째서 발휘하지 못했을까 하는 점이다. '원칙적으로 초록은 불가하다'는 이 총서의 편찬 방침 같은 걸 내가 우직하게 따를 필요는 조금도 없었던 것이다. 그러나 이 또한 쇼인의 권을 담당하는 데 소극적이었던 내 태도를 드러내는 것임에 틀림없다.

이런 까닭으로 저본底本의 '서간문'에서 골라낸 '서간선집'에 대한 재편집이라는 면에선 아마도 한 발짝 진전했을지 모르겠지만, 그러한 '서간선집'을 중핵으로 삼으며 '준서간'으로 주변의 근육를 구성하고 '상서'上書나 '시무책'時務策 등으로 표피를 조형하여 본서의 제1부를 구성하는 데는 이르지 못했다. (이를 모두 해내기란 페이지 수 측면에서도 불가능할 것이다.) 이러한 방향성이 꼭 명확하게 드러나 있다고 말하기도 어렵다. 따라서 여기에 그 점을 언급해 두지 않을 수 없는 것이다.

그렇지만 쇼인에게는 또 다른 종류의 기록물이 있다. 사물에 대한 기록이며 책에 대한 기록이며, 인간에 대한 경우에도 대상성을 자각하고 있는 기록이다. 말할 것도 없이 이는 그의 여행기 속에 전형적으로 드러나 있다. 애국자였던 쇼인이 붕괴에 처한 국가 정세 속에서 국가적 재생을 꾀했을 당시, '나라의 본本'인 '땅'과 '사람'에 대한 실정 조사로부터 출발하고자 했던 것이 그러한 대상성의 자각을 갖춘 기록 정신을 만들어 냈다. '병학'자로서의 소양 또한 '형세'를 알고자 하는 그런 식의 태도에 하나의 기초가 되었지만, 그러나 여행기를 보면 알 수 있듯이 잘 모르는 타지에서 어떤 수차水車가 쓰이는지, 혹은 퇴비를 사용하는지 어떤지에 주목했다는 것은 민생과 민정에 대한 관심을 말해 주며, 이는 이국異國에 대한 흥미로 가득한 시골 사람의 우직한 호학심과 어우러져 백성에 가까운 그의 생장 배경과 원초적 사실을 알고자 하는 그의 근본적인 기록적 태도를 보여 준다. 바로 이처럼 원초적인 사실에 대해 강한 흥미를 지녔기 때문에 그는 공소화되어 가는 학파들 가운데 어느 한 가지에도 매몰돼 이론적 유희에 빠지지 않고 오히려 여러 학파 속에서 원초적 사실을 찾아 '횡단여행'할 수 있었다. 그는 '독서하는 자는 그 정력의 반을 필기에 쓰라'고 말했는데, 그 자신이 남긴 방대한 발췌 노트는 그 '횡단여행'의 기록이었던 것이다. 또한 그가 긴 투옥 생활 속에서, 특히 에도의 감옥 제도 정비에 감탄하면서 남긴 옥중 생활에 대한 정세한 기록은 그의 기록 정신이 범용치 않았음을 말해 준다. 확신범만이 그러한 감옥 기록을 남길 수 있으며, 그리고 사실 와타나베 가잔의 편지 속에도 이미 그 편린이 보이기는 하지만, 이렇게까지 정밀한 옥제獄制 내부로부터의 기록은 아마 전무후무할 것이다. 과학자 가잔보다도 훨씬 치밀한 기록을 어떻게 쇼인이 남길 수 있었을까? 그가 조슈 번의 옥제를 적어도 에도 수준만큼으로는 고치고 싶어했기 때문이다. 원초적 사실을 향한 흥미가 그의 원초적 조국애에 이끌려, 그는 이때 촬영기에도 뒤지지 않는 기록력을 옥중에서 발휘했던 것이다. 이를 생각하면 이론적 능력의 미숙과 성숙 따위가 무슨 상관이냐고 느끼지 않을 수가 있을까? 철저하게 소박한, 소박한 관심과 소박한 마음가짐에 충실한 노력을 게을리하지 않는 자의 승리가 여기에 있다.

기초적 혹은 초보적인 '사실'에 대한 주목은, 방법적으로 특히 재래 체계들이 붕괴되기 시작할 때 문제가 된다. 왜냐하면 학문, 이론, 체계라는 것은 반드시 일정한 전제를 가지고 그 위에서만 성립할 수 있는 것이어서 전제 없이―즉 무조건적으로― 그 타당성을 주장할 수 있는 체계란 존재하지 않는다. 또한 체계적인 것의 붕괴란 다름 아닌 그 전제 조건이 성립할 수 없게 되었음을 의미하며, 이때 비로소 사람들은 전제 없이 존재하는 벌거벗은 '사실' 그 자체로 돌아가고자 하기 때문이다. 재래 체계가 붕괴되기 시작할 때 '고증학'이나 '호사가'적 경향이 세상을 풍미하는 까닭은 거기에 있다. 그러나 요시다 쇼인은 마찬가지로 여기서도 방법적 자각을 겸비한 사실고증가가 아니었다. 체계가 붕괴되는 상황을 몸소 살아가며, 그 속에서 자신의 '심사心事에 절실한 것'을 찾아 방황하며 천하 국가를 회생시킬 방도를 찾아내고자 지극히 서툰 솜씨로 악전고투를 벌였던 그였기에 그토록 다방면에 걸친 원초적 사실의 기록을 남겼던 것이다. 또한 바로 이 때문에, 진부한 이론적 태도와 뛰어난 기록 정신이 일종의 기묘한 대조를 이루면서 그 안에 공존할 수 있었다. 방법적 자각을 수반하는 고증은, 재래의 이론적 태도를 적어도 일단은 파산시키고자 하는 부정적 계기를 갖고 '사실'을 대한다. 이것이 '학'으로서의 고증이 지닌 역설적인 '이론적 태도'다. 재래 학문들 속에서 시종 긍정적인 한 가지를 찾고자 했던 쇼인은 그와는 오히려 반대였다. 그가 데라카도 세이켄寺門静軒[26]의 추방에 대해 일고조차 하지 않았던 점 역시 그 한 가지 예로 볼 수 있다.

이처럼 쇼인은 그 성실한 기록 정신으로도 전변기의 모순을 체현했다. 시문에 대한 그의 태도 역시 마찬가지다. 재래 체계들이 붕괴하는 시대에는, 한편으로는 벌거숭이 '사실'에 주목하게 되는 동시에 다른 한편으로는 '감정'이나 '뜻'(志)이나 '기'氣에 대한 특별한 관심이 나타난다. 공소해진 체계가 '가슴에 와 닿지 않게 된' 상태에 대한 반발을 포함한 인간 내부의 원초적인 '사실'로서의 감성이, 체계적인 것의 붕괴와 함께 독립적으로 전면 진출하는 것이다. 모든 국면의 사실들—내

---

26  데라카도 세이켄寺門静軒(1796~1868): 에도 후기의 유학자. 당대 에도의 풍속을 그린 저작 『에도번창기』江戶繁昌記가 '풍속을 어지럽히는 책'(敗俗之書)이라 하여 책은 절판 처분을, 저자 세이켄은 막부로부터 무가 봉공武家奉公 금지 처분을 받았다. 이는 어느 무가도 섬길 수 없어 지역에서 추방되는 처분이다.

면적 사실인 감성이나 외면적 사실인 물적 형상 등—을 포괄적으로 연결하고 통합하는 것처럼 보였던 체계가 무너져 갈 때, 마치 건축물이 붕괴될 때 그 토대석이나 기초 재료가 독립적으로 드러나는 것처럼 감성이라는 기초적 사실 또한 독립적으로 중시될 수밖에 없는 것이다. 붕괴의 시기에 '고증학'적 태도와 함께 '시'적 태도가, 그리고 이론적 규정(위치 한정)을 결여한 '뜻'·'기'·'진실됨'[誠]을 중시하는 움직임이 사회문화적 정면에 등장하는 것은 이 때문이다. 이처럼 쇼인은 오로지 흔해 빠진 시적 의식 하나만 지닌 빈 손으로 시를 사랑했다. 사랑했다기보다, 거기에 자신의 표현을 맡겼다. 『동북유일기』東北遊日記 같은 경우 기록적인 부분을 빼면 거의 '시적 기행문'의 한시판처럼 구성되어 있다. 단지 그 안에 그다지 특별히 훌륭한 시가 없을 뿐이다.(두세 가지, 실로 진실된 부분을 포함한 몇 줄을 빼고는.) 그가 시로 표현하고자 했던 것이 '강개慷慨의 기氣'였다면, 문화형식으로서의 시가 어중간한 수준이었던 것도 당연하다. 「동정고」東征稿에서 그가 자기 그룹을 가리켜 '세상에는 **소사笑士**(무엇에 닥쳐도 웃기만 하는 녀석들)라 불리는 자들이 있는데 우리는 **읍사泣士**라 해도 좋을 것'이라 한 것[27]은, 강개호읍慷慨號泣하는 그의 '기'란 그 안에 포함된 얼마간의 농담 능력을 잃지 않는 한 시적 증류로까지 도야될 리가 없는, 또한 그에게 있어서는 그럴 필요도 없는 것이었음을 증언해 줄 것이다.

이처럼 쇼인은 그 기록 정신 속에서 '기를 일으킬' 기회를 찾으려 하면서 붕괴기가 야기하는 '사실'에 대한 주의와 '감성'에 대한 중시를 잡탕처럼 혼합했으며, 심지어 그 두 경향을 함께 체현했다. 맨손으

---

27  1851년 학문을 위해 에도로 유학한 쇼인은 그곳에서 만난 친구들과 모여 술을 마시며 교류하고 격론을 나누기도 했는데, 고금의 충신·의사義士·간신에 관한 이야기에 이르면 격정을 못 이겨 좌중의 모두가 하나하나 울게 되니 쇼인이 이 모임을 '읍사泣社, 즉 '규샤'라고 자칭하였다고 한다.

로 천하에 맞서며 좋든 나쁘든 한정된 전문가는 되지 않고자 했던 인간, 현세적인 출세에 연연하지 않았던 인간, 그러한 자만이 그 미분화된 체현적 대표가 될 수 있었던 것이리라. 스스로의 권력은 결코 지향하지 않았던 천하국가주의자(이것이 충의로 천하를 채우길 바랐던 미완성 충의 철학의 밑받침이었다), 현세적 성공을 좇지 않았을 뿐 아니라 실패와 난관 또한 두려움 없이 반복했던 자만이 그 사상사적 양극 분해[3]를 잡탕처럼 체현하면서 그 상황을 대표할 수 있었다. 이렇듯 쇼인의 기록 정신, 그리고 미처 끝맺지 못한 호읍號泣 모두 그의 유일한 '주저'가 지닌 문맥에 비추어 볼 때에야 비로소 우리 앞에 그 의미가 밝혀진다고 할 수 있을 것이다.

**3** ——— 체계적인 것들이 무너져 갈 때에는 '사실'과 '감성'이라는 양극이 분출될 뿐만 아니라 또 하나, 체계 속에서 상징적 중심을 차지하는 궁극적 '가치의 실체'가 주변의 지지력과 토대를 잃고 고립돼 실 끊긴 풍선이 되어서 자유롭게 전용 가능한 '비유'로 화하는 사태가 발생한다. 그런 의미에서 '양극 분해'보다는 실은 '삼극 분해'가 정확한 말이겠지만, 수록문에 대한 설명에 직접적으로 관계되지 않기에 여기서 자세한 설명은 생략했다. 쇼인은 결코 '비유화'라는 현상을 자각하고 이 '가치의 상징'을 활용한 자는 아니었으나, 그러나 그러한 상황 속에 통째로 속해 있던 자였다. 따라서 앞절에서 나는 쇼인의 '존왕양이' 같은 건 변수 '$x$'로 다뤄야 한다고 제안했던 것이다. 이 주와 관련하여 그 점을 상기해 보면, 일견 지나치게 대담하게 보이는 그 제안이 결코 단순히 견강牽強에 의한 '현대적 해석'에 머무르는 게 아님을 알 수 있을 것이다. 나아가 이 절의 양극 분출에 대해 읽고 나서 이러한 삼극 분해 양상이 나

타난 구체적인 예, 즉 체계의 중심적 가치였던 것을 자각적으로 '비유'
로 전용하길 거리끼지 않는 정신이 쇼인 외에 어디서 또 누구에게서 나
타났는가 하는 의문에도 생각이 미치게 될 것이다. 소수이긴 하지만 그
러한 인물들이 있었으며, 부분적이긴 하지만 그러한 상황이 존재했다.


3

나는 물론 강개호읍 같은 걸 달갑게 생각하지는 않는다. "우리 같은 건
읍사泣社라 불러야 할 것인가" 같은 문언을 접하면 기가 질리는 편이다.
하지만 쇼인의 경우에는 그의 비극적 정신이 여러 가지 실패와 패배와
난관을 넘어서 다시 한 번, 또 다시 한 번, 실패와 난관으로 이어지는
'사건'으로 그를 향하게끔 만든 것이다. 거기에는 '운명'과 격투하는 본
래적인 비극의 갈등이 있었다. '운명'은 인간의 힘을 넘어선 것이다. 운
명에 포위되고 속박당해 있을 때 대부분의 사람들은 그에 굴복하고 그
것을 추종한다. 그러나 전사戰士는 그렇게 하지 못한다. 그는 홀로 엄
연하게, 인력이 어찌할 수 없는 '운명'에 도전하고 온 힘을 다해 그것과
싸운다. 상대가 상대인 만큼 거기에는 '인간'이 갖춘 모든 능력과 모든
불능이 함께 나타날 수밖에 없다. '운명'의 강대함, 즉 조건의 지극한
곤란함에 생각이 미칠 때 그는 때로는 쓸쓸해지고(悄然) 또한 그러한
악전을 혼자서 싸울 수밖에 없는 스스로의 내적 필연성을 떠올리며 때
로는 낙심한다(憮然). 그러면서 다시 자신의 필연성(주관적 형식으로서는
신념)이란 무엇인가를 생각하게 되고, 과감하게(敢然) 다시 한 번 그 강
대한 비인격적 상대에 맞서는 것이다. 일개 '인간'인 전사는, 인간이 지
닌 여러 요소—강함과 약함, 용기와 나약함, 사려 깊음과 어리석음 모
두—를 그 고투 속에 뚜렷이 드러낸다는 점에서 대표적 인간이 된다.

그리고 그 대표적 인간상이야말로 비극이 제시하는 '영웅'인 것이다. 따라서 '영웅'은 결정적으로, 소위 '위인'과는 범주적으로 다르다. 세상에서 이따금 영웅시되는 '성공자'(위인)와도 물론 다르다. 다시 말하지만, 비극이 그려 내는 '영웅'은 '운명'과 격투해야만 한다는 의무를 짊어지고, 그 격투 과정 속에서 인간의 모든 요소를 대표적으로 드러내면서, 악전고투하며 고뇌곤비苦惱困憊하는 가여운 고독한 일개 전사인 것이다. 자칫하면 그는 사회에서 예외적 존재가 되며 사회적 이물異物로 보이곤 한다. 그가 '위인'과는 다른 또 하나의 까닭이다. 그리고 요시다 쇼인은, 일을 도모했다가 실패했을 때 운명과 격투하는 자가 지니는 비극적인 영웅의 태도로, 그저 한빈寒貧인 채 어떤 과시도 없이 악전고투하고 피로곤비하였고 사려 깊음과 어리석음을 전부 내보이면서, 또다시 일을 도모하여 끝내 처형당해 죽음에 이르기까지 그 현세적 패배를 계속했던 것이다.

쇼인은 분명 고래의 '영웅적 충신'을 '위인'이나 '공신'과 구별하지 않고 소박하게 숭배했다. 그의 충의 철학이 성립하는 한 가지 연유도 그 점에 있다.(충의는 바로 이 세상의 위인을 대하는 우직함이다.) 여기서 다시 한 번 그의 실태와 인식 사이에 존재하는 분명한 갭이 드러난다. 그러나 난관을 반복하면서 고독이 깊어진 만년에는 충의심의 철저한 내면화와 더불어 그 자신의 비극성에 대한 의심키 어려운 자각이 생겨났다. 그가 보인 이른바 각오의 철저함이란 바로 그 자각의 출현이었다. 이에 이르러 그는 명실상부한 '위인'과는 완전히 다른, 본래적인 비극 영웅이 된 것이다. 실패의 역사만이 그의 성공이었다고 말한 것은 실로 이러한 뜻이었다.

이렇게 비극적 정신이 그 자각의 궁극에 달했을 때, 거기서는 오히려 희극적 정신이 태어난다. '운명'과 '인간'의 격투, 그 격투 속에서 '인간'이 보이는 갈팡질팡함을 일단 초월적인 눈으로 다시금 바라볼 수 있게 되면 그 싸움의 양상은 곧 웃음으로, 혹은 웃음을 부르는 것으로 그려지게 된다. 이때의 웃음의 성질이 희극적 정신의 성질과 틀을 결정한다. 조소적인 태도도 있는가 하면 쓴웃음도 있다. 자기를 보며 웃는 웃음도 있으며 타인을 보며 웃는 웃음도 있다. 싸우는 웃음도 있으며 추종하는 웃음도 있다. 전체의 구도를 웃으면서 보는 웃음도 있으며, 부분적인 극점에 축소된 웃음도 있다. '울음'과 달리 '웃음'은 정신의 모든 양상을 포함할 수 있다. 표현으로서의 '웃음'은 그 정도로 복잡한 것이다. 바로 이 때문에 최상급의 희극은 '예술'뿐만 아니라 정신 표현으로서도 최고의 위치를 차지하며, 저질 희극은 한없이 졸렬한 것이다. 그 최저의 희극으로써 최고의 희극을 뒤집어 엎는 것 또한 방법에 따라서는 가능하다. 진지한 희극배우가 실패에 닥쳤을 때 이따금 참혹한 자살을 기도하는 것도, 희극이 품고 있는 진폭의 크기와 미묘함을 말해 주는 것이리라. 희극 정신은 그 정도로 포괄적이다. 그리하여 쇼인은 비극성을 자각하게 된 만년에 이르러 반성적인 웃음으로써 얼마간의 희극 정신을 획득하였다. '안세이 대옥'의 옥중에서 그가 젊은 친구(그는 문인門人들을 결코 제자로 보지 않았다. 여기에 그의 골목대장으로서의 진면목이 있었다)에게 "나를 본받아 **바보 같은 짓**을 하지 말라. 내게는 내 주군이 있었으므로 방도가 없었고 그 주군(모리 다카치카)에게 충의를 다하고자 애썼지만, 너희들은 좀 더 멀리 보고 10년 후의 일을 도모하라"라고 말했을 때, 거기에는 그가 본래 지녔던 겸허함뿐 아니라 스스로의 비극성을 반성적 의식의 토대에 올려 이를 바보(fool)의 싸움으로 웃으면서 다시 볼 수 있는 희극 정신이 분명히 발생해 있었다. 바로 이로 인해 그는 옥중 생활도 각 번의 유지들과 교류할 수 있는 '횡의'·'횡결'橫結의 장으로 삼아 거기서 **'재옥在獄의 유쾌'**함을 발견하고 이를 통해 '천하의 일은 이제부터 **재미있어**질 것'이라는 전망을 얻었으며, 사형이 결정된 후에도 이이와 마나베 '양 권權은 근년 안에 쓰러질 것'이라는, 초월안超

越眼이 아니면 불가능한 예측을 해 낸다. 웃음의 여유를 통해 천하 전체의 구도를 재미있게 꿰뚫어 보고 스스로의 옥중 생활마저도 유쾌한 '횡행'의 장으로 삼기에 이른 것이다. 이것이 얼마나 정신적 초월을 필요로 하는가를 알려면, 당시 상황이 그 호방한 사이고西鄕[28]조차도 자살을 기도할 수밖에 없을 만큼 절박했다는 것을 떠올리면 될 것이다. 그리고 쇼인의 예측이 이토록 정확하게 적중한 것은 이것이 처음이자 마지막이었다. 이듬해 '양 권'은 쓰러졌고, 이후 '횡행'의 사士들이 대량으로 출현한 것이다. 비극 배우 쇼인은 마지막에 이르러 그 비극을 철저하게 헤쳐 나가는 고독의 영위를 통해, 반성적 웃음과 조망적 웃음—양쪽 모두 자기를 초월하는 시각을 필요로 하는—을 획득했다. 실패와 고립의 역사는 여기서도 그의 '성공'을 의미하는 것이었다. 정신적인 성공이라는 의미에서.

그러나 이 점이, 쇼인이 본래 지니고 있던 희비극적 존재성을 일소해 버리지는 않는다. '밀항' 사건 때 배를 준비하지도 않고 노 젓는 법 하나 모르는 채로 미국 함선에 오르기로 재빨리 결정하고는 동지들과 송별회를 열어 가나가와神奈川로 떠난 점이 보여 주는 목적과 수단의 갈팡질팡한 엇갈림과, 그럼에도 불구하고 결국에 훈도시褌와 오비帶[29]로 노를 동여매고 역전분투 끝에 미국 함선에 다다른다는, 그 고투의 철저함에서 볼 수 있는 쇼인의 희비극적인 행동양식은 '안세이 대옥' 때의 재판 과정에 드러나 있다. 거기서 그는 궁중에 '낙서落書를 투

28  사이고西鄕: 막말~메이지 시대의 무사이자 정치가인 사이고 다카모리西鄕隆盛(1828~1877)를 가리킨다. 사쓰마薩摩 번의 번사로 1866년에는 사카모토 료마坂本竜馬의 중개로 사쓰마 번과 조슈 번의 동맹을 실현시켰으며 보신戊辰전쟁을 이끌어 에도 성을 무혈 개성시키고 신정부의 육군원수 겸 참의가 되지만, 정한론 등의 문제에서 오쿠보 도시미치大久保利通 등과 대립해 하야하고 귀향했다. 세이난西南전쟁에서 패한 뒤 1877년 자살했다.
29  훈도시褌는 성인 남성이 둘러 입는 띠 형태의 일본 전통식 속옷을, 오비帶는 일본 전통 의복 가운데서 옷을 고정하기 위해 매는 넓은 허리띠를 가리킨다.

입'했다는 혐의에 대해 '내가 어째서 서명도 안 한 무책임한 투서 따윌 하겠는가'라며 분한 기분에 휩싸인 나머지, 말하지 않아도 됐을 '마나베 간쟁 계획'(실제로는 습격 계획)을 굳이—자기가 교토로 간 것은 다름 아니라 이것 때문이었다고— **당당하게** 개진하여 오히려 '막부에 대한 불경'죄를 얻게 된 것이다. 막부 스스로가 막부에 대한 '불경죄'를 재판하고 주장한다는 것의 의미—정부가 그 마지막 '전업'專業을 얼마나 권력적으로 사수하고자 했는지를 여실히 보여 주는 그 안세이 대옥 사례의 상징성—에 대해서는 설명을 생략하겠다. 여기서도 쇼인의 행동양식이 지닌 존재의 희비극성은 제대로 일관돼 있다. 그렇다고 쇼인을 경멸할 수는 없다. 왜냐하면 그 희비극성이야말로 '상황화'돼 가는 막말 일본의 상징적 축소도이기 때문이다. 예를 들어, '밀항' 사건에 나타난 쇼잔과 쇼인 간 인식 태도의 대조적 차이를 세계사적 시야에서 다시 한 번 살펴보자. 쇼잔과 쇼인과 막부 관리 간의 관계로 보면 분명 쇼잔은 면밀하고 견실하고 대담하며, 계획과 행동 하나하나에 '제대로 된' 근거를 가지고 있다. 쇼인의 촐랑거림과는 대조적이다. 막부의 관리를 대하는 문답 속에서도 쇼잔은 조금의 틈도 없이 훌륭한 논전을 전개한다. 쇼인이 보이는, 내 충의심만 확인되면 그걸로 족하다는 식의 태도와는 전혀 다르다. 그러나 미국의 배가 왜 타국 배보다 먼저 에도 근해에 나타났는가와 같은 문제는, 천지만물을 모두 그 근거로 거슬러 올라가 이해해야 한다고 했던 쇼잔조차 단 한 번도 염두에 떠올린 적이 없는 것이었다. 유학생을 보내는 등의 목적을 향해서는 모두 곧바로 전진해 나갔지만, 현상의 대국에 관한 구도적 이해 면에선 그는 거의 전혀 눈치조차 채지 못했다. 19세기 40년대 종반, 태평양이 포경捕鯨의 장에서 무역의 교통로로 급속하게 전환된 결과 미국은 아편전쟁을 거쳐 동아시아에 도달해 있던 세계제국 영국을 추월해서 일본의 중심에 닥쳐오게 되었다. 그 세계사적 움직임으로 생각해 보면 그렇게도 대조적인 쇼잔과 쇼인의 차이는 순식간에 대동소이한 것으로 축소된다. 물론 이로써 쇼잔 개인의 무지를 이야기할 수는 없다. '단 네 척(杯)에 잠 못 들던'[30] 일본 전체의 맹목적 혼란 속 맹목성이, 그렇게도 현명했던 쇼잔에게까지 나타났던 것뿐이다. 사건과 인식 사이의 그러한 큰 낙차는, 쇼잔의 영리함이 아니라 쇼인의 갈팡질팡하는 행동양식을 통해 실로 그 인격적 체현물을 얻어 냈다. 이렇게 해서 여기서도 또한 쇼인은 상황의 체현자인 것이다. '안세이 대옥'에 있어서도 사정은 유사하다. 재판 과정에만 주목하면 마치 쇼인의 경솔한 연설이 사형을 야기했던 것처럼 보이고 그러한 희비극적 인과의 뒤틀림은 분명 있었지만, 그러나 안세이 대옥을 실제로 준비해 실행에 옮긴 이이의 심복들(나가노 슈젠長野主膳과 우즈키 로쿠노스케宇津木六之丞)이 이미 일 년 전에 야나가와梁川·라이頼·이케우치池內·우메다梅田 네 명 외에도 '그 무리 외에 조슈의 요시다 도라지로吉田寅次郎[31]라는 자가 역량도 있으며 음모를 꾸미는 데 발군이라 한다'며 특별히 주시하고 있던 점, 그리고 이이의 심복인 그들이 '소동의 뿌리'를 근절하기 위해 '별수 없이 험한 처치'를 행하게 되리라고 보고 있던 점 등으로 보면, 부교奉行나 긴미야쿠吟味役[32]들의 법정적 표면 배후에서 진행되고 있던 전국적 규모의 대탄압(혹은 숙청) 구도 속에 쇼인은 일찍부터 등록되어 있었으며 그가 '험한 수법의 처치'에서 벗어날 여지란 거의 없었을지도 모른다. 물론 쇼인은 그 점을 몰랐다. 모르는 채로 그 유명한 우메다나 라이나 하시모토 등과 함

30  외국 함선이 내항해 나라 안이 소란하니 겨우 네 잔(네 척)의 '조키센' 때문에 밤에 잠을 잘 수 없다는 내용의 사회풍자 교카狂歌를 인용한 표현이다. 이때의 '조키센'은 '증기선'蒸気船을 읽은 것이면서 동시에 녹차의 한 종류인 '조키센'上喜撰과도 발음이 같다.
31  요시다 쇼인을 가리킨다.
32  부교奉行는 막부의 장관 격 직책의 관리를, 긴미야쿠吟味役는 피의자의 죄를 조사하던 사람을 가리킨다.

께 사형에 처해지면서, '안세이 대옥'이 전국적 규모로 위험인물을 일소하는 막부 각료 최후의 대도박이었다는 것을, 즉 그 대옥의 성질과 역사적 의미를 몸소 밝혀낸 것이다. 그의 희비극성은 개인적으로 보자면 분명 겪어 내기 힘든 것이었겠지만 상황과의 관련에서 보면 실로 충실한 상황의 '사진'(眞影繪)이었다. 반복하지만 그의 소박함과 우직함과 철저함, 그리고 사물과 사람에 대한 성실함에서 비롯한 대면 태도가 이를 가능하게 만든 것이다.

그러한 쇼인이 비극 정신을 자각하고 또 이를 철저화한 끝에 고귀한 희극 정신을 획득했다는 사실은, 사람이 생을 충분히 살아 냈을 때 능력이나 배움의 정도와는 무관하게 얼마만큼의 정신적인 성숙을 거둘 수 있는지를 보여 준다. 그리고 쇼인의 성숙의 열쇠는 그의 고독 속 영위에 있었다. 이 원고를 마무리하면서 나는 『유실문고』 가운데서 수록하고자 했던 준서간문과 몇몇 단문들의 제목을 열거하려 했지만, 여기까지 쓴 이상 더 이상 그럴 필요는 없으리라 생각한다. 만약 내킨다면 독자 분들 스스로 그 발췌를 시도해 보길 바란다. 다만 제목을 열거하는 대신 수많은 쇼인의 우타歌 가운데 세 수를 골라 써 두고자 한다.

어부의 넋두리 듣자니, 생각하네 물가를 헤매는 사람의 마음을
すなどりのささやく きけば思ふなり沢辺に迷ふ人の心を
　　　　　　　　　　　　　　　　　　　　　　　　　　　　　　—안세이 6년(1859) 2월경

울지 않으면 누구도 듣지 않는 두견새, 장맛비 어둡게 내리는 밤은
鳴かずでは誰れか聞かなん郭公さみだれ暗く降りつづく夜は
　　　　　　　　　　　　　　　　　　　　　　　　　　　　　　　—안세이 6년(1859) 5월

부르는 목소리를 기다리는 것밖에, 지금 세상에 기다릴 건 없는가
呼び出しの声待つほかに今の世に待つべき事のなかりけるかな
　　　　　　　　　　　　　　　　　　　　　　　　　　　　　　　　　　　—사세辭世

첫 번째 수는 『초사』楚辭에 나오는 굴원屈原의 고독한 심려에 빗대 쇼인의 마음을 읊은 것이고, 두 번째 수는 아카가와 오우미赤川淡水[33]의 충고에 대한 대답으로서 첫 번째 수와 마찬가지로 쇼인의 각오와 선언을 반동적 정세의 외로움 속에서 읊은 것이며, 세 번째 수는 몇 편의 사세辭世[34] 가운데 가장 보편적으로 사람의 마음에 울리는 것이다. 우타로서는—문외한의 감상이기는 하나— 두 번째 수가 가장 좋고, 이어서 첫 번째 수가 좋을 것이다. 그러나 이 세 편을 일관하는 공통적 계기는 고독이다. 그리고 이 계기야말로 미몽스런 그의 이론, 채 완성되지 못했던 충의 철학, '이적'에 대한 긍정하기 어려운 사고방식, 극단적으로 과잉된 우직함 등을 넘어서 우리에게 반성을 요구하는 몇 가지 진실을 그 내부에 결정화結晶化한 가장 큰 요소다. 왜냐하면 그 고독은 단지 감상적인 고독과는 완전히 반대로, 전 사회의 붕괴를 품은 것이었기 때문이다. 재래의 사회관계 전체가, 버팀목이 되어 왔던 인대와 접착부를 잃고 덜컹이는 굉음을 내며 분해되고 그 사회관계의 근거가 돼 주던 관념형태와 의식형태 또한 접합 관절을 잃고 골편으로 화해 가는 그 붕괴 상황에서, 사회관계의 분해를 자기 자신을 둘러싼 관계들(군신·상하)의 분해로써 경험하고, 관념형태와 의식형태의 골편화를 자기 자신이 지닌 사상적 형태의 와해로써 경험하며 살아간 자의 고독은, 타인으로부터의 고독이라는 단순한 것이 아니라 사회적인 자기로부터, 그리고 자신의 의식형태로부터의 고독이기도 한 깊고 통렬한 것이었다. 여기에 전 사회의 상황성을 일신에 수용하고 체현한 자의 내면적 깊이가 드러난다. 그러한 몇 가지 구체적인 예에 대해서 이제껏 말해 온 것이다. 여

---

33  아카가와 오우미赤川淡水(1833~1864): 사쿠마 사혜에久間佐兵衛의 다른 이름. 에도 말기의 무사. 요시다 쇼인의 문하에서 병학을 배웠으며 쇼인의 친구인 나카무라 구로中村九郎의 친동생이기도 했다.
34  사세辭世: 죽을 때 남기는 시가詩歌 등의 문구.

기서 말해 두고자 하는 건, "억누를 길 없는 야마토大和 정신"[35] 같은 문구를 뽑아서 쇼인의 유일한 '주저'의 문맥으로부터 멋대로 떼어내 자기혹은 자기들의 권력에 대한 방위물로 삼는다든가, 자기 '정치적 정열'의 증거품처럼 다룬다든가, 한마디로 쇼인의 지명도에 편승해 자기 권익이나 평판을 키우려 하는 태도는 이 세 편의 시가에 나타난 쇼인의정수를 무시하고 그의 변수적 부분을 멋대로 이용하는 것이란 점이다.그 변수적 부분은 '존왕양이'뿐만이 아니다. "억누를 길 없는"을 내거는정치적 포스터 따위는 좌우를 불문하고 전부 변수적 부분을 제멋대로이용한 것에 다름 아니다. 과연 그것이 역사에서 무언가를 배우는 태도란 말인가? 그러한 태도야말로 쇼인에 대한 허위의식을 만들어 내 그를 유명인 중의 유명인(훌륭한 사람)으로 만들어 간 것이다. 이 글은 그러한 경향에 작은 억제를 가해 쇼인의 고투의 역사로부터 무엇을 배울지를 다시금 생각하고자 하는 작은 시도다.

---

35  죽음에 임박해 읊었다고 전해지는 요시다 쇼인의 우타 "이리 하면 이리 되리라 알면서도 억누를 길 없는 야마토 정신"(かくすればかくなるものと知りながらやむにやまれぬ大和魂)의 일부다. 현대에는 흔히 우익적인 정치 슬로건으로 애용되고 있다.

# 어느 역사적 변질의 시대

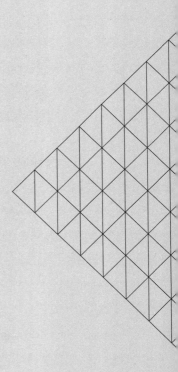

**종전 후 지폐에 사용된 이타가키 다이스케板垣退助(위)와
후쿠자와 유키치福沢諭吉(아래)의 초상**

이 글은 헤이본샤平凡社에서 발행한 『월간 백과』月刊百科 1978년 6월호 및 8월호에 처음 실렸다.

# 서序

이른바 '메이지明治 시대'(1868~1912)는 틀림없이 하나의 시대였다. 하나의 공통 정신과 행동 형식을 가진 역사적 구조체를 만약 인문학적 범주로서 '시대'라 부른다면, 메이지 시대는 그런 의미에서 하나의 '시대'였다. 그것은 '천황의 세기' 등으로는 결코 환원할 수 없는 여러 차원과 여러 측면과 여러 요소, 그리고 그것들로 이루어진 여러 경향을 포함한 구조적 시대였다. 그것은 일본 최후의 내란을 포함한 혁명과 동란의 시대이자 모든 능력을 다해 제도를 만들어 낸 시대였는가 하면, 제도의 완성과 함께 생겨나는 사회적 이완을 신선하게 경험한 시대이기도 했고 신생국의 명운을 건 대외 전쟁을 어느 정도의 자제自制를 갖고 실행한 시대이기도 했다. 그러면서 또한 한 가지 공통 목표와 정신이 이러한 국면들을 관통하며 살아 있던 '시대'였던 것이다.

그 '메이지 시대'는 유신으로 시작해 러일전쟁으로 끝을 고한다. 러일전쟁 이후의 몇 년은 천황의 세기로서는 '메이지'에 속할지도 모르나 여기서 말하는 역사적 구조체로서의 '메이지 시대'에는 더 이상 속하지 않는다. 혹자는 나와 같은 원호元號 비판자가 메이지 시대라는 호명을 승인할 뿐 아니라 나아가 적극적으로 그것을 한 전형적 시대의 명칭으로 사용하고자 하는 것을 의아하게 생각할지도 모른다. 그러나 물론 그리하는 데는 이유와 근거가 있다. 우선, 명칭이란 '쇼와'昭和(1926~1989)든 '다이쇼'大正(1912~1926)든 그것이 의미하는 바에 대한 비판과는 별개로(그 비판이 튼튼하면 튼튼할수록) 일상적 영위에 있어선 편의적으로 습관에 따르더라도 전혀 지장이 없다는 일반적인 **비**광신적 태도의 권유로 인해서다. 그러나 그뿐 아니라 '메이지'의 경우에는 그보다 좀 더 특별한, 적극적 이유가 존재한다.

일단 '메이지'라는 칭호는 궁정의 형편에 따른 결과로서 생겨난 것이 아니라 유신이라는 사회변동의 결실로서 발생했다. 그런 의미에서 천황가의 세습을 의미하는 데 불과한 '다이쇼'나 '쇼와'와는 전혀 성질을 달리한다. 또한 사회의 안쪽에서 출현한 자생적인 사회적 힘에 의한 자주적 사회 활동의 한 성과로—불충분하기는 하지만 그러한 성과의 하나로—서 선택되었다는 점에서, 사회적 동요에 대해 궁중(雲上)이 늘 상 대응적으로 취했던 옛 원호와도 사정을 달리한다. '메이지'라는 원호는, 그 성립 사정에 관한 한 원호 세계의 이례이며 특별한 것이었다. 원호 세계의 변경에 위치해 있다고 해도 좋다. 과거 중세에 보였던 '사私연호'¹⁾는 자유로운 지방적 독립, 그리고 기존 궁정에 대한 '구마자와 천황'熊沢天皇²⁾과도 비슷한 대항성을 가지고 있었는데, '메이지'는 그와는 정치적 성질을 달리하며 전국적 통일성과 궁정의 합체적 성격을 특징으로 하면서도 또한 그 원호 세계에서의 이례성은 '사연호'의 이단성과 대비될 만한 것이었다.

이러한 사정에 덧붙여, '메이지 시대'는 앞서 말한 바와 같이 하나의 역사적 구조체라는 성격을 분명히 가진 시대였다. 성과의 불충분함이나 바람직하지 못한 몇몇 경향을 포함해 '메이지 시대'라고 불러선 안 될 것이 조금도 없다고 생각하는 것은 위의 두 가지 까닭에서이다. 그리고 그 시대를 '다른 이름'으로 '입국立國의 시대'라 부르고 싶은 것이다.

---

1   사私연호: 조정이 정식으로 정한 연호와 달리 민간에서 사적으로 쓴 연호. 주로 중세 후기 사찰이나 지방 호족 등이 사용했다.
2   구마자와 천황熊沢天皇: 일본 패전 직후인 쇼와 20년대, 남조계南朝系 황통의 후계자라 자칭한 구마자와 히로미치熊沢寛道(1889~1966)를 가리킨다. 다이쇼 시대부터 스스로를 고카메야마後亀山 천황의 후예라고 칭했는데 전후 GHQ와 미국 언론의 눈에 띄어 주목을 끌었다. 후에 쇼와 천황의 퇴위를 요구하는 재판을 일으켰지만 기각되었다.

1

하나의 역사적 구조체를 이룬다 해서, 그 속에서 몇 가지 정치적 국면
의 변동이나 사조의 변동이나 사회 성질의 변화가 일어나지 않았던 것
은 물론 아니다. 메이지 10년대의 정치적 변동과 20년대의 제도적 확
립, 그 후 차례로 생겨난 사회적 변질, 특히 청일전쟁 후에 현저해지는
근본적 변화 등은 역사가가 주목하고 분석할 가치가 있는 문제이다. 사
실 많은 연구들이 이 점에 힘을 쏟아 왔다. 이는 지극히 당연한 일이며
충분히 의미 깊기도 하다. 그러나 그와 같은 변화들이 '메이지 시대'에
있었음에도 불구하고, 유신 이후 러일전쟁에 이르기까지 '메이지 사회'
에는 커다란 한 가지 목표가 사회 전체를 관통하며 살아 있는 존재로서
작용했다. 그러한 '기둥'에 의해 이 시대의 국면들이 하나의 역사적 구
조체로 통합되었던 것이다.

　　말할 것도 없이 그 목표란, 국제 열강에 대한 일본 '독립'의 추구였
다. 그 목표에 대해서만큼은 모든 대립적 입장과 변화 경향을 포함해
그 시대의 일본 사회 전체가 일관되게 추구했던 것이다. '민권'을 그 핵
심으로 하는 '국민주권적 독립'의 입장과, '국권'을 축으로 하는 '국가
주의적 독립'의 입장이 서로 대립하면서 쌍방의 내부에 섞여 들어가며
교착했던 것도 이 점을 드러내 준다. '사족士族 반란'과 '번벌 전제藩閥
傳制에 대한 반대'는 본래 내면적으로 깊이 이어져 있었으며, '민권 장
사民權壯士[3]'는 이따금 다니 간조谷干城[4]나 도야마 미쓰루頭山滿[5] 등 다
양한 틀의 국가주의자들과 일종의 친근성을 지니고 있었다. 그런 사태

---

3　민권 장사民權壯士: 자유민권운동 활동가들을 말한다. 주로 무사나 자작농 집안 출신의 젊은
자제들로서 행동력을 앞세워 활동했다. 자유민권운동에 대한 정치적 탄압과 당파적 불화가 심했던
1883년(메이지 9)부터 1890년(메이지 16) 무렵까지 그 활동이 활발했으며 정치적 경호원이나 운동
원, 바람잡이 등의 역할을 맡았다.

속에 나타난 '민권'과 '국권'의 교착, '국민주의적 독립'과 '국가주의적 독립'의 혼효混淆는 한편으로는 '국가로부터의 자유'나 '자주적 민권' 등의 정신이 독자적인 사회적 태도로서 충분히 순화되어 단단한 결정도를 획득하지 못했다는 점을 말해 주지만, 동시에 다른 한편으로는 열강에 대응해 '독립국가'를 만든다는 목표가 대大목표로서 당시 사회 전체의 모든 요소 속에 뻗쳐 있었음을 보여 주기도 한다.

이 목표를 '영원궁극'의 대목표로서가 아니라 하나의 한정된 상대적 가치에 불과한 것으로 바라볼 수 있는 눈을 메이지 시기에 그나마 제대로 된 형태로 지녔던 것은 소피스트풍 변증법을 경쾌하게 구사하며 당면 과제의 일시적 당면성을 분명히 하는 것이 장기였던 후쿠자와 유키치福沢諭吉[6] 단 한 사람뿐이었다고 해도 과장이 아닐 만큼, 이 목표의 '대목표성'은 유신 이래 메이지 사회 전체에 넓고 깊게 공유되고 있었다.

〈그러한 후쿠자와조차도, 그의 예컨대 "입국立國은 사私다. 공公이 아니다"[7]라는 명언조차도 '입국'의 목표성을 부정하는 것은 아니었다.

---

4　다니 간조谷干城(1837~1911): 메이지 시대의 군인, 정치가. 도사土佐 번 출신으로 1860년대부터 존왕양이 운동에 참가했고 메이지 때는 육군 장교로서 야마가타 아리토모山県有朋 등과 대립하는 육군 내 반주류파를 형성했다. 정교사政教社 그룹과 함께 잡지 『일본』日本을 중심으로 국권주의자와의 결집을 꾀하였고, 귀족원에 당선된 뒤에는 행정비 삭감과 군비 확장을 주장하며 대외강경파의 일익을 형성했다.
5　도야마 미쓰루頭山満(1855~1944): 메이지~쇼와 시대 전기의 국가주의자. 러일전쟁 직전에는 조약 개정안에 반대하고 개전을 주장했다. 대아시아주의를 주창해 일본의 대륙 진출을 획책한 한편, 쑨원孫文의 신해혁명을 지원하고 김옥균 등의 망명가를 보호했다.
6　후쿠자와 유키치福沢諭吉(1835~1901): 막말~메이지 시대의 사상가. 나카쓰中津 번의 무사 출신으로 1860년 막부의 파견 사절과 함께 도미해 미국을 시찰했고 이후 2회에 걸쳐 유럽을 시찰했다. 1864년 막부의 관리인 외국봉행번역관(外國奉行翻訳方)에 임명되었으나 메이지 유신 후에는 관직에서 물러나 평생 재야에 머물렀다. 『시사신보』時事新報를 창간하고 교육과 번역, 저술 활동을 통해 문명화를 주장하며 일본의 근대화를 이끌었다.
7　후쿠자와가 1901년 발표한 「야세가만의 설」(瘠我慢の説)의 첫머리. 이 문장을 둘러싼 해석은 지금도 분분하다.

'입국' 사업을 가리켜 인류사적으로는 '사적인 일'이라 말한 이 명징한 한 구절은, 실은 과거에 자신이 했던 역사적 행동이나 그때의 동지와 부하들에 대한 이를테면 '사적'인 책임과 신의의 태도가 사회적 삶의 방식 면에서 '공적' 올바름을 실현할 때의 중심이 된다는 점을 늘 그렇듯이 지적 의외성으로 가득한 극단적 예를 들어 설명하고자 하는, 의도적으로 충격을 주는 한마디였던 것이다. 구체적으로 그것은 가쓰 아와勝安房[8]나 에노모토 다케아키榎本武揚[9]와 같은 자들—과거 막신幕臣의 지도자로서 '적군'인 삿초薩長[10] 앞에서 대결을 피해 감히 자기들의 정부를 해산시켰다는 점에서 공적과 책임을 동시에 지닌 자, 혹은 자기들의 정부의 해산에 반대해 많은 부하들의 목숨을 전투 속에 잃게 만들었다는 점에서 명예로운 용기와 책임을 동시에 지닌, 따라서 유신 후의 메이지 사회 속에서 불우한 음지인으로 연명한 '패잔병'(落武者) 무리에 대해 과거의 대표자로서 공통적으로 어느 정도 책임을 지닌 자들—에게 유신 전쟁의 승자인 메이지 정부가 주려 하는 영예나 지위나 권세 같은 건, 병가兵家적 기준에서 조금도 부끄러울 것 없는 패장으로서의 자부 면에서도, 또 스스로가 기도한 대사大事에 대한 책임이라는 '사사로운 정'(私情) 면에서도, 나아가 또한 패사자敗死者와 '패잔병'들에 대한 '나'의 신의 면에서도, 한마디로 **만고불변하는** 인생의 심정' 면에서도 결코 유유낙낙 받아들일 만한 게 아니라는 후쿠자와의 주장을 전개하기 위한 효과적인 머리말이었다. '사적' 신의의 '공적' 소중함을 글

<hr />

8  가쓰 아와勝安房: 막말~메이지의 무사이자 정치가인 가쓰 가이슈勝海舟(1823~1899)를 가리킨다. 1868년 보신戊辰전쟁에서 메이지 정부와 에도 막부의 사이에서 중개 역을 맡아 정부군이 에도성에 무혈입성하는 데 결정적인 역할을 했다.
9  에노모토 다케아키榎本武揚(1836~1908): 막말~메이지의 무사, 정치가. 보신전쟁에서는 막판까지 막부 편에 서서 메이지 정부에 대항했으나 1869년 정부군에게 항복하고 용서받은 뒤 러시아와의 조약 체결에 특사로 파견되는 등 메이지 정부의 편에서 일했다.
10  삿초薩長: 에도 말 동맹을 맺고 막부와 대립했던 사쓰마薩摩 번과 조슈長州 번을 함께 이르는 말.

의 진행 속에서 역전적으로 눈에 띄게 만드는 변증술적 전제로서 정립해 보인 논의상의 조주로助走路가, '입국은 사私다'라는 그 명언이었던 것이다. '도입부'로서는 지나칠 정도로 훌륭한 한마디지만, 여기서도 후쿠자와는 지나칠 만큼 발군의 소피스트적 능력을 보임으로써 역사적 조건의 제약 속 특정 상황하에서 살아갈 수밖에 없는 사회적 인간에게 올바른 삶의 방식이란 대체 무엇이냐는 복잡한 문제에 대해 특별한 고려를 촉진하기 위해, 바로 이를 위해서 '특수'를 거치지 않는 '보편'으로서 이 명언을 설정한 것이었다. 따라서 이 명구가 그에게는, '지금 일본에겐 공公 중의 공인 입국**조차도**, 절대적인 일반성의 세계에서는 단지 사적인 일인 것입니다. 따라서 사적인 것은 결코 경시할 일이 아닙니다'라는 함의를 품고 제출된 것이었다. 이처럼 이 문언은 메이지 일본에서 '입국'이 갖는 목표성을 조금도 부정하는 게 아니었다. 오히려 반대로 **일정한 조건**하에선 '철학의 사정私情이 입국의 공도公道'임을 밝히며, 과거의 자타에 대한 책임 때문에 권위나 지위의 유혹에 맞서 일부러 역경 속에 머무르는 '사'적 의협심이야말로 오히려 모든 인간의 동권성과 만국의 평등성을 구체적으로 보증하는 데 불가결한 '대본'大本인 연유를 명쾌하기 그지없게 설명하려는 것이었다. 이렇게 해서 '만국의 동권'이야말로 말할 것도 없는 '입국'의 **공적公的** 목표성에 대한 가장 공정한 기초가 된다.

사적 의협심이 어떻게 만인·만국의 동권을 보증해 줄까? 언뜻 보기에 역설적인 이 연관성을 성립시키는 일정한 조건이란 과연 무엇일까? 강자의 압박 앞에서 '쇠세'衰勢와 '폐망'廢亡의 역경에 서 있다는 사실이야말로 바로 그 조건이다. 강대한 힘 앞에서 '쇠퇴'를 강요당하는 '약자'·'소국'·'소번'小藩 등이 만약 꺾을 수 없는 자존심을 발휘하지 않는다면, 어찌 만인의 동권성과 만국의 평등성이라는 이념이 구체적으로 이 세상에 현전할 수 있겠는가. 그리고 그처럼 '쇠세'에 처한 자에 대해 공감과 의협을 느끼지 못하는 자가, 어찌 만인의 평등과 만국의 동권을 입에 올릴 수 있겠는가. 이렇게 '사적인 정'으로서의 의협심은 일정한 조건 속에선 보편적인 '공도'와 '진정한 가치'를 가장 구체적으로 보증하는 길이 되는 것이다. 그리고 국제적 역경 속에 처해 있던 메이지 일본의 '입국 대본'은 이러한 '한 조각 의로운 마음(義心)'의 집적에 따른 것이었다. 만약 그 '의로운 마음'의 집적을 확고부동한 존재로서 가질 수 있다면, 훗날 '입국' 사업에 성공해서 약소국의 위치를 벗어난 경우에도 결코 대국으로서의 자아도취나 질릴 줄 모르는 팽창주의에 빠지는 일은 없을 것이다. 왜냐하면 그건 가장 구체적인 형태로 보편적 동권성의 이념을 짊어지는 정신적 지반이 사회 전체에 확보돼 있는 상태이기 때문이다. 후쿠자와 자신이 그러한 훗날의 가능성까지 논한 것은 물론 아니지만, 그러나 그가 말했던 '역경'이라는 조건에 매개되는 경우에만 생겨나는 '사적 의심義心'과 '보편적 공도'의 결합이 갖는 중요성을 보면, 그 주장의 연장선상에 지금 말한 훗날의 가능성까지 함의될 수 있음은 의심할 여지가 없다.

이처럼 후쿠자와의 명언 '입국은 사私다. 공公이 아니다'라는 건 메이지 시대 '입국'의 목표성을 부정하지 않을 뿐 아니라, 나아가 '역경' 속의 '입국' 정신이 얼마나 당시를 살아가는 사회적 인간의 '사적' 신의와 연동되는 소중한 가치인지를 밝히려는 것이었다. 오로지 '국가'나 '국민'만을 중요시하는 내셔널리스트와 그가 다른 까닭은 거기 있으며, 그렇게 '사적인 정'의 차원, 살아가는 방식의 차원과 연관시킴으로써 당시의 '입국'은 단순한 정치적 사업의 평면을 초월해 '입국 **정신의 깊이**'를 추구하며 기초를 다졌다. 동시에 이는 앞서 본 바와 같은 '대국'화에 대한 이론상의 경고까지 포함하고 있었다. 명구로 시작해 여기까지 포함해 내는 그 논의의 선명함은, 한편으로는 후쿠자와의 소피스트적인 지적 예인성藝人性이 당면의 가치를 당면의 것으로 상대화하고 그러한 초월을 통해 더 멀리 있는 보편적 가치의 존재를 항상 지시하는 데 도움이 되었음을 보여 준다. 그러나 다른 한편으로 그 '당면'의 일이라는 건, 역경의 한가운데서 '폐망'의 심연에 임한 채 가까스로 서 있는 자—그것이 자신이든 타인이든 간에 그러한 자의 그러한 상황—에 대해 어떤 태도를 취해야 할지에 관한, 말하자면 절대적으로 심각한 문제에 부딪혔을 때 그 문제의 '당면성'을 넘어서기 위해선 상황의 표면성을 돌파해 그 안쪽 깊은 곳에 도달하고자 애써야 하는 것이라는 '깊이의 변증법'을 제시하는 것이기도 했다. 역경 속에서 조용히 자존의 자세를 무너뜨리지 않는 자는, 무대의 표면에서 각광 받는 자처럼 아무 노력 없이도 자동적으로 지각되는 존재가 아니다. 사회적 변동 속의 패자가 패배 후에 조용히 지켜나가는 정신적 직립, 국제 권력의 세계 속에서 소국이 지니는 내면적 자존, 막벌 사회 속에서 작은 번이 지니는 은연한 긍지. 이들 혹은 이러한 것들은 표면의 움직임이나 외견의 언사 등으로는 결코 꿰뚫어 볼 수 없다. 그 표면적 외견의 바닥 깊이 숨겨진 정신적 본질에 도달하기 위해서는, 공감과 의협심을 포함한 모든 주목과 안광을 전적으로 그 안에 쏟아야만 한다. 그럴 때에야 당장의 표면적 세계가 보이는 무대 구성을 넘어서서—깊은 곳을 향해 넘어서서—, 약소한 패자 속에 빛나는 보편적 가치가 비로소 모습을 드러낸다. 그리고 그것이야말로 이 세상에 있는 보편적 가치의 눈에 보이는 광원이며, 이 세상에 나타난 보편적 가치의 전형적 외양(形姿)인 것이다. 권력과 권위를 갖춘 자가 자존심을 발휘한다 해도, 이는 위험한 오만으로 이어질 가능성을 내포했을지언정 동권同權의 독립성을 내면적으로 보증하는 자존심은 될 수 없다. 왜냐하면 그 경우 타인을 외면적으로 통제하고 규정하는 권력과 권위에 대한 자랑스러움이, 독립인으로서의 자존과 섞여 들어 불순한 형태가 될 수밖에 없기 때문이다. 마찬가지로 유복한 부자가 관대함을 보인다 해서 그것이 반드시 관용의 보편적 올바름을 증명하지는 못한다. 그것은 관대하지 못함과 **비교해** 관대함의 필요성을 보여 주는 정도다. 자존심을 잃고 관용의 여유도 잃었어야 마땅할 열악하고 약소한 조건에 놓인 자가, 강자에게 대항하는 확고한 자존심을 조용히 보존하며 외면적 무대 구성의 현상을 향해 여유를 가지고 정신적 거리를 지켜 갈 때, 바로 이때 이 경우에야말로 만인동권의 독립성이 보편적 가치의 현재형, 구체적 형상성으로서 이 세계의 바닥 깊은 곳에 나타난다.

후쿠자와가 '입국은 사다. 공이 아니다'라는, 오늘날에도 그대로 통하는 명구로써 설명하고자 했던 글은 이러한 정신적 내실을 품고 있다. 그가 서커스 곡예사와 같은 '중력의 부정'으로 전개한 자유롭고 경쾌한 변증법은 철학의 익살꾼인 소피스트와도 비슷하게 '당면'에 대한 집착을 끊임없이 넘어서며 그를 통해 소크라테스적인 보편을 향한 시각을 육성해 갔지만, 동시에 그 바닥에는 소크라테스의 자발적 수난극이 자유의 극한 형태를 전형적으로 보여 주는 것과도 같이 '폐망'에 직면한 절대적 순간(극한적 조건)에 자유독립이 어떠한 행동양식으로서 나타나야 하는가에 대한 통찰 또한 포함하고 있는 것이다. '중력'의 부정은 결코 '중심'重心의 존재를 무시하는 게 아니었다. 오히려 반대로, 공간상의 모든 위치와 행동·사고의 모든 지점에 같은 힘으로 걸려 있는 '중력'의 집착감을 곡예적 재주넘기로 소거해 보임으로써 모든 힘의 집약점인 '중심'의 일점적 존재를 뚜렷이 현전시켰다.

일방적인 교육자이기엔 다소 과분한 이였다는 의미에서 국민적 교사로서의 자의식을 지녔던 탓에 후쿠자와는 그런 소피스트·소크라테스적 상호성에 충분히 도달하지는 못했지만, 그러나 그러한 경향을 자신의 사고와 표현의 핵심부에 지님으로써 그는 전형적 시대가 갖는 '공'과 '사'의 변증법적 구조성을 가장 잘 표현하는 정신적 대표자가 될 수 있었다. 이는 기구적 관리사회가 '공'·'사'의 엄격한 일원적 구별을 사회적 행동양식의 뿌리에까지 관철시킴으로써, 결국 늘 '공'적 모양 내기만을 목표로 삼는 생활 태도를 외적 세계에 불러일으킨 결과 생활 속에서 오로지 법규에 적합한 것(합법성)만을 신앙해 의심치 않는 정신 상실 상태를 만들어 내고 있는 것과는 근본적으로 대립한다. 메이지의 '입국'이 비교적으로 건강할 수 있었던 건, 소량이나마 이 같은 정신적 요소를 품고 있었기 때문이라고 말해도 좋을 것이다.〉

## 2

이처럼 '메이지 시대', 즉 유신 이후 러일전쟁에 이르는 시기까지는 어찌 되었든 열강에 대한 약자의 '독립'이라는 목표가 일본 사회 안에 존재했다. 그 점에서는 '번벌 정부'든 '민권파'든 혹은 '개량파'든 다르지 않았다. 또한 그런 만큼, 러일전쟁이 승리로 끝나고 비로소 서양 열강으로부터의 독립이 어느 누구의 눈에도 명확한 모습으로 실현되었을 때 일어난 정신적 가치 세계의 변동은 컸다. 그와 상징적으로 관련된 한 가지 예만 들어 보겠다.

1910년 『자유당사』自由黨史가 제작되었을 때 이타가키 다이스케板垣退助[11]는 여기에 「제언」題言을 붙여 그 말미에 다음과 같이 말한다.

"이를 요약하자면 유신개혁의 정신은 헌정 수립에 의해 성취되었으

---

11   이타가키 다이스케板垣退助(1837~1919): 정치가. 막부 말기에는 도사土佐 번 출신의 존왕파 무사로서 보신전쟁에 참전해 승리했다. 1874년 애국공당愛国公党을 결성해 민선 의원의 설립을 주장하는 건백서를 제출하여 천황으로부터 국회 개설을 약속하는 조칙을 받았고, 1881년에는 자유당自由党을 결성해 활동하는 등 자유민권운동을 주도했다. 천황이 내린 작위를 민권론을 들어 두 차례 거절한 끝에 1887년 백작 작위를 받았다. '서민파' 정치가로서 커다란 지지를 받았으며 사후에도 일본 민주 정치의 창시자로 일컬어지고 있다.

며 청일·러일의 전첩戰捷 또한 헌정 수립에 신세 진 바 지극히 크다는 사실을 부정할 수 없다. 그리하여 지금 우리 국민이 창업의 역경을 지나 이윽고 수성守成의 순경順境을 향해 당초의 지망志望을 다소 이루었음에 가깝다고는 하나, 지위의 상승과 함께 책임 또한 더해지고 우리 국민은 아직 이로써 만족해서는 안 되니 하물며 국민 일부에게서 보이는 타기惰氣를 논함에랴. 따라서 오늘 이후 더욱더 국민적 자각을 환기해 거국일치함으로써 안으로는 국민 생활의 안고安固를 꾀함과 함께 밖으로는 세계에서 자웅을 다투는 길을 강구하지 않을 수 없다. 생각컨대 길은 가까이 있으며, 만약 능히 시세의 경우에 응하여 그 주의主義의 새로운 발전을 이루고('그 주의'라는 것은 '자유당의 주의'로 이타가키의 정의에 의하면 '국가 관념에 의해 조절되는 개인 자유의 주의'다) 국민의 원기元氣를 떨쳐서 정치 개혁과 함께 또한 이를 바탕으로 삼는 사회 개혁을 성취하면, 헌정은 이에 유종의 미를 거두고 국운의 융창隆昌은 천양天壤과 함께 끝이 없으리라."

　여기서 이타가키가 말하고자 하는 것은 '유신개혁의 정신은 헌정 수립에 의해 성취되었고, 청일·러일전쟁에서의 승리 또한 헌정 수립에 의거하는 바가 극히 크다는 사실을 부정해선 안 된다'는 첫 줄 속에 집약되어 있다. 유신 정신의 정통 적자는 누구인가, 유신의 성취란 무엇이었나, 유신의 성취로써 이루어 낸 목적은 무엇이었나 하는 것이 여기서 논해졌다. 그리고 이 세 가지는 상호 분리되기 어렵게 연관되어 있다. 유신의 성취가 '헌정 수립'에 있다면 유신 정신이 탄생시킨 계승자는 자유민권파여야 한다. 왜냐하면 '헌정 수립의 열의가 없는 보수 세력과 옛것에 연연하는 정부를 충동해 국회의 개설을 공약할 수밖에 없게 만든 것, 그리고 그들이 몇 번이나 그 공약을 무시하고자 할 때 그들을 자극해 끝내 이를 무시하지 못하게 한 것은 실로 여론의 강한 힘, 그리고 신명과 재산을 내던져 국사에 진췌盡瘁한 지사志士들의 덕분'이기 때문이다. 이 점은 전적으로 옳다. 그리고 '헌정 수립'이 상징하는 여러 개혁이야말로 '국민'을 만들어 내고, 그 '참가'를 이끌어 냄으로써 새로운 국력과 통합력을 낳아 청일·러일의 승전을 가능케 했다, 이렇게 이타가키는 말한 것이다.

분명 메이지의 '헌정 수립'은 개혁 중의 개혁이었으며 따라서 유신 개혁의 상징적 중심이 될 수 있었다. 이는 직접적으로 권력 구성을 좌우하는 문제이며 따라서 단지 기술적 운용 개선 등을 넘어선 근본적인 개혁이었던 만큼, 그에 수반하는 곤란 또한 컸을 것이며 그것이 비등시킨 저항과 마찰 또한 심각했을 것이다. 그리고 개혁 정신이 당장의 수리나 적당한 임시변통 작업과 다른 점은, 필요한 것의 바탕에까지 거슬러 올라 개혁 사업을 진행하려 한다는 바로 그 점이다. 그 바탕에 도달해 개혁의 근거와 이유를 밝힌 지점에서 그 사업이 포함하는 곤란의 타개와 마찰 해소의 길, 즉 기술적 방법을 포함한 개혁의 규모와 정도와 절차 등 모든 것이 감안될 때 거기서 생생한 개혁 정신의 작용을 볼 수 있을 것이다. '근본적'인 문제를, 그것이 포함하는 곤란함을 이유로 처음부터 피하는 곳에선 개혁 정신이 있을 수 없다. 이처럼 곤란을 품고 있는 근본적 개혁으로서의 '헌정 수립' 성패 여하가 유신개혁 정신의 존부를 결정하는 상징적 과제였던 것이다.

그리고 당시로부터 20여 년 전의 이타가키는 그 곤란을 짊어진 근본 문제의 근본성에 직접 직면해 있었을 것이다. 하지만 개혁 정신이 지닌 깊은 긴장을 자각하고 있던 것은 그와 그 동지들뿐만이 아니었다. 오히려 어찌 되었든 그 '실시'에 직접적 책임을 스스로 짊어지고자 했던 이토 히로부미伊藤博文[12] 같은 사람이야말로 그러한 긴장으로 가득

---

12  이토 히로부미伊藤博文(1841~1909): 막말 메이지 초기의 정치가. 요시다 쇼인에게 사사하여 도막倒幕 운동에 참가했고 후에 메이지 헌법 입안에 참여한다. 1885년 내각 제도를 창설하여 초대 총

차 있었다. 헌정 실시에 대해 이토가 한 말은 거의 필사적인 표정을 짓고 있다. 그는 "헌정 실시는 동방 미증유의 대시험, 타국의 술찌끼만을 핥으며 이 나라, 걷기 힘든 험한 고개를 넘어가는 것은 불가희망사不可希望事"라 했다.(메이지 24년 12월 2일, 이노우에 고와시井上毅[13]에게 보낸 서간) '동방 미증유의 대시험'이라는 한마디가 지닌 함의 자체가 이미 표면적 해석만으로는 이르기 어려운 넓이와 깊이와 정신적 긴박을 품고 있다. 그는 일본사만을 보고 있는 것이 아니었다. 거기에 세계사적 시야가 깃들어 있음은 역연하다. 그 점은 쉽게 알 수 있다. 그러나 그의 말은 일본을 포함한 동양 세계의 역사적 과거 **전체**를 이 한마디로써 '헌법의 세계'와 대비하고 있는 것이기도 하다. 여기서 '미증유'가 의미하는 바가 그것이고, 그러한 대비의 한 극으로서 동방 세계를 한쪽에 짊어지고 '대시험'에 처한 것이 이 시기 눈앞에 펼쳐진 일본이며, 그 일본의 대시험을 몸소 직접 받아들여 운명적인 수난 경험을 견뎌 내야 하는 비극적 주역이 다름 아닌 그 이토였던 것이다. 그 사고와 표현 과정 속에 존재하는 건 '인식' 차원에서의 넓이와 적확함뿐만이 아니다. 가혹한 대시련을 받아들이는 '결의'와 그 대시련을 향하는 데 필요한 '각오'가, 적확한 '인식'과 한 덩어리가 되어 한 구절에 응집되어 있다. 지성은 날카로운 감수성과도 강한 의지와도 유리되지 않은 채, 나아가 어떤 깊은 우사憂思의 감회를 수반한 채 일체가 되어 한마디 속에 결집된다. 정신은 그 전체 국면을 통합하여 그 표현을 획득했던 것이다. 위기의 한가운데 서서 스스로의 운명적인 책무를 다하고자 하는 자에게만—그리고 그때에만 나타나는 '불가분한 정신'이 언어적 평면에 모습과 울림이 되

리대신이 되었다.
13  이노우에 고와시井上毅(1843~1895): 정치가. 메이지 헌법 제정에 참가. 법제국 장관에 취임하여 교육칙어 등의 조칙과 법령을 기초했다.

어 분출하고 있다고 말해도 될 것이다. 그리고 굳이 프로이센형 헌법을 스스로 선택했던 장본인이 '타국의 술찌끼만 핥'기를 거부하고, 위기가 가져오는 각방면의 '험한 고개'를 극복하고자 독자적 방도의 발견을 위해 고투를 벌인 것이다. 그와 그의 '정치적 지낭智囊'이었던 몇 명의 '스테이츠맨'statesman은 이렇게 '헌정 실시'를 행해 나갔다. 그 과정에서 예를 들어 이노우에 고와시가 간난신고艱難辛苦를 거치며 어떠한 역사적 '무리'無理들을 **구태여** 궁리하고 창작했던가 등의 문제에 대해서는 여기서 다루지 않겠다. 또 그러한 결과 어떠한 '헌정' 제도가 실제로 만들어졌는가는 더 이상 여기서 말할 필요도 없이 많은 훌륭한 제도사 연구들이 밝힌 바이다. 그러나 '제국헌법'과 '제국의회'라는, 본래적 의미로는 비헌법적인 '헌정' 제도의 경우에**조차** 그 창설자의 내측에는 틀림없이 '입국'의 창조적 측면에 대한 표현인 하나의 정신이 존재했다. 그 점을 놓쳐선 안 될 것이다. 우리의 '존경할 만한 적敵'은 거기에 있었으며, 우리에게 '적을 존경하는' 공정한 대립 정신을 알려 주는 **존재로서의** 한 가지 역사 또한 거기에 있었다. 아마 당시 이타가키 등도 어느 정도는 유사한 생각을 품고 있었음에 틀림없다.

그러나 '동방 미증유의 대시험'은 그 후 일본 헌정사의 전개로 볼 때 결코 성공한 것이라고는 할 수 없다. 동방 세계를 대표하지도 못했으며, '헌법의 세계'와의 긴장 또한 자취 없이 사라져 버려 자기 제도에 대한 자기만족으로 차츰 빠져 가고 있었다. 그럼에도 1910년의 이타가키는 '헌정 수립'을 유신 정신의 '성취'로서 축하하고 있다. 이미 그 경사스러운 말투 자체 속에, 긴장에 찬 헌정 운동 속에서 이루어졌던 어떤 역사적 경험의 소멸이 포함되어 있다. 하지만 그래도 아직 제도로서의 '헌정 수립'이 적어도 그 간판상 야당의 존재와 권력 '전복'의 가능성을 허락하는 제도였던 이상, 그것이 유신 이래 이루어진 개혁의 상징적 중심이었음에는 틀림없다. 그리고 반복하지만 그 중심적 개혁 면에서 '자유당'의 주도적 공적은 움직일 수 없는 사실이었다. 그러나 1910년의 이타가키는 그 '헌정 수립'을 중개로 삼아 러일전쟁의 승리에 대해서까지도 자유당의 역사적 공적을 무시할 수 없다고 주장하고 있다. 그 주장의 **옳고 그름** 자체는 지금 여기서 다룰 문제가 아니다. '헌정 수립'이 새로운 국민적 통합력을 낳아 국력의 결집을 가능케 한 점은 분명 충분히 사실로서 인정할 수 있다. 그러나 러일전쟁 이후의 정신사적 변동이 어떠한 것이었는지를 알고자 하는 지금 주목해야 할 건 이타가키의 주장이 사실과 들어맞는가 하는 문제 이전에, 그 주장의 **성질**이 어떠한 정신 태도와 가치를 바탕으로 하는가 하는 점이다. 한마디로 말하자. 이타가키가 『자유당사』의 「제언」을 통해 행한 유신의 정신적 상속권 주장이 여기서 이처럼 러일전쟁에서의 **공로功勞**에 대한 주장과 유착한 것이다. 과거 국회 개설 이전에는 틀림없는 유신의 계승자로서 동방사상 획기적인 '주권의 소재에 대한 싸움'을 전개했던 자가, 지금은 똑같은 유신의 적자嫡子라는 이름으로 러일전쟁 승리의 '공로상'을 요구하고 있다. 주권 논쟁에서 펼쳤던 그들의 주장이 실제로 실현되지는 않았지만, 유신개혁 정신은 거기서 충분한 형상을 획득했다. 하지만 지금 러일전쟁의 '공로상'을 요구할 때, 그 주장은 사실과정상 다소 적합한 부분이 있음에도 불구하고 유신개혁 정신의 구체적 표현물일 수는 없다. 현상에 대한 근본적인 비판 정신이 결여되어 있기 때문이다.


3


이렇게 해서 유신은 완전히 역사로 화했다. 자유민권도 이미 역사의 한 부분이 되고, 대외 독립을 향한 걸음도 이윽고 완전히 역사화되었다. '입국' 사업은 모두 끝났고 그 기존 과정에 대한 해석의 다름만이 남았다. 메이지 정치사회를 종단했던 '입국'을 둘러싼 정치적 싸움은 이미 현실의 싸움이기를 그치고, 지나간 과거의 현실을 어떻게 해석하느냐는 해석의 싸움으로 전화轉化했다. 『자유당사』는 그때 제작돼, '사'史라는 그 한 글자 속에 상징적인 의미를 품은 채 나타났던 것이다.

하지만 여기서 주의해야 할 점은, 그 역사 과정의 해석이 주로 '공로'의 유무대소를 사정査定하고 '영예'의 분배량을 판정하는 각도에서 행해졌다는 점이다. 그런 이상 그 해석의 경쟁 속에서는 불가피하게 '영예'의 현세적 원점이 발생한다. 경험적 역사 과정이 '권위'를 뽑아내기 위한 장소로 인식될 때 그로부터 **정치적** 신화가 태어난다. 상대적인 역사 과정을 질적 차별을 지닌 권위의 상하 관계로 환치하는 작위적 의식과 정치적 신화가 발생하는 것이다. 그로 인해 동적 과정은 정적 제도로, 현실의 싸움은 안정적인 권위의 체계로, 위아래의 가변적 관계는 식전式典마다 반복되며 보증되는 불후의 영예적 의례로, 그리고 진흙과 수치로 범벅된 경험은 영웅적 미담으로 전환된다. 운명에 대해 고독하게 격투를 벌이는 본래의 영웅 개념조차도 체계적인 조성에 의해 떠받들리는 '스타'로 변질된다. 여기서 사람들은 역사와 경험과 사회과정과 서사시의 본래적 모습을 잃고 허위의 역사, 경험, 과정, 이야기를 부여받게 된다. 사실 이미 메이지 20년대부터 유신 '공신'功臣에 대한 작위 수여와 은상에 의한 영전은 이어졌으며, 그에 대응해 그 '공신'들의 허풍스런 이야기들도 이어졌고, 대표적 잡지들 또한 '공신'을 위주로 하는 유신 이래의 역사로 편집의 중점을 옮겼으며, 그 과정에서 초상과 표창, '축사', 그 밖의 사적私的 훈장을 증정…… 하는 식이 되었다. 이를 상징하듯이 유신의 '원훈'元勳이라는 호명 또한 이 과정에서 확립되었다. 나라의 '처음'[元]에 존재한 중심인물을 의미하는 그 말은 중국 고대 이래로 '건국'의 공업자功業者를 가리키는 것이었다. 인위적이고 정치적인 개국신화는 여기에 군생했다. 사회와 자연의 창생신화와는

126

완전히 이질적인 것으로서.

다만 메이지 20년대 중반에는 '헌정 실시'에 수반된 '초기 의회'라는 '미증유'의 새로운 권력 상황 속에서 관방官房정치적 치술이 해체의 양상을 드러내고 그 조작 주체의 통일성을 잃었으며, 각 성省 대신들을 비롯한 개별적 권력자들의 자의에 의한 밀정과 기밀비의 남용, 지방관과 경찰관을 무턱대고 정치적으로 동원하는 행위들이 이어졌고 그런 가운데 "정부(에) 일정한 정도政圖 없이 관리官吏 사회는 사분오열되어" (이토 히로부미 서간), 대개의 민권파 정당들 역시 일단 '민력휴양'民力休養하에 모이게 되었음에도 불구하고 이윽고 지위와 권력과 이권이라는 새로운 매력 앞에서 우왕좌왕하며 정치사회가 "분란 마치 구름처럼, 실로 까마귀의 자웅을 알 수 없음과 같은 형세"가 되니 (무쓰 무네미쓰陸 奥宗光[14] 서간) 이노우에 고와시는 "일신의 말로末路 난마亂麻와 같다"고 보고 이토 히로부미는 "예사로운 일반 수단으로 치료할 병근이 아니"라고 각오를 다지는 등 메이지 정치사회의 파멸적 위기가 찾아온 까닭에, 그 대파탄을 뛰어넘고자 하는 이토 등의 권력 당사자들 사이에서는 공로에 취할 틈 따위 없이 오히려 지옥의 "고경苦境에 떨어지는"(마쓰카타 松方[15]를 향한 이토의 책임추구적 비아냥) 긴장이 있었다. 이토가 "국가의 대난 목전에 가로놓였으나 함께 이야기할 사람이 없음"(서간)을 한탄하며 고독한 권력자의 길을 걸을 수밖에 없었던 이유는 여기에 있었을 것이다. 권위를 향수享受하는 행복하고 무능한 '원훈'·'공신' 무리와, '원훈'의 위신에 대해 '메이지 정부 말로의 일전一戰'을 행하는 권력주체 간의

---

14  무쓰 무네미쓰陸奥宗光(1844~1897): 외교관, 정치가. 막부 말에는 출신지인 와카야마和歌山 번을 탈번하여 사카모토 료마의 가이엔타이海援隊에 들어갔다. 메이지 유신 후에는 이토 내각의 외상을 지냈다. 미일수호통상조약 개정 및 시모노세키 조약을 체결에 관여했다.

15  마쓰카타松方: 이토 히로부미와 대립했던 메이지~다이쇼 시대의 정치가 마쓰카타 마사요시松 方正義(1835~1924)를 가리킨다.

극단적 분해가 생겨나고 있었다. 그리고 그만큼 '유신'의 정치신화화도 완료되지 못했다. 그것이 완료되기 위해서는, 야당이 내건 반대 슬로건이 '민력휴양'에서 '대외강경'으로 이행한 것과 같이 청일전쟁 전에 존재했던 국내적 대립이 우향 변질되고, 전쟁 이후 국내 대립과 야당성이 소멸하는 거국일치 현상이 나타나고, 전쟁과 외교는 대외 긴장 쪽으로 심각하게 집중되는 단계적 과정을 거쳐서 최종적으로는 대외 관계에 쏠렸던 집중적 긴장이 러일전쟁의 종료로 말미암아 해제되는 지점에 이르러야 했다. 앞서 본 이타가키의 주장은 이러한 시점에 '공신' 무리와 같은 성질의 공로주의로써 번벌 집단에 대항하고자 한 것이었다. 단 그것이 개인의 공로를 주장하는 것이 아니었다는 데 다소간의 구원이 포함돼 있기는 하지만.

유신 이래의 역사를 역사적 과거로 의식하는 메이지 후반의 경향은 지금 말한 바와 같은 구조로 러일전쟁 후에 완성되었다. 그 결과 정치권력의 표면적 무대에서도 러일전쟁 이후 '유신의 원훈'이 직접 수상 자리에 올라 정권을 인수하는 일은 거의 없어졌다. 그들은 생생한 권력의 겉무대에서 모습을 감춤으로써 오히려 정치신화적으로 절대화된바, '원훈'은 이윽고 진짜 '원로'가 되어 은거한다. 이리하여 메이지 20년대부터 선구적 정론가들에 의해 문제시되어 온 '덴포天保[16]의 노인'은 무대에서 사라지고 세대 교체는 권력의 장에서도 완료되었다. 한 시대의 종언이 구체적 인간관계 속에까지 관철된 것이다. 세대교체라는 것의 의미는 시대의 변천이 인간의 변천으로—따라서 인격에 엉겨 붙은 경험이나 감각의 변화로—서 현전現前한다는 데 있다. 정권의 자리뿐만이 아니다. 군대에서도 공직에서도 회사에서도 농회에서도, 대략 국가

16  덴포天保: 에도 막부 말인 1830~1844년의 원호.

의 내실을 구성하는 모든 조직체에서 유신을 모르는 메이지생生 '기술자'가 중핵을 차지하게 되었으며 이렇게 '입국'의 시대는 끝나고 국가는 더 이상 혼돈 속에서 만들어 내야 할 어떤 것이 아니라 이미 선험적으로 주어져 있는 것이 되었다. 그것은 이미 만들어진 기성의 자동적 존재로, 그 내부에서 이루어지는 운용이나 부분적 수선만을 필요로 하는 물체에 불과했다. 만약 이를 긍정하지 않으면 그 바깥에서 압력을 가하거나 타도하거나 무시할 수밖에 없는 그런 물체. 여기서 국가에 대한 정신 태도가 이 내외의 양극으로 갈라지게 되는 조건이 발생했다. 내셔널리스트의 입장에서 더 이상 국가와의 긴장은 있을 수 없게 된 것이다. '입국 정신'은 여기에 운산무소雲散霧消한다. 「제언」에서 이타가키가 선명하게 지적했던 바, '창업의 역경'은 멀리 사라지고 '수성의 순경'이 찾아왔다는 것의 정신사적 의미는 실은 그것이었다.

이리하여 러일전쟁은 하나의 전환기를 완성하고 이어지는 권태기로 향하는 출발점이 되었다. 그것은 전쟁 자체의 성격 속에 대외 독립의 완성과 동시에 분명한 제국주의적 입장 확립이 겸비돼 있었다는 양의적 사실과도 대응하는 것이었다.


보주補註

이처럼 유신 이래의 역사 해석이 '유신'과 '원훈'을 정치신화적 존재로 만들어 가는 형태의 영전 위주로 짜여 가고 그와 대립하는 자까지도 공로의 분담분을 다투는 형태로 역사를 해석하고자 하던 상황에서, 그와는 반대로 유신을 역사적 상호 관계 속에서 파악해 역사 과정의 서술을 '경험'의 기술記述로 그려 냈던 '덴포의 노인'이 후쿠치 오치[17]였다. 그가 지은 『막부쇠망론』幕府衰亡論과 『막말정치가』幕末政治家가 어째서 걸작인가 하는 이유는 이 점에서 흥미로운 문제를 담고 있다. 그가 과거 막신이었다는 점이나 그가 지닌 문장가로서의 능력 등은 잠시 접어 두자. 그가 국회 개설 전에 품었던 경박한 야심, 그가 겪은 참담한 정치적 오류와 실패, 그리고 탈락 이후로 외로이 초라한 몰골이 된 가운데 결국 자신이 뜻하는 대로 실로 개운하게 천민과 극작가의 세계에 투신해(나아가 거기서 개량적 실천을 행하면서) 정치적 야심을 깨끗이 포기한 지점에서(게다가 정치적 비판을 포기하지 않고 그것을 풍자소설이라는 형태로 전개하며) 막부 말의 역사를 썼다는 점에, 그의 본격적 현대사 서술이 탄생할 수 있었던 근본 원인이 있을 것이다. 상하좌우·동서양에 전부 걸친 그의 풍부한 경험은 조금도 그의 현재적 영전 욕망이나 보신 지향에 의해 일그러지지 않는다. 그는 이미 '실패한 사람'(도야베 슌테이鳥谷部春汀)[18]인 것이다. 어떠한 상장도 재산도 더 이상 그에게는 없다. 굳이 그것을 다시 한 번 추구하려 하지도 않는다. 그의 역사적 의식에는 자의적 식역識閾을 설치하는 의식 속 차폐막이 이미 걷혀 있다. 시간적 경과로 인한 거리 감각이, 현상의 와중에선 볼 수 없었던 관련성을 보게 하고 공평한 관찰을 가능케 하는 시력을 준다. 권위를 조성하는 '미담' 대신 역사적 '경험'의 살아 있는 기술이 바로 거기서 태어난다. 인간의 역사가 상호주체적으로 그려지는 것이다.

하나의 시대가 끝났다는 것, 따라서 그것을 역사로 보는 것 말곤 '세계에 대한 정신의 응답'이 있을 수 없다는 것은 그때 거기서 움직일 수 없는 하나의 현실이었다. 문제는 그 상황에서 미네르바의 부엉이가 될

---

17  후쿠치 오치: 역사가 후쿠치 겐이치로福地源一郎를 말한다. 「쇼인의 정신사적 의미에 대한 한 가지 고찰」의  각주13(76쪽) 참조. 앞의 후쿠자와 유키치와 함께 '천하의 양대 북'이라 일컬어지는 인물이기도 했다.

18  도야베 슌테이鳥谷部春汀(1865~1908): 메이지 시대의 저널리스트. 특히 인물 평론 기사로 유명했다.

수 있을지, 아니면 현재의 '처방된 영예'에 취하려는 근성을 내부에 지닌 채 역사에 접할 것인지 여부다. 전자의 태도로 역사적 경험을 밝히는 일은 과거로의 도피 따위가 아니다. 그렇기는커녕 만약 장래에 창조적 시대가 올 경우 그때의 정신적 출발점이 될 기초가 만들어지는 '열린 세계'가 그곳에 있다. 뿐만 아니라 '작품'을 통해 이루어지는, 지배적 현상에 대한 근본적 비평이 거기 있다. 추상적인 유신의 신화화나 '공신' 떠받들기는 후자의 태도에서 발생한다. 후쿠치는 그와 절연하고 전자의 세계에 접근하는 길을 택함으로써 과거 자신이 행한 잘못의 마이너스를 마지막 십여 년을 통해 충분 이상으로 보상할 수 있었다. 과거의 정치적 마이너스를 진리 앞에 상쇄하고도 남는 작업을 행한 것이다. 불우와 악평과 빈궁이라는 대가를 지불하면서. 이것은 무척 선명한 역전향逆轉向이라 불러야 할 것이다. '덴포의 노인'은 이렇게 해서 정신사적으로 양극분해되었다. 단 그 일극이 예외적 소수에 한정되어 있었던 점에 일본 메이지사史의 불행이 있었다. 나카에 조민中江兆民[19]은 그 소수파에 속하는 한 명이다.

여기서 다시 한 번, 본문에서 말한 후쿠자와의 지적 소피스트성과 만년의 오치가 보인 댄디즘 사이에 일종의 대응성이 있다는 점에 주의해 두고자 한다. 후쿠자와에게 자유로운 정신에 의한 다각적 고찰과 그로 인한 상황 초월성이 있었다면, 다소 지나치게 경솔한 성향이 있다곤 해도 오치에게는 댄디가 지니는 정치적 단념斷念의 힘—변질된 새로운 상황 속에서 언제까지고 세력을 이어 가고자 하는 천박함으로부터 뛰어올라, 값비싼 대가를 지불하면서까지 자기를 해방하는 미적 정신의 도약

---

19  나카에 조민中江兆民(1847~1901): 사상가. 프랑스 유학 후 『동양자유신문』東洋自由新聞을 창간하고 주필로서 메이지 정부를 공격하며 자유민권운동의 이론적 지도자가 되었다. 루소의 『사회계약설』을 일본어로 번역하기도 했다.

력―이 있다. 이것은 감히 '중력을 부정'해 보이고자 하는 서커스의 익살꾼과도 닮아 있는데, 여기엔 변질하는 역사적 상황 속을 살아가면서 계속 보편적 가치를 추구해 가기 위해 필요한 어떤 힘이, **어느 정도나마** 숨겨져 있다. 밑바닥 상황 속에서 '유인'遊人 후쿠치는 종국에는 그 유인적 댄디즘으로부터 상황에 대한 대항 균형(카운터밸런스) 감각과 비용에 관한 각오, 보편적 정신에 대한 결의를 추출해 낸 것이었다. 덧붙이는 김에 말하면 조민의 풍자가적 성질 속에도 그 감각과 그 각오와 그 결의가 훨씬 더 굵직한 강의剛毅함의 형태로 포함돼 있었다. 그리고 이는 '백작' 이타가키 다이스케에게는 완전히 결여되어 있는 것들이었다. ―그가 과거 한 번은 작위 수여를 거부하고자 했음에도 불구하고, 그조차도 감각과 의지의 내실로 보면 단상적壇上的인 것이었다.

한 시대가 끝을 맞이해 변질되는 역사적 상황이 찾아왔을 때, 거기서 보편적 가치를 향해 정신적인 작업을 행하는 자가 이 세상의 세력이나 영전·은상, 즉 상황에 대해 어떠한 태도를 지녀야 하는가 하는 문제는 이때 이미 어느 정도의 역사적 검증을 끝냈다. 하지만 그것은 우리가 주의 깊게 촉각을 작동시키지 않는 이상 눈에 띄기 어려운 역사의 지하수도에서 행해진 검증인지도 모른다. 의식화儀式化에 따른 미사여구로 감싸인 역사적 변질의 시대에, 정신의 시험장은 지하 깊숙한 곳에 있다.


4


현재의 상태와 이상적 모습 사이의 균열을 내실로 삼고 있던 국가에 대한 긴장이 내셔널리스트의 내부로부터 소멸해 버린 경우, 그들의 국가상像은 어떤 것이 되는가. 이를 단적으로 보여 주는 것으로 다시 한 번

이타가키가 쓴 「제언」의 인용 부분으로 돌아가 보자. 청일·러일의 승전에 대한 '공로상'을 요구한 뒤, 일본의 미래에 대해 그는 어떤 식으로 말했을까. 글은 "우리 국민은 아직 이로써 만족해서는 안 되며 (…) 따라서 오늘 이후 (…) 거국일치 (…) 밖으로는 세계에서 자웅을 다투는 길을 강구해야 한다"는 것으로 이어지며, 마지막으로 "국운의 융창, 천양과 함께 끝이 없으리"라면서 맺어지고 있다. 중간에 '(…)'로 생략한 부분 중에는 분명 '국민 생활의 안고'라든가 자유당이 가진 '주의의 발전'이라든가 '정치 개혁'이나 '사회 개혁'이란 말들이 끼어 있긴 하다. 그러나 그것들은 결국 문맥상 전자의 계열에 봉사하게 되는 것이다.

그리하여 우리는 한번 읽어 보는 것만으로도 이 문장에 넘쳐 나는 국가중시적 감각에 질려 버릴 것이다. 또한 '국운의 융창, 천양과 함께 끝이 없으리'라는 마무리에 대해서는 그것이 아무리 끝맺을 때의 의례적 인사말에 불과한 것이라 해도 이타가키가 정말로 현재 상태의 국가가 지구와 함께 장명長命하고 우주와 함께 영원하기를 빌고 있는 것인가 하는 반감이 끓어오르게 된다. 거기서 엿보이는 천황가의 강림'칙어'降臨勅語와 유사한 용어법 또한 그 반감을 촉진한다.

분명 이타가키가 이 문구에서 '천황 만세'라 하고 있는 건 아니다. 그는 '일본국 만세'라고 말하고 있는 것이다. 그러나 '국운의 융창, 천양과 함께 끝이 없으리'라는 문구는 과연 그것이 지시하는 의미인 '일본국 만세'와 완전히 등가일까? '일본국은 만세萬歲하리'라고 말하는 경우와 비교해 보면 그 차이는 분명해질 것이다. '일본국은 만세하리' 쪽은 간소하며 따라서 단적이며 결어 의례로서 비교적 좀 더 조신하다. 따라서 그것은 유신 이래 존재해 온 약소국의 자각과도 양립할 수 있는 결어일 것이다. 그에 비해 이타가키의 이 구절은 극단적으로 과장된 곡절로써 읊어진다. '고쿠운노류ー쇼ー'国運の隆昌(국운의 융창), '덴조ー토토모니'天壌と共に(천양과 함께), '기와마리나카란'極りなからん(끝이 없으리)

이라는 세 프레이즈의 억양과 선율은 크게 파도치듯 만들어져 있다. 그리고 그렇게 문장으로 읊은 '만세천추악'萬歲千秋樂의 어휘로서 '천양'과 '무궁'과 '융창' 같은 말이 채용된 것이다. 만약 과장해서 칭송하는 게 아닌 간소하고 조신한 걸어를 바랐더라면 이러한 어휘는 선택되지 않았을 것이다. 이처럼 어휘와 어투는 내면적으로 서로 견련牽連하는 관계를 가지며, 또한 그 견련 관계 속에 작자와 화자가 품은 의욕의 양상이 함축이 되어 내포돼 있다. 여기서 이타가키가 의욕한 바는 의심할 것 없이, 형식적으로는 '천양무궁의 신칙神勅'에 답하는 송가頌歌와 유사한 '만세악'萬歲樂이었으며, 신판 '메이지 국가 신칙'이었다.

그렇기에 이는 결코 단순한 표현상의 의욕으로만 한정해 버릴 수 없다. 문체상의 취향이라고만 국한해 버릴 수 없는 것이다. 실제로 그 표현상의 취향은 이 결구의 바로 앞부분에서 그가 전개한 바람과 서로 연결되어 하나의 의미적 힘점을 조형하고 있지 않나. 거기서 그는 금후의 일본이 '거국일치'하여 '밖으로는 세계에서 자웅을 다투'게 되기를 바라고 있다. 국내적으로는 개혁지향적이면서 국제적으로는 국가주의적인 자유민권파의 사상적 특징이 반영된 표현으로만 이를 해석해서는 불충분하다. 왜냐하면 여기에 구체적 '국제'國際는 하나도 없기 때문이다. 있는 것이라곤 두루뭉수리한 세계로의 팽창 의욕뿐이다. 그 점에서 결구의 만세악과 꼭 일치한다. '국운의 융창'이 '천양과 함께' 우주적 규모에서 무궁한 것이 되어야 할 일이라면, 구체적인 타국들과의 구체적 관계 문제는 손쉽게 도외시되게 된다. 이처럼 축사적인 송가는 구체적 국제 관계에 대한 고찰을 결여한 추상적 팽창욕으로서의 일본적 제국주의와 결합된다. 20세기적 세계의 개막에 과거 자유당 총리 이타가키 다이스케가 제출한 '기대되는 일본상像'은 그런 것이었다. 구체적 상황과의 대결이 갖는 긴장이나 빈틈없는 주의 집중은 존재하지 않는다. 자국의 약소성에 대한 입국자立國者의 엄격한 자각은 소실되었다.

뿐만 아니라 하나의 세계제국이 되기 위해서라도 필수적일, 지배자로서의 구체적 고량考量조차 완전히 결여되어 있다. '제언'이라는 추상적인 표현 탓이 아니다. 추상이라는 집약된 구체성은 그 결어 의례 속 어디에도 없다. 국가상像─국가에 대한 '패러다임'이라 말하고 싶다면 그래도 좋다─ 그 자체가 구체적인 규정과 한정을 완전히 잃고 단지 추상적인 욕구로 화해 있는 것이다.

이렇게 보면 메이지 30년대 이래 출현한 '국체론'이라는 것도 사실 그 실체는 국가에 대한 일본 사회의 정신이 입국기立國期의 구체성을 잃고 추상적 욕망으로 해체돼 버린 데서 생겨난 것이라는 점을 알 수 있다. 이타가키가 국체론자가 아니라 분해소멸돼 가는 입국주의자였기 때문에야말로, 그의 발언 속에서 '국체론'적 사고와 이어지는 어떤 한 줄기가 발견된다는 점은 오히려 국가의 팽창을 추상적으로 욕구하는 정신 태도가 출현하게 된 역사적 상황을 여실히 보여 준다. 일본이라는 나라를 선험적으로 특별시하는 '국체론'은 메이지 유신의 연속선상에 태어난 것이 아니라 도리어 유신의 종언 결과이며 입국 정신 해체의 소산인 것이다. 분명 '신주神州'나 '황국皇國'이라는 호명이 유신 시에도 활발히 쓰이기는 했다. 그리고 그러한 호명 관습이 있었기 때문에 그것을 하나의 조건으로 삼아 '국체론'이라는 게 출현할 수 있었던 것도 맞다. 그렇지만 유신 전후에 그러한 호명들은 결코 일본 국체의 선험적 보증물로서 유통된 것이 아니었다. 어떤 소망─즉 쉽사리 열강의 예속국이 되지 않기를 바라는 소망─을 품은 예축豫祝적인 의미로 사용된 건 틀림없으나, 그러나 또한 그 때문에 그 소망의 실현이 자동적 성장을 통해 이루어질 수 없다는 점 역시 자각되고 있었다. 경험적으로 주어진 조건 속에서 어떻게 '건국'해 나가야 할지, 즉 자기들이 하는 경험적 행위의 성패 여하에 모든 것이 달려 있다는 점을 제대로 분별한 바탕 위에서 '신주'나 '황국' 같은 호명을 사용했던 것이다.

이러한 사정은 물론 유신 초기만의 일이 아니었다. 계속된 내란의 시대—일부 역사학자들이 '사족土族 반란'이라 부르는 사건이 중심이 된 시대—에도, 주권의 소재를 다투던 운동의 시대—주지하듯 '자유민권운동'이 핵이 되던 시대—에도, 그리고 앞절에서 언급했듯이 국내 제도의 확립과 함께 돌연히 표면화된 혼돈의 시대—'초기 의회' 시기 등으로 불리는, 관官과 민民 그리고 관민 대립 그 자체조차 모두 혼돈으로 돌아간 시대—에도, 나아가 대외 침략과의 복합으로써 최초로 대외 독립을 부동의 것으로 확립하게 된 전쟁의 시대—이른바 '청일·러일전쟁'의 시대—에도, 전면적 붕괴를 품은 위기의 상황을 목전에 두고 어떻게 이를 극복할지가 '입국'의 중심 문제로서 추구되었다. '신주'나 '황국'이라는 선험적인 말들이 사고와 행위의 중심을 짊어진 것은 아니었다. 유신 초반에는 '천하의 와해'나 '토붕土崩의 추세' 같은 말이 기도木戸[20]나 오쿠보大久保[21] 등의 편지 속에 여러 차례 등장한다는 점에서도 알 수 있듯이 '와해'·'토붕'이란 말에서 보이는 구체적 상황에 대한 위기의식이 스테이츠맨의 흉중 심芯을 이루고 있었으며, 이어지는 내란의 시대에는 '전복'顚覆의 위험이라는 불안이 그들 내부에서 소용돌이의 중심이었다. 운동의 시대에도 사태는 마찬가지였다. 무엇보다 그 당시엔 '주권 논쟁'이 공공연하게 펼쳐져 있었다. 그리하여 국내 체제가 겨우 정비된 순간, 앞서 본 것처럼 '일신의 말로'라는 말이 건국가들의 머릿속에 자리를 잡게 되는 혼돈의 시대가 찾아온 것이다. 드디어 이

<hr>

20  기도木戸: 정치가로서 유신 삼걸三傑의 한 명으로 꼽히는 기도 다카요시木戸孝允(1833~1877)를 말한다. 요시다 쇼인에게 사사하여 토막討幕지사로 활약했다. 메이지 유신 후에는 5개조 서약문을 기초하였고 판적봉환版籍奉還·폐번치현廢藩置縣 등에 진력했다. 정한론과 대만 정벌에 반대했다.
21  오쿠보大久保: 메이지 시대의 정치가인 오쿠보 도시미치大久保利通(1830~1878)를 가리킨다. 토막파의 중심 인물로 삿초 동맹을 추진했다. 사이고 다카모리 등의 정한론에 반대했으며, 메이지 정부의 지도적 역할을 맡았다.

한 몸 끝나게 되는 것인가, 하는 말로末路 감각이 입국의 사업가들을 지배했다. 나아가 그 후 이어지는 전쟁의 시대에는, 자국의 약소성에 대해 기가 질릴 만큼 똑바로 인식하면서 모든 신경을 쏟아 좌우 강대국 무리의 움직임을 주의 깊게 읽어 내고, 그 열강들의 움직임이 어긋나거나 대립해 그 힘들이 서로 상쇄되는 국제 권력의 진공상태가 동아시아에 출현하는 그 일순간을 노려, 거기에 소국 일본의 모든 힘을 한꺼번에 투입함으로써 스스로 열강의 일각에 잠입하고자 하는 전략전술 사고가 입국의 정치가들의 정신구조적 골조를 이루었다.[1] 그 경우 그 사고의 열쇠를 이루는 말과 물음이란 '형세'가 어떠한지, '일분一分의 득'이 걸려 있는 '일분의 싸움'의 장이 어디에 있는지, 화전和戰 미정 상태의 '방황'이 야기하는 위험의 정도는 얼마나 큰 것인지, 어떻게 해야 '전체의 파멸'을 피할 수 있는지…… 그러한 종류의 것이었다. '형세'의 강한 제박력, 불不결단과 결단이 함께 내포하는 커다란 위험성 등에 대한 예민한 지각이 거기엔 충분 이상으로 작동하고 있었다.

이러한 '천하의 와해'와 '전복'과 '말로'와 '파멸'의 위험 속에서 '일분의 싸움'을 한 걸음씩 과단적果斷的으로 행해 가는 전략전술적 사고는, 막말·유신의 동란 속에서 다원적 번국藩國이 서로 교착하던 '천하'를 움직이고자 최대한의 사려를 짜내던 때부터 입국 사업가들이 몸에 익혀 온 능력이었을 것이다. 막말 당시 일본이라는 '천하'는 모형적인 완구성을 감안하더라도 분명 하나의 국제사회였다. 변란이 끊이지 않는 권력 상황을 띤 국제사회였다. 그 경우 모형적으로 작은 크기는 오히려 힘들의 소용돌이 모양을 미세하게 보여 주는 좋은 조건이기도 했다. 그러한 의미에서 일본이라는 '천하'는 국제적 권력 상황의 '실험실' 역할을 했던 것이다. 어떤 면에서는 작은 '실험실'에 지나지 않는 것이었으나, 해류의 무시무시한 소용돌이 원리를 수세식 변소를 통해 안온하게 바라보는 것과는 달리 실험자 자신이 '횡의橫議·횡행橫行'하며 지극히 작은 세력을 가지고 그 '국제적' 권력 상황을 움직여야만 하는 재시험 불가능한 시험장이었기에, '보는' 것과 '움직이는' 것, '움직이지 않는' 것과 '움직이게 하는' 것, '움직여지는' 것들이 여기선 직접적으로 이어져 있었다. 관찰과 행동, 행동 정지와 능동·수동이 일련의 것으로 보일 때, 자기 자신 또한 다른 요소나 조건들과 마찬가지로 하나의 함수로 볼 수 있는 보편적 정신이 성립한다. '횡의·횡행'이라는 유신의 원리를 정치적 사고형식 면에서 보자면 그것은 이러한 보편적 정신으로 뒷받침되는 전략전술의 사고였다. 그리고 막말·유신의 훈련 속에서 몸에 익힌 전략전술의 사고형식이 한층 더 무거운 훈련을 거치면서, 스테이츠맨들의 내부에서 러일전쟁까지 이어졌던 것이다.

그러나 앞의 기술로도 알 수 있듯이 메이지 20년대 전반까지는 일본 국내 자체가 '적 세력'과 '중립 세력'과 '아군 세력'이 서로 교착하는 하나의 국제사회였기 때문에 당시의 전략전술적 사고 또한 외국만이 아니라 모든 보편적 상황을 대상으로 작동하는 것이어야 했던 것에 비해, 청일전쟁 직전부터의 일본은 지극히 일부를 제외한 거의 모든 반대파를 '대외 강경'이란 형태로 변화시키고 이어 거국일치 상태를 만들어 버렸기 때문에, 전략전술적 사고는 점차 이전의 보편성을 잃고 주된 대결 감각을 오로지 외국을 향해 쏟게 되었다. 국내적으로는 무대립 상태를 오히려 정상으로 여기게 될 정도로 전략전술 정신―상황과 대결하는 정신―을 축소시켜 버린 것이다. 앞절에서 말한 '원훈'들의 축사적祝辭的 행동양식 출현도 물론 이러한 전략전술적 사고에서 이루어진 보편성 상실의 또 한 가지 표현이었으며(국내적으로 그들은 더 이상 반대자나 모든 상황들에 의해 '움직여지는' 대상이 아니었기에 반대자 등에 대해 평등한 대립감을 가질 필요도 없어져 버렸고, 오로지 권위 있는 복장과 권위 있는 발언 방식에만 신경 쓰면 되었다), 이른바 '국체론'이라는 것도 이러한 상황, 즉 국내 사회를 무대립 사회로 생각하려는 이데올로기적 욕구로부터 태어났던 것이다.

이렇게 메이지 20년대 중반 이래로는 유신에서 비롯한 전략전술의 사고형식에서 보편성이 탈락하고 그 적용 영역을 국외 세계에만 기울이고자 하는 경향이 생겨나기는 했지만, 그래도 아직 대외 독립의 확립이라는 목표가 살아 있던 러일전쟁까진 어쨌든 목표와 현상 사이에 작용하는 긴장이 모든 영역에 잔존해 있어 그 시대의 정신 구조에 활력을 부여했다. 근본적인 오해를 피하기 위해 언급해 두겠으나 그 정신적 활력은 결코 적국에 대한 전쟁 기분의 '충만한 의욕' 따위를 가리키는 게 아니다. 도리어 그 정반대를 의미한다. 예를 들면 '즉시개전론자'와 대립하던 이토의 '연약한 태도' 속에 포함된 국제 상황에 대한 필사적 독해의 태도, 나아가서는 '봉천회전'奉天會戰[22] 후에 야마가타山形[23]가 더이상 전쟁을 계속하는 건 '불리'하다고 판정했을 때 그 판정이 품고 있던 고통스런 공평함, 혹은 가쓰라桂[24]조차 시종 품고 있었던 '병력의 한도'와 '경비조달의 곤란'에 대한 안절부절 불안한 자각…… 그러한데 일관되어 있는 자국의 약함과 적의 강함에 대한 인식, 나아가 주위를 둘러싼 외국의 착종錯綜하는 이해와 호오에 대한 판독의 철저함, 그것들이 이 시대의 정신적 활력의 실질이었다. 그리고 바로 그런 것들이 있었기 때문에 사실상의 '무승부'를 외관상의 '승리'로 전환시키는 승부사의 속임수 또한 가능했다. 흔히 말하는 '러일전쟁의 승리'라는 건 실은 그러한 것이며, 또한 그렇게 해서 '달성'된 것이었다.

22  봉천회전奉天會戰: 1905년 3월에 행해진 러일전쟁 최후의 대규모 육상전.
23  야마가타山県: 메이지 시대의 군인이자 정치가인 야마가타 아리토모山県有朋(1838~1922)를 말한다. 요시다 쇼인에게 사사해 막말의 동란에서 활약한 뒤, 유신 후 군제 확립을 실시했고 청일전쟁을 지도했으며 러일전쟁을 승리로 이끌어 공작 작위를 받았다. 두 차례에 걸쳐 총리를 역임했고 이토 히로부미 사후에는 군사·정치의 절대적 권력을 쥐고 원로 정치를 시행했다.
24  가쓰라桂: 군인이자 정치가인 가쓰라 다로桂太郎(1847~1913)를 가리킨다. 육군에 독일식 병제를 도입했으며 세 차례 수상을 역임했고 영일동맹, 러일전쟁, 조선 병탄을 단행한 인물로서, 1910년의 대역大逆사건을 비롯한 일본 국내의 사회운동을 탄압하기도 했다.

그러나 이 절의 초반에서 살펴본 이타가키의 '나라 찬양' 찬가에서는 그러한 '승리'의 외관과 겨우 얻어 낸 '비김'의 실질 사이에 작용했던 긴장이 사라져 버렸다. 승부사의 모든 능력을 구사했던 그 속임수 승리에 대한 자각조차도 없다. '국운의 융창'이 방자한 가성歌聲이 되어 끝나고 있는 것이다. '유신 정신'은 그렇게 종적도 없이 운산무소했다. 유신의 당사자, 그 장본인의 내부에서 말이다. 역사적 변질은 이렇게 해서 정신의 세계에 찾아온다.

1 ── 서구 열강들의 힘이 상호 충돌해 힘의 진공상태가 만들어지기를 기다려서 소국 일본이 일격의 전력을 가한다는 메이지 이래 일본의 전략전술을 선명하게 지적한 건 노먼E. H. Norman의 『일본에서의 근대국가 성립』이었다. 단 그는 그것을 메이지 이후까지도 일관되는 하나의 특징으로 뭉뚱그려 파악했고 또 대외 관계에 한정된 것으로만 보았지만, 이 소론의 입장에서 보면 그 전략전술의 사고방식 자체 안에 본질적으로 상이한 2단계(혹은 3단계)가 존재하게 된다. 즉 자기 자신 또한 일개의 함수로 보는 보편적 시각을 포함하는 경우와, 자기의 특수한 이익을 무조건 전제로 삼는 자기중심적 사고가 된 경우.(혹은 그 자기중심주의가 타자와의 관계를 잃고 완전한 추상적 욕망으로 퇴행한 경우도.)

# 이치무라 히로마사市村弘正의
# 「도시의 변두리」에 대해

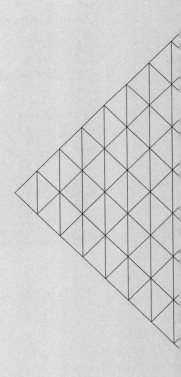

**에도의 거리 풍경**
큰길가의 건물 뒤쪽으로는 우라다나裏店들이 이어져 있었다.

이 글은 일본에디터스쿨출판부日本エディタースクール出版部에서 발행한 『에디터』エディター 1979년 2월호에
처음 실렸다.

1

저명하신 분들의 '시평'이 놓치고 있는 최근의 결작 하나를 소개하고자
한다.

『전통과 현대』라는 잡지를 나는 잘 모른다. 특별히 잘 알고 싶다고
생각하지도 않는다. 그러나 우연히 작년 1978년 11월호에 실린 이치
무라 히로마사[1]의 「도시의 변두리(周緣)」라는 논문을 일독하고는 놀랐
다. 몇 가지 난점—이라 내게는 생각되는—이 있다고는 해도 어쨌든
그건 틀림없이 결작이었다. 표면적 도시론이 근 10년간 유행하곤 있지
만 이처럼 도시 사회 문화의 심층에 들어서서, 그것도 고작 몇 십 장짜
리 짧은 역사적 해석 속에 간결한 응집도로 결정화한 것은 단 하나도
없었다. 솔직히 말하자면 나 또한 이와 가까운 각도에서 논의를 펼치려
고 몰래 약간의 준비를 해 왔는데, 조금 과장해서 말하자면 모자를 벗
고 경의를 표하고픈 허탈감과 함께 동지를 얻었다는 흔희작약欣喜雀躍
의 느낌을 받았다. 즉 조금은 아쉬우며 또 그만큼 크게 기뻤던 것이다.
그리고 이러한 경우에는, 과거에 다소나마 실적을 가진 연장자가 견마
犬馬의 수고를 맡는 것이 데모크라트democrat 된 자의 예의라고 생각한
다. 부족하나마 기꺼이 소개하는 수고를 맡고자 하는 연유다.

그 잡지의 11월호에는 몇몇 유명인들이 얼굴을 내밀고 있었지만,
문장의 긴밀도, 주제의 선명도와 일관성, 증명 자료의 풍부함, 그리고
인용문의 적확성 등 어떤 차원에서 비교해 봐도 이치무라 히로마사의
문장이 압도적으로 빛났다. 하지만 예를 들어 『요미우리신문』「논단시

---

1 　이치무라 히로마사市村弘正(1945~ ): 사상가이자 사상사 연구자. 사상사와 사회철학을 전공했
고 현대 사회 문화의 변질에 대한 해독을 주로 고찰해 왔다. 2003년부터 호세이法政대학 법학부 교수
로 재직하고 있다. 2010년 헤이본샤平凡社에서 출판된 『후지타 쇼조 셀렉션』藤田省三セレクション에
는 후지타의 저작에 대한 이치무라 히로마사의 상세한 해설이 실려 있다.

평」의 필자는, 그 잡지의 같은 호를 다루면서도 이 걸작은 안중에도 없이 시종일관 잘 팔리는 작가의 잡담을 절찬하고 있었던 것이다. 그러나 그것은 뭐 정말로 어쨌든 상관없다. 그들이 하는 일이란 그런 것인 게다. 생각해 봐야 할 문제는 이치무라 히로마사의 이 훌륭한 논문 속에 있다.


2


'도시'를 모형 세공으로 조립할 수 있는 것이라 보는 생각과는 달리 인간의 생활양식과 행동양식에 관한 것으로 고찰하는 시각은 일본에서도 오규 소라이荻生徂徠[2] 이래 몇 사람의 기술記述 방식 속에 이미 어느 정도까지는 구체화되어 있었는데, 이 이치무라 히로마사의 작업 또한 아마 넓은 의미에서는 이 계열에 속할 것이다. 그러나 그의 작업은 단순히 그 계열에 속할 뿐 아니라 그러한 과거의 기술들 가운데 몇 가지를 음식물로 소화하면서(소라이가 포함되지 않은 것은 유감이지만), 도시 사회의 외연부에 축적된 '유입자'의 문화형식이 시대 국면의 변천에 대응해 어떻게 방향 지어졌는가를 다각적 카메라 앵글을 사용해 비춰 내고자 한다는 점에서 지극히 현대적인 입체성을 지니며, 그러한 의미에서 새로운 시점과 새로운 기술 방법을 제출하고 있다. 그 결정체와도 같은 입체적 서술의 한 면 한 면이 하나의 역사적 과정이 지닌 각 국면별 추이

---

2    오규 소라이荻生徂徠(1666~1728): 에도 중기의 유학자. 기존의 주자학적 관점을 거부하고 도덕과 정치를 분리해 사고한 학적 태도로 당대와 이후 일본에 많은 영향을 끼쳤다. 특히 마루야마 마사오는 『일본 정치사상사 연구』에서 일본에서의 상품화폐경제 진전과 사무라이 계층의 도시화를 오규 소라이의 개혁책과 연관지어 설명하는 등 그를 일본 근대·정치의 시작을 상징하는 인물로 평한 바 있다.

의 모습을 하고 있는 점도 매력적이다. 공간적 국면의 차이가 시간적인 역사 변천과 관련되는 만큼 거기서는 전체성의 감각이 흘러 넘치게 되기 때문이다.

처음부터 이렇게 이치무라의 논문에서 멋대로 뽑아낸 엑기스에 대해, 그것도 확대경을 통한 이야기 방식을 취하는 건 다소 지나치게 추상적이라 독자들에게 폐가 될 것이다. 세상의 습관이란 모조리 무시해선 안 되는 법이다. 우선은 구체적인 소개를 하겠다. 그리고 평가와 비평은 기회가 닿는 대로 그 속에 섞어 넣고자 한다.

이 논문은 '도시로 가면 어떻게든 되겠지'라며 도시 **변방**으로 물밀듯이 몰려온 세민군細民群의 생활과 정신을 축으로 삼아 도시 사회의 정신사적 전기를 쓰고자 하면서, 에도 사회가 이윽고 말기적 증상을 보이게 된 분카文化(1804~1818), 분세이文政(1818~1830), 덴포天保(1830~1844) 시대 도시 외연부의 양상을 상징적 요약성을 통해 서술하는 데서 출발한다. 그 출발점은 현대에 지극히 시사적이다. 하나의 시대, 하나의 사회가 내부적으로 붕괴 양상을 띠는 시기에 그 붕괴의 아픔을 온전히 뒤집어쓴 사람들의 무리, 즉 도시 외연부에 흘러 들어온 '곤궁인'의 생활양식과 정신형식을 **物**적 주거 즉 '우라다나'裏店[3]의 구조와 함께 그려 내는 일은, 그 자체로 선명할 뿐만 아니라, 또 하나의 붕괴기 속에 놓여 있는 현대 도시의 외연부에 들어선 간이 숙박소나 사설 목조 아파트군과 즉각 비교해 보게 될 정도로 상징성을 지니고 있기 때문이다. 제1장의 제목이 '우라다나'라는 점도 단지 그 세련된 센스 때문만이 아니라 생활양식을 포함한 사상사를 그리고자 하는 이라면 어떠한 시각을 지녀야 하는지를 적확하게 보여 주기 때문에 지극히 상

---

3　우라다나裏店: 뒷골목의 초라한 집. 에도 시대에 도시의 대로에 접해 지어진 오모테다나表店의 뒤편에 선 건물들로 주로 셋집으로 쓰였다.

징적이다. 이러한 상징성은 그 서술을 뒷받침하기 위해 인용된 재료의 선택 방식 속에서도 나타난다. 인용된 책은 두 권뿐이다. 무양은사武陽隱士의 『세사견문록』世事見聞錄[4]과 데라카도 세이켄寺門靜軒의 『에도번창기』江戶繁昌記[5]다. 이 경우 우리는 이치무라 씨가 이 두 권의 책밖에 읽지 않았다는 식으로 표면적인 비판을 해서는 안 된다. 특히나, 모든 경우에 모든 독서 목록을 개진하며 뽐내는 풍습을 지닌 아카데미션은 어리석게도 그런 경솔한 즉단을 내리기 쉬운데—그리하여 그런 풍습의 영향 속에서 우리 일반 독자들도 점차 독해력을 잃고, 툭하면 문자의 외양만으로 현대 일본의 재판관처럼 심판하기 쉬워지고 있으나—, 만약 문장 한 줄 한 줄 속에 감싸인 함의의 깊이를 읽어 내 보면, 이 논문의 해당 장에는 인용된 두 권의 대표 서적 외에도 전전戰前의 에도 사회 연구가를 비롯해 최근의 전문 사학자에 이르는 여러 연구들에 대해 착실한 취사선택이 이루어지고 있다. 이를 바탕으로, 서술을 생생하고도 동시대적으로 뒷받침해 주는 가세이化政[6] · 덴포 당시의 대표적 저서 두 권이 채용된 것이다. 그러한 억제를 무지로 오인하는 자가 있다면 이는 '읽는 법을 모르는' 구제 불능이라고밖에 할 수 없다. 인용의 방식이라는 건 그 정도로 중요한 의미를 품고 있으며, 인용의 선택에 작용하는 '지식 늘어놓기'에 대한 억제야말로 서술의 상징적 요약성을 보증한다. 이 논문의 제1장 '우라다나'의 경우 나는 이와 관련해서는 거의 덧붙일 점이 없을 정도라 생각한다. '우라다나' 세계의 실태에 대해서는 데라

---

4    『세사견문록』世事見聞錄은 분카文化 13년(1816) 저술된 에도 시대 후기의 수필로 간세이寬政 개혁 전후의 각 계층에 대해 서술한 경세서적 성격을 띠고 있다. 작자는 에도에 살았던 무양은사라고만 전하고 어떤 이인지는 미상이다.
5    『에도번창기』江戶繁昌記: 데라카도 세이켄(1796~1868)이 지어 덴포 3~7년(1832~1836) 간행한 기록서. 환락가나 스모, 극장 등 에도의 풍속과 번영을 자세히 그려 냈고 특히 무사, 승려, 유학자의 생태를 날카롭게 풍자했다.
6    가세이化政: 위의 분카文化와 분세이文政 연간을 함께 이르는 말. 즉 1804~1830년.

카도 세이켄으로부터의 인용이, 그리고 '우라다나' 세계가 지닌 정치사회적 의미에 대해서는 『세사견문록』으로부터의 인용이 각각 서술에 생기를 부여하며 양자의 조합법 또한 적절하다. 가세이나 덴포 같은 원호 단위에 따른 산별 없이, 양자의 대표적 기록을 뭉뚱그려 각각에 **꼭 들어맞는** 역할을 이 두 권에 할당함으로써 통합적인 입체성을 확보한 것이다. 어떤 식으로일까? 우선 '우라다나'의 실태는 이렇게 그려지고 있다.

'우라다나'의 한 구석에 막부의 자혜로운 구휼책과 검약령을 설교하며 돌아다니는 중이 나타나자, 얇은 벽 한 장을 사이에 둔 그 이웃에서 이에 반발하는 냉랭한 목소리가 들려온다. '들어와서는 죽을 홀짝대고 나가서는 시칸芝翫(우타에몬歌右衛門)[7]을 흥청거리는' 게 우리네 사는 방식이지 뭐가 웃어르신의 은혜고 뭐가 '검약해라 검약해'냐며 댄디즘을 피로하는 한빈한 세민이 있는가 하면, '경기가 좋으니 이 정도면 검교檢校[8]가 되는 날도 머지않았다'며 '익살'을 부리는 두 사람의 안마사가 있다. 이치무라 씨가 뽑은 이 안마사의 익살이 가세이 시기 천 냥 값에 매관되었다던 검교 제도에 대한 통렬한 풍자를 담고 있다는 것을 주제넘지만 여기서 보충해도 좋을 것이다. 그러한 패러디, 즉 세력 있는 권력자 검교에다가 어림도 없는 스스로를 모의模擬해 보임으로써 안마사들은 설교를 동원하는 시정 대책에 대한 풍자와 함께 자신들의 곤궁에 용기의 채찍을 가하고 있는 것이다. 본래 풍자적 경구나 패러디는 그렇게 용수철과도 같은 양방향적 힘을 지니지 않던가? 앞서 언급한 댄디즘도 유사한 성질을 갖지만 그 경우는 상대를 찌르는 듯한 말

---

7    가부키의 명배우에게 대물림되는 이름(名跡)인 나카무라 우타에몬中村歌右衛門을 가리킨다. 3대째부터 시칸芝翫이라는 이름도 함께 사용되었다.

8    검교檢校: 중세 이전에는 사찰의 사무와 승려 감독 등을 맡은 관직으로, 에도 시대에는 맹인 관직 중 최고위 벼슬이었다. 전용 두건과 의류, 지팡이를 소유할 수 있었다.

을 발사한다. 이 같은 것이야말로 풍자와 패러디와 댄디의 내적 역학이 아닐까? 그렇기에 오늘날, 표면에서는 아무리 패러디 문화가 이루어지고 있다 해도 거기 그러한 양방향적 탄성력이 작동하지 않는다면 그건 패러디의 흉내일 수는 있어도 정수를 갖춘 패러디 문화라고는 할 수 없다. 이렇게 현대를 향해 자기비판을 촉구하는 요소를 가세이·덴포 시기 '우라다나' 세계의 문화형식 속에서 찾을 수 있지 않을까? 나는 그와 같은 관련―즉 풍자와 패러디의 내적 역학과 이를 깨닫는 것의 현대적 의미―이 이치무라 씨가 말하는 '우라다나' 문화의 '홍소哄笑적 공간'이란 요약만으로는 충분히 설명되지 않는 부분이 있다고 생각하지만, 그러나 그 '우라다나'의 장을 관통하고 있는 '가치 질서에 대한 전도적轉倒的 기분'에 관한 그의 서술은 탄탄하고 흔들림이 없다. 예를 들어 안마사의 예에 이어 그는 이렇게 말한다. "골목 안에서는 집주인의 재촉으로 궁지에 처한 로닌浪人이 자기 큰 뜻[志]을 적은 장문의 글을 읽으면서 집주인의 졸음을 부추기며 격퇴를 꾀하고 있다." 이렇게 여기서는 '무사의 뜻 따위도 집 임대 연장 수단'이 되고 만 상태가 적확히 드러난다는 점 또한 놓치지 않는다. 이어서 '집주인, 보증인, 장물아비', '절과 신사神社와 유학자儒學者'들을 조롱하는 서술도 그 기조를 튼튼하게 증명해 나간다. 이렇게 죽을 홀짝대면서 악역 놀음을 즐기자고 호언하는 영세한 마을 사람이건, 경구의 패러디를 실천하며 기세를 올려 보는 안마사들이건, 과일 팔아 치우듯이 자기 뜻을 펼쳐 보이는 골계적이고 절실한 로닌이건, 그들 모두가 여기서 대문과 골목과 변소와 우물과 고랑을 같이하는 작은 구역의 '우라다나'에 '분잡임거'紛雜賃居함으로써 신분제도는 멋지게 용해되고 소멸해 버린다. 그 모습을 이치무라 히로마사는 데라카도 세이켄의 기술로부터 따온 인용을 통해 생생하게 그려 낸 것이다. 이를 통해 추방 처분이 지닌 사회적 의미를 데라카도 세이켄이 어떻게 짊어졌는가[9]를 동시에 밝히고 있다고 봐도 좋을 것이다. 이치무라 씨가 꼭 집어내 말하지 못했을 뿐이다.

그러나 그는 '우라다나'의 '폭소(大笑大笑) 세계를 그대로 전면적으로 긍정하지는 않는다. 이것이 지금 당대의 축제학파와 다른 점이다. 그의 정확한 한 구절을 인용하자. "만취를 일상화할 수는 없다." 홍소로써 기세를 올려 봐도 곤궁하다는 사실을 바꿀 수는 없다. 여기서 다시 『세사견문록』을 등장시킨다. 다시, 라고 한 것은 애초에 이 제1장의 첫머리에서 '곤궁인'의 유입으로 인한, 적조赤潮와도 같은 우라다나의 팽창 사실을 지적할 때도 당연하지만 『세사견문록』을 이용했기 때문이다. 그리고 덴포의 『번창기』 뒤에 다시금 원호元號상으로는 앞 시대에 해당하는 분카의 『견문록』이 사용된다. 이는 분명히 작가가 의식적으로 행한 통합적 취사取捨를 드러낸다. 이 경우 『견문록』 가운데 어디를 주목하고 있을까? 거의 붕괴해 버린 가세이 시기의 막번 사회 상황을 기술하되 동시에 어떻게든 그 체제를 재건하고자 하는 의도를 갖고 무양은사가 서술하고 있는 이상, 여기에는 무사들이 마음가짐을 다시 세워야 한다는 등 추상적인 설교와는 다른 구체적 위기의식을 기울인 부분이 많다. 그중에서도 가장 절박한 것이 우라다나 세계에 집적된, '세상의 변란(變)·대변란(大變)'을 기다리면서 그것을 일으키고자 하는 '악심'惡心의 위험성이었다. 이치무라 씨는 우치코와시打ち壊し[10]의 예와 함께 그 부분을 인용한다. 우치코와시나 요나오시世直し[11]의 원동력이 될 만큼 정치사회적 의미를 띤 '악심'을 등장시킴으로써, 우라다나 내

---

9　「쇼인의 정신사적 의미에 대한 한 가지 고찰」의 각주26(96쪽) 참조.
10　우치코와시打ち壊し: 에도 중기 이후, 흉작이나 사재기 등으로 생활이 곤궁해진 민중이 집단으로 쌀가게, 고리대금소, 술집 등의 부유한 상가를 덮쳐 가옥을 부수고 쌀이나 은 등을 도둑질하던 일.
11　요나오시世直し: 막말~유신기에 일어난 민중 투쟁. 지주 및 지방 관리, 특권 상인 등에게 반발한 빈농·소작인층이 중심이 되어 조세 등 봉건적 부담의 경감과 빈부 격차의 해소 등 사회·정치적 변혁을 요구했다.

부에 또아리를 틀고 있던 '폭소'적 악심은 넓은 세계와 연관된다. 두 책 사이의 관계에 대해 말하자면, 『견문록』의 천하국가주의적 관점으로 인해 『번창기』의 유희인遊戲人적 관점이 제대로 상대화된다. 그렇게 한 뒤 그는 즉각 다시 『견문록』 속의 유학자적 정치주의 요소를 『번창기』의 풍자적 정신을 통해 수정한다. 즉 『견문록』에서 말하는 '악심'은 당시 세상에 나타난 실제 모습으로 보아 단지 우치코와시나 요나오시만으로 통하는 것이라 국한할 수는 없으며, '악소'惡所라 불리던 소극장[12]과도 통해 있었을 것이라 지적한다. 실력주의로 향하는 '악심'도 있었겠지만 그보다는 픽션을 통한 비판적 '악심'이 더 대규모로, 일상적으로 존재했던 것이다. 이것이 소극장으로 이어지는 상황에 대해서는 이미 앞에서 보인 바 있다. 이처럼 『견문록』에서 『번창기』로, 다시 『견문록』으로, 그리고 다시 『번창기』로 향하는 가운데 상호 간에 제약을 구축한 결과 우라다나 세계가 지니는 의미가 확연하게 입체적으로 총체화된다. 우라다나 조닌町人[13] 문화의 여러 모습을 둘러싼 종래의 '연구'에 끈덕지게 따라붙던 고질적인 자의적 호사가성好事家性과 세세한 개별 사실에 대한 고증벽癖—그것들이 사실을 개척하는 데 큰 의의가 있음은 충분히 인정해야겠지만—은 여기서 방법적으로 극복되었다 해도 틀린 말은 아닐 것이다.

---

12　가부키 등을 공연하던 소극장(芝居小屋)은 유곽(遊里)과 함께 '못된 곳'이라는 뜻의 '아쿠쇼'惡所라 불리곤 했다.
13　조닌町人: 도시에 사는 상인이나 장인 계급의 사람들. 무사나 농민 계급과 함께 근세 이래 일본 사회를 구성한 사회계층 중 하나다.

3

이처럼 이치무라 히로마사는 에도 사회 말기에 막번 사회의 사회 구성을 뒤집은 '세상의 변'이 정치적 표면에서가 아니라 오히려 그것을 끌어안은 생활양식의 심부에서부터 일어나게 된 까닭을 어느 정도까지 밝혀냈다. 시골에서, 도시 중심부에서, 한마디로 방방곡곡에서 곤궁인이 흘러 들어와 있는 우라다나 세계에 주목함으로써 이 점을 밝혀낸 것이다. 이처럼 에도 사회 말기에 만약 앞서 말한 바 같은, 생활양식의 기저에서 이루어지는 변동 속의 축적이 없었더라면 '근왕지사'勤王志士 같은 게 아무리 날뛰어 봐야 그것**만**으로 하나의 대사회가 무너지는 사건은 일어날 수 없었을 것이다.

　그렇다면 그의 문장이 '지사'의 정치 운동을 생략하고 그 간결한 제1장에 이어 급작스레 메이지로 뛰어들면서, 유신 직후 위로부터의 '문명개화' 상황 속에서 일어난 '도시 유입 인구'의 새로운 소용돌이에 대한 서사로 나아간 건 지극히 자연스럽고 당연한 일이라고밖에 할 수 없다. 논제 중 부차적인 것을 대담하게 커트함으로써 방법적 간결함이 관철된 것이다. 따라서 만약 이러한 전개를 두고 단편에서 단편으로 건너뛰는 징검돌의 나열로 보는 범속한 '연구자'가 있다면, 그 '연구자'는 더 이상 독자로서조차 제대로 된 한 사람 분의 역량을 지니지 못한다고 해야 할 것이다. 방법적 징검돌은 하나의 예술이며, 현실로부터 떼어낸 단편의 나열 방법에 따라 단편의 소생과 새로운 전체상의 탄생이 가능해지는 것은 바로 인간 사회에 고유한 역사적 고찰의 특질이다. 이러한 까닭으로 이 논문의 제2장은 '메이지 신정부의 성립'에 따라 일어난 '새로운 권력자와 그와 관련된 사람들'의 '도쿄로의 대규모 유입', 즉 곤궁민이 흘러 들어온 것과는 성질이 다른 '상경자'上京者 무리의 발생에 대한 주목에서 출발한다. 그들의 정신 태도나 행동양식이 가진 특징은 이미 상당히 널리 알려져 있을 터이지만, 그러나 그것을 '낙오'된 탈번脫藩 세민들의 생활 태도와 대조함으로써 파악한 작업은 이 논문 이전엔 거의 없었을 것이다. 더욱이 그 대조됨을 일상 풍속 한 가지를 서술함으로써 그려 낸 경우는 단 한 번도 없었다. 그리고 이 장은, 그런 대조적 상황 속에 나루시마 류호쿠成島柳北[14]의 비판 정신을 위치하게 함으로써 매력적인 삼극 관계를 형성한다.

신新권력이 신권력으로서 구래의 '에도'에 대해 가졌던 당연한 반감은 행동양식 면에선 이따금 에도 문화의 정수라 일컬어지는 장소를 유린하면서 발휘되었을 터인데, 이는 출신지 삿초薩長[15]의 촌사람 특성을 일부러 야만스럽게 노출하면서 새로운 '문명개화' 담당자로서의 콧대 높은 자기현시를 수반하는 일이기도 했을 것이다. 이러한 원시적 지방성의 과장과 신문명적 세계성의 화려한 현시가 결합해 전통문화의 세련된 스노비즘과 마주 놓인다. 이는 거의 모든 신新문화에 공통적인 '전위적' 보편 경향이며 메이지의 경우에도 이런 상황 자체는 이를테면 나로서는 지극히 이해하기 쉬운 것인데, 이것이 자기 권력성의 주장으로서 전개되는 순간, 당연하게도 의협심과 미의식이 발산하는 통렬한 반발과 비판을 받게 된다. 이 신권력자들의 정신 경향과 행동양식의 내적 관계에 대해서는 유감스럽게도 이치무라 씨가 조금도 해명하지 않았다. 그 뒤에는 신권력자가 술자리에서 보인 조포粗暴한 행동거지에 대한 류호쿠의 유명한 비판으로 바로 서술이 진행된다. 그런 만큼 이 삼극 관계 중 한 가지 극에 대해서는 부분적으로만 다루지 않았나

---

14　나루시마 류호쿠成島柳北(1837~1884): 막말~메이지의 유학자, 저널리스트. 유신 후 정부의 초청에도 응하지 않고 조야朝野신문사의 사장으로서 신시대를 풍자·비판하며 정부의 언론 탄압과 싸웠다.
15　삿초薩長: 에도 말기에 동맹을 맺고 큰 세력을 이루어 막부와 대립함으로써 이후 메이지 정부와 군의 요직 인물을 많이 배출했던 사쓰마薩摩 번과 조슈長州 번을 아울러 이르는 말.

하는 염려가 있다. 그에게 그 '조포함'은 무자각적이고 자연스러운 조포함으로만 파악될 뿐 그것이 하나의 문화적 표현이라는 생각엔 미치지 못한 듯하다. 그러나 나루시마의 권력 비판을 인용·소개하며 그 류호쿠의 정신 구조를 논하는 대목은 어김없이 간결하게 핵심을 꿰뚫고 있으며 자그마한 흔들림조차 보이지 않는다. 『류쿄신지』柳橋新誌[16)에서 '허구의 세계에서 놀고 있음을 알지 못하는 주객酒客의 폭증 속에서 에도에서부터 도쿄로의 변용을 본' 예능의 달인 류호쿠, 옛 막신으로서의 의협심과 스스로 편승을 허락치 않는 거절 정신으로 '은둔하지만 발언하는' 신문기자 류호쿠, 그러한 일들을 통해 '권력중심적 정치 영역에 가치와 관심이 집중된' 관원 사회의 상승 궤도로부터 '몸을 돌려 내려가는 적극적 비非행위를 선택'해 나간 은사隱士 류호쿠, 거기 엄연히 존재하는 '외계에 대한 낙차落差 감각'과 거기서 연유하는 고위자에 대한 '아이러니', 세상 바닥을 살아가는 자에 대한 공감······으로 이어지는 규정들 모두가 다 옳다고 나는 생각한다. 그리고 그 '낙차 감각'에 대한 지적을 통해 서술은 또 하나의 극, 우라다나 세계로 연결된다.

오로지 벼슬길을 목표로 삼으며 일변도로 '상승 운동'하던 상경자 무리의 대극에는, 민간 직업알선소 '우케야도'請宿로 모여드는 '탈락자' 무리가 있었다. 물론 그 속에는 목표했던 벼슬길에 성공하지 못해 국척跼蹐하는 좌절자도 섞여 있었으나 압도적 대부분은 생존을 위한 기회 그 자체를 찾아 악전고투하는 세민·궁민들이었다. 이치무라 히로마사는 그 무리가 영위한 생태의 일단을, 데라카도 세이켄에게 감화된 핫토리 부쇼服部撫松의 『도쿄신번창기』東京新繁昌記[17)에 대한 소개를 통해 기

16  『류쿄신지』柳橋新誌: 세 편으로 이루어진 나루시마 류호쿠의 시대비평적 수필. 1874년에 간행된 1편과 2편은 각각 막부 말기 에도 야나기바시柳橋의 화류계 풍속과 유신 후 야나기바시를 무대로 한 문명개화 풍자를 다루고 있다. 제3편은 발행이 금지돼 서문만 남아 있다.
17  핫토리 부쇼服部撫松(1841~1908)는 메이지 시대의 작가로 1874년 문명개화기의 세태를 한문

술한다. '개화'가 권력적으로 요구되자, 우라다나 주민들은 직업을 찾을 때나 '시장을 횡행할' 때나 그 시대에 맞는 복장을 하고 다녀야만 했을 것이다. 그리하여 에도 시대 후반에는 이미 도시에 어느 정도 출현해 있던 '의상 대여점'이 새로운 형태로 한층 강력하게 유행하게 된다. 가세이·덴포 시기의 '우라다나' 주민들처럼 '분잡임거'하는 실태 그대로의 모습으로—즉 로닌은 로닌의 모습으로, 장사치는 장사치인 채로— 대로를 버젓이 지나기란, 통일 권력이 통일적 신정책을 통일적으로 추진하는 이 시대엔 훨씬 어려워진 탓이다. 거기서 그들은 '빌린 옷'(借着)을 몸에 걸치고 외견상 '개화로 임시 변신'한 채 직업을 찾아 우왕좌왕하게 된 것이다. 그러한 '낙오자'들의 '옷 빌리기' 풍속 실태를 그리면서 이치무라 히로마사는 제2장을 끝맺는다. 참신한 절단면이라 해야 할 것이다. 그러나 만약 여기서 '우케야도'에 다니는 우라다나 주민의 **어쩔 수 없는** 궁여지책인 그 '옷 빌리기' 풍속이, 오히려 '에도'에서 '도쿄'로의 개칭 속에 보이는 권력 중추의 '빌린 옷'적 성격을 의도치 않게 문체 묘사(패러디화)로서 선명히 드러냈다는 구조상의 관련을 밝혔더라면, 이 참신한 절단면이 이 장 전체를 더욱 긴밀한 결정체로 만들어냈을 텐데 싶어 약간 유감스럽기도 하다. 만약 그랬더라면 이 장에서 나루시마 류호쿠와 '우케야도' 세계의 관계는 단지 이어져 있다는 데서 더 나아가 보이지 않는 선으로 엮여 있는, 의식적 이탈자 류호쿠의 아이러니와 '우케야도' 세계에 요구된 패러디의 대응 관계까지도 보여 줄 수 있었을 것이다. (그리고 이는 어느 정도까진 실증 가능한 것이기에) 그랬다면 권력적 '개화'가 수반하는 출세주의와의 사이에 나타나는 삼극 관계를 빈틈없는 구조 관계로 파악할 수 있었을 것이다. 안타깝게도 구조적

체로 풍자한 『도쿄신번창기』東京新繁昌記를 출판했다.

154

결합력이 부족했다. 이 장의 제목이 '묵상은사'澤上隱士[18]로부터 취한 '은사'임에도 그 제목의 울림이 여전히 류호쿠의 세계에만 머무른 채 '우케야도'에까지 뻗치지 못한 결과, 제1장에서 보았던 데라카도 세이켄과 우라다나 세계 사이의 일체성에 상응하는 관련성이 다른 형태로 발견되지 않는 것도 지금 말한 결점에 뿌리를 두고 있을지 모르겠다.

하지만 설명과 평가와 비평이 섞인 이 같은 소개를 통해서, 제2장을 지난 시점에 이미 이치무라 히로마사의 확고한 주제가 무엇인지는 뚜렷이 부상했을 것이다. 이 논문은 작가가 겸손하게 말하듯이 단지 도시 변두리 사회의 '작은 전기傳記'인 데 그치고 있지 않다. 우리는 거기서 도시 세민 사회의 생생한 묘사와 함께, 그 도시 하층민들의 고통에 찬 생활양식을 의식적으로 대표하고 때로는 그에 호응하면서 시대의 지배적 권력 중추와 그를 지탱하는 속물 사회에 대해 발칙한 비평을 전개해 온, 붓 한 자루의 문필가가 지닌 사상적 특징이 뚜렷하게 그려져 있음을 놓쳐선 안 될 것이다. 이치무라 씨의 주제는 분명 이 양자의 연관성—엇갈림까지 포함하는 연관성—을 역사적 단계를 좇아가며 굵직하고 선명하게 윤곽 짓는 데 있다. 이 논문의 훌륭한 점은 무엇보다도 이 주제를 관철해 나가는 뚜렷한 일관성에 있으며, 그 보증 재료를 선택하는 안목의 확실성에 있다.


4


이 주제의식과 소재의 적합성은 제3장에 이르러 가장 질감이 풍부한

---

18    묵상은사澤上隱士: 나루시마 류호쿠의 자전적 저작 「묵상은사전」澤上隱士傳의 주인공이다.

대상과 조우하며 유감없이 표현된다.

여기서 다루는 상황은 '문명개화' 시대가 끝나고 메이지 국가가 가까스로 안정되기 시작하면서 말기의 자유민권운동이 최후적 전개를 보이는 메이지 20년대 초두다. 그곳에 모습을 드러낸 정치적 신新유입자는 '장사'壯士[19]의 무리였다. 이윽고 실용주의적 경향을 보이기 시작하던 일반 사회는 그 장사들의 난폭한 완력성과 비실용성으로 인해 점차 그들을 백안시했다. 이 사실 자체는 이미 널리 알려져 있다. 이치무라 히로마사가 주안을 두는 곳은 그 사실 자체가 아니다. 그가 힘주어 논하는 건 세간의 백안시에 대해 단연히 '장사'들을 변호하며 당시의 국가 사회 쪽에 오히려 문제가 있음을 통렬하게 폭로해 보였던 나카에 조민中江兆民[20]의 풍자 정신과 생활형식이며, 나아가 국가제도화 속에서 차례로 궁지에 몰리고 있던 도시 세민 세계의 새로운 고뇌가 무엇이었느냐는 점이었다. 여기서도 삼극 아니 정확히는 사극―국가 사회, 장사들, 나카에 조민, 세민 사회―의 소용돌이치는 연관성이 조민을 주축으로 탐구되고 있다. 어떻게일까?

조민은 '세상의 장사비판 풍조에 대항'해 메이지 21년(1888) 일부러 「장사론」壯士論을 쓴다. 여기서 이치무라 씨가 인용한 부분, 그리고 그에 대해 덧붙인 의미 설명 모두가 날카롭고 선명하다. 즉 조민이 유신사史를 '장사의 역사로 총괄'하면서, 막부를 쓰러뜨린 것도 왕정복고를 국회 개설로까지 추진해 나간 것도 장사가 아니었느냐며, 그러므로 훈장을 준다면 장사라는 집합체에 훈일등勳―等을 주어야 하는 것 아니냐

---

19　장사壯士: 메이지 중기의 자유민권운동 활동가들을 가리킨다. 폭력 행위를 일삼거나 정부가 행하는 탄압의 정당화에 이용되는 등의 경우로 인해 여론의 비판을 받는 일이 많았다. 「어느 역사적 변질의 시대」의 각주3(113쪽) 참조.

20　나카에 조민中江兆民: 메이지 시대의 사상가. 「어느 역사적 변질의 시대」의 각주19(131쪽) 참조.

고 말한 부분을 인용하면서 조민의 그러한 기술이 "공을 이루고 이름을 세워 훈장을 손에 넣고자 하는 '장사 출신'들 즉 권력자들의 상승지향 일변도 현상을 폭로해 보였음"을 제대로 읽어 내고 있는 것이다. 그러므로 그는, 조민이 그려낸 장사상像은 당연히 현실의 장사 그 자체가 아니라 조민에 의해 플러스 알파가 주입된 구성적 이념형이라는 점 또한 제대로 읽어 내고 있다. 좋은 독자를 얻어 조민 선생은 기쁠 것이다. 이 점—즉 대상을 사실주의적으로 논하고 있지 않다는 점—은 「장사론」뿐만 아니라 조민의 사고방식과 표현형식을 이해하고자 하는 대부분의 경우 가장 주의해야 할 중요한 점이라 생각되기 때문이다.

당시 세간에서 백안시하던 장사들을 구태여 변호하는 형태로 조민은 그의 의협심을 표시하며 출세자 사회를 통렬하게 비판했는데, 그런 시점은 곧 제도의 아름다운 정비에 도취해 있던 지배 체제 전체에 대한 근본적인 비판으로 이어진다. 이치무라 씨는 이 점 또한 놓치지 않는다. 「사천만 인의 사막」이라는 조민의 글을 인용하면서 그는 우선 '권리'와 '의무'와 '조례'라는 용어가 범람하는 '일대 법정'과도 같은 국가적 사회가 대체 누구의 희생에 의해 성립되었느냐는 문제에 대한 조민의 비판을 발견한다. '소송 비용은 누가 변제하는가?' '농사꾼'이며 '우라다나의 목수, 미장이, 넝마장수'들이라고 조민은 말한다. 물론 세금을 내는 건 그들만이 아니다. 오히려 그 총량 중에 그들이 낸 액수는 상대적으로 작으리라. 그러나 희생량의 크기로 보면 그들이 지불하는 것이야말로 압도적인 크기일 것이다. 그들은 목숨을 걸고 있는 것이다. 바로 그 때문에 조민은 그런 연유를 생략한 채 단적으로, 법률제도의 비용을 담당하는 자는 농사꾼과 우라다나 주인이라고 선언하듯이 말한 것이며 이치무라 히로마사 또한 스스로의 경험에 기반한 만강滿腔의 찬의를 담아 이를 인용한 것이리라. 그 세민들이 '울면서 포기하고, 분노하고 숙이면서 사당의 조왕신에게 내놓듯 일반적인 기개를 갖고 내는 직간접적 조세, 명명암암의 공급'이야말로 이 나라의 제도를 성립시키고 있는바 그 제도 속을 팔자 좋게 헤엄쳐 다니는 '중산모·연미복'의 무리는 '식인귀'라 해야 할 것이라며 독설을 퍼붓는 조민의 문장 속에는 분명히 메이지 국가의 완성으로 인해 궁지에 몰려 '분노해' 있는 우라다나 세계의 필사적인 생명의 맥이 뛰고 있다.

바로 그 때문에 조민은 스스로 선택한 우라다나 세계 속에서 개인적 형태의 '대기아'大饑餓를 살아가게 된다. 스스로 '이탈'한 가난한 생활 그 자체를 통해, '고정화'된 '사회구조를 무용지물로 만들어 가고자' 한 것이다. 이치무라 씨는 그 태도를 류호쿠의 경우와 선명히 대비해 다음과 같이 요약한다. '류호쿠가 자기 감각 면에서의 이화異和를 통해 상황을 대했던 것처럼, 조민은 자기 생활양식 면에서의 이질異質을 통해 대립하였다'고. 나는 이 명제에 경의를 담아 찬의를 표한다.


5

지금까지의 논의에서 추측할 수 있듯이 메이지 중기에 이르러 '골목 뒤 우라다나 세계'는 과거 가세이 시대에 지녔던 정치사회적·생활사회적, 두 가지 의미에서의 분방함을 박탈당한 채 차츰 국가적으로 통제되어 갔다. 그리고 조민의 한마디는 그 과정의 고통을 보여 주는 것이었다. 만약 우리가 그 고통에 대해 조금이라도 애정을 가진다면, 계속해서 포기를 강요당하는 괴로움의 증가 과정 한 걸음 한 걸음으로부터 눈을 돌리지 말고 그것을 지켜보아야 할 것이다. 압살당하는 자가 느끼는 고통의 증대 과정은 짧은 시간 속 한순간 한순간이 질적 심화 단계를 이룩한다. 그때의 한순간은 '그리도 기나긴 한순간'이 되어 순간마다 점점 더 그 괴로운 기나김을 확대재생산한다. 그 고통사史의 변증법을 이치무라 히로마사는 그 자체로 발언하지 않고 제4장으로 이행하는 방법 가운데서 실행한다. 제4장 '기친야도木賃宿[21]'는 역사적 시기로는 제3장과 같은 시기를 다루면서 잠시 메이지 30년대 초반에 대해 한 순간 언급하는 형태로 진행된다. 푸가 형식이다. 역사적 시기 면에서는 겹치지만, 문제의 국면은 이제 달라져 있다. 거기 더 이상 조민은 없다. 조민이 아직 이 세상에 있었던 그 시기 그 사회의 압도적 대부분은, '조민의 부재'라는 문제를 배태하며 '빈민가'의 활력을 압살하는 방향으로 진행되어 갔다.

그러한 과정을 작가는 남겨진 최후의 과도기로서 그려 간다. 빈민굴, 그리고 임시 빈민굴 기친야도에는 여전히 '남루'한 분노가 '한 폭의 수라장'이 되어 소용돌이치고 있었다. '엿장수의 정담政談'이 시작되면 '현정現政에 대한 비난'이 도도히 그칠 줄을 모르고, 청취자 입장이었던 탐방 신문기자가 '그 말의 과격함'에 놀라 자신에게 '혐의'가 쏠릴까 봐 도망쳐 버리는 형편이었다. 거기엔 어떠한 '대박사大博士·대국수大國手[22]'도 진단할 수 없고 '공허히 단념하지도 못한 채' 언제까지고 멈춰 서 있을 수밖에 없을 듯한 '착종교려錯綜交縺[23]'의 '애매한 공간'(이치무라)이 있었다. 그러나 그 수라의 분노와 복잡한 혼돈을 스스로의 등에 짊어지고 사회의 대세에 대해 자유자재로 비평을 펼치는 류호쿠나 조민 같은 존재는 더 이상 없었다. 남은 건 누구였나? 좁은 의미에서 직업화해 가는 신문기자, 새로운 유행으로 나타난 문명적 자선의 '사회문제'였다. 직업 기자는 빈민굴의 '르포르타주' 만들기에 전념해 공감 능력과

21 기친야도木賃宿: 에도 시대 이전부터 존재했던 길가의 싸구려 여인숙. 투숙객이 땔감비 정도를 지불하고 식사는 스스로 해 먹는 최하급의 숙소로서, 이후에는 저렴한 숙박 시설이나 쪽방촌을 의미하게 되었다.
22 대박사大博士·대국수大國手: 명의名醫.
23 착종교려錯綜交縺: 뒤엉킨 실처럼 이리저리 얽히고 뒤섞인 모양.

비판 정신을 잊고, 사회문제가는 수라장의 불결함과 혼란에 압도되어 공포와 자혜적 동정을 보이는 게 고작이었다. 거기서 나온 의견은 '기친야도 개조론'이자 '빈민굴 정리론'에 불과했다. 그리고 그것들은 국가의 통제와 모순되지 않았다. 메이지 20년의 여인숙 영업 단속·규제는 기친야도의 설치 구역을 한정해 혼조本所·아사쿠사浅草 등에 일괄적으로 가두었고, 숙박인 신고의 법규화는 에도 시대보다도 훨씬 정밀한 호적 장부를 '수라장'에 분배했다. 대체 어떻게 해서 선의의 르포라이터나 사회문제가의 의견이 국가 통제와 포개져 버리는 걸까? 양자 모두 바깥쪽에서 계획을 할당한다는 공통성을 지금 일단 접어 둔다면, 그 근본적 이유 중 하나는 그들의 정신 태도와 사상 속에 있을 것이다. 이를 지적하는 이치무라 씨의 한 줄이 실로 멋지다. 신문기자이자 사회문제가이기도 했던 사쿠라다 분고桜田文吾[24]의 '빈천한 열자劣者를 박애의 입장에서 구해야 한다'는 테제에 대해 그는 다음과 같이 비평한다. "열자가 갖는 열위劣位성이나, 현실에서는 끊임없이 패배하면서도 다시금 개척해 가는 세계라는 건 그 가운데 전혀 상상되지 않았다." 훌륭한 사상이다. 직업적 르포라이터나 사회문제가에 대한 비판뿐만 아니라, 해석과 비판을 통해 표현되는 이치무라 히로마사 자신의 신조가 그 한 줄 속에 집약돼 있다고 봐도 좋을 것이다. 현세적 이익과 성공만을 추구하는 지금 일본의 압도적인 초超실리주의 분위기 속에서, '현실에서는 끊임없이 패배하면서도' 패배라는 중요한 경험을 경험함으로써 하나의 세계를 펼쳐나가는 '열자 열위성'의 가능성과 세계 형성성을, 약간 돌진성은 부족하더라도 그처럼 기개 높게 말할 수 있는 이에게 축복이 있기를 나는 기원해 마지않는다. 그 축복이란 아마도 그가 그려 낸 바와

---

24  사쿠라다 분고桜田文吾(1863~1922): 메이지~다이쇼 시대의 저널리스트.

같은 류호쿠나 조민의 길을 그 나름의 방식으로 굴하지 않고 걸어가는 것이리라.

이처럼 우라다나 세계는 메이지 중기 이후 점차 통제되고 '균질화'돼 갔는데, 그 평평해진 도시 공간 위에서 청일전쟁 이후 새롭게 나타난 신유입자의 무리는 어떠한 행동양식을 취했을까? 잘 알려져 있듯이 '처세술'과 '입신출세의 기술적 방법'에 몸을 맡기는 삶의 방식이었다. 그 저변을 관통하는 게 바로 '편승형 현실감각'이다. 과거 메이지 초기에 나타나 벼슬길 일변도에 관심을 집중하던 신권력의 출세주의는 그나마 입국 사업에 참가하고자 하는 신권력의 싱싱함을 그 안에 포함하고 있었으나—이 점에 대해선 유감스럽게도 이치무라 씨가 전혀 다루고 있지 않지만—, 입국 사업이 끝나고 난 뒤 한 바퀴 돌아 재현된 출세주의는, 참가해야 할 사업도 없고 그 실패에 대한 각오도 필요 없이 오로지 내 몸의 안정성장 기회만을 염원하는 '보육기 소망'(保育器願望)적 옹졸한 이기주의였다. 전후의 운동기를 거친 뒤에 이른 목하의 상황과 비슷하게도. 인간으로서의 '경험'은 '처세술'이 지배하는 세계 속에선 사라져 가는 수밖에 없다. 그리하여 그에 걸맞게 위축된 비평 정신이 '고등유민高等遊民 나가이 다이스케長井代助[25]의 몽상'이었다.

이리하여 가세이 시기에서 메이지 말기까지의 도시 유입자를 둘러싼 정신사는 하나의 순환을 끝낸다. 어울리지 않게 친절하게 설명하고자 한 탓에 제5절을 빼면 대략 서술로서는 불만족스러운 소개가 되었지만, 이치무라 논문의 그 역사 서술은 약간의 표현 부족을 제외하고는 대부분 훌륭하다. 그렇다면 이 종점에 서서 우린 어떻게 하면 좋을까?

---

25   고등유민高等遊民이란 고등교육을 받고 졸업했지만 취직하거나 상급 학교로 진학하지 않고, 혹은 못하고 시간을 보내는 사람을 말한다. 후기 전전戰前인 메이지~쇼와 초기에 걸쳐 유행한 말이다. 나쓰메 소세키夏目漱石의 작품에 이러한 인물이 종종 등장하는데, 「그로부터」(それから)의 주인공인 나가이 다이스케長井代助는 작품의 주제적 인물로 다루어진 경우다.

이치무라 씨가 마지막으로 부언한 방침을 소개하는 것으로 이제 비평은 그만두겠다. 이 문제는 우리 한 사람 한 사람에게 속하는 것이기 때문이기도 하고, 나로서는 지금까지 소개와 설명과 비평을 겸해 무리하게 섞어 행한 지금까지의 기술 속에서 그에 대해 어느 정도 말해 왔다고 생각하며, 또한 방침의 제출은 가능한 한 시사적인 편이 좋을 것이기 때문이다. 사람의 사고는 어떤 시사를 받고서 상호주체적 관계 속에서 작동하기 시작할 때, 바로 그때에야 비로소 충분히 사회적 사고일 수 있다.

# '쇼와'昭和란 무엇인가

## 원호元號 비판

**맥아더와 쇼와 천황**(1945년 9월)

이 글은 아사히신문사朝日新聞社에서 발행한 『아사히저널』朝日ジャーナル 1979년 1월 10일호에 처음 실렸다.

# 시작하며

'쇼와昭和 50년'(1975)이 '전후 30년'이 된다 하니 저널리즘은 이 두 개의 시대구분을 앞다투어 문제 삼고 있는 건가. 저널리즘Journalism이라는 게 원래 철저히 시간적인 존재인 이상—사실 말의 본래적 의미가 반드시 그러한 것은 아니었지만— 시간적 구분에만 정신이 팔려 있는 게 당연한 일일지도 모른다. 그러나 조금쯤은 말의 본래 의미에 충실하게 '여행(journey)의 기록' 즉 이향異鄕에 관한 경험의 기록이라는 측면을 중시해도 좋지 않을까? 그리고 만약 그러한 **월경越境 경험**을 중시하는 의미에서 '국제적'이고자 노력한다면, '쇼와 50년'이라는 시간구분법은 비판적 해부의 대상으로서만 의미가 있는 것이지 제2차대전 후 '한 세대'가 지났다는 사실에 필적할 만한 무게를 지니는 것은 아니다. 제2차대전도 움직이기 어려운 사실이고 그 전쟁에서 일본제국이 패배한 것도 움직일 수 없는 사실이며, 그 이후로 '한 세대'가 지났다는 것도 사실 그 자체. 나 자신은 '세대'라는 말보다는 '시대'라는 말을 선호하지만 그렇다고 해서 '세대'가 역사적 시간을 측정하는 하나의 척도로서 어느 시대의 어느 사회에서나 하나의 보편적 근거를 가지고 받아들여져 왔다는 사실을 무시하는 건 분명 부당한 일이다. 그러한 '세대' 범주의 보편성에 비하자면 '쇼와 50년'은, 사실이라 해도 일본인에게만, 그것도 현재 살아 있는 일본인에게만 통용되는 의미를 가진 사실에 지나지 않는다. 이처럼 현재의 역사적 위치를 측정하는 '시간의 척도'를 어떻게 선택할지는 보편적인 진실을 존중하는가 아니면 거부하는가, 혹은 다시 은폐하는가에 관련되는 근본적인 정신 태도의 문제다.[1]

　여기서 '세대' 범주의 다면적 기능과 그 역사적 변천을 개괄하여 논하지는 않겠으나, 그러나 주의해 두어야 할 것이 두 가지 있다. 첫째, 인류사의 모든 사회를 통해 존재해 온 보편적인 범주로서의 '세대'는 19세기 중엽 이래 모든 사회적 범주를 계량적 세계로 분해하는 '실증주의'적 시간 척도의 공세와 팽창 앞에서 오히려 특수한 '지방적 존재'와도 같은 위치로 밀려났다는 사실, 그리고 그러한 역설의 결과 모든 일과 사건에 대해 시계적인 '분·초'의 지배가 이루어져 또한 그에 따라 '분·초'의 새로움을 겨루는 '속도에 대한 열광'이라는 정신 태도가 산출되어 왔다는 일련의 사태이다. 두 번째로 주의해야 할 것은, '쇼와 몇 년'이라는 지극히 특수한 원호元號적 시간 범주가 마치 '세대'를 위에서부터 측정하는 공통 척도인 양 남용되고 있다는 점이다.('다이쇼 세대', '쇼와 세대' 등등) 여기서도 사회사적 보편을 담당하는 '세대' 범주는, 정치 제도상의 특수물이 갖는 허위의 '공공성' 앞에서 되려 반대로 '측정되는 것'이 되어 수동태 속으로 밀려나고 있다.

이렇게 해서 **사회** 안의 보편적 범주는 한편으론 만사를 같은 원리로 분할해 버리고자 하는 **산업기술**의 획일적 범주에 의해 활동적 무대로부터 추방당하고, 다른 한편으로는 **국가**의 제도적 공인 범주 아래 피지배자로 몰리게 된 것이다. '시간의 척도' 문제는 이처럼 기술 세계와 국가 세계로부터 협공을 받는 사회가 안은, 앞으로의 존부存否마저 걸린 근본적 문제인 것이다.


# 1


30년 전 일본제국의 패전과 무조건항복을 '고지'하던 '종전 조칙'終戰詔勅 속에는 '패전'이라는 문구도 '항복'이라는 문구도 없었다. 이 기묘한 사실에 최초로 주목한 이가 일본인이 아닌, 『아시아 민족주의와 공산주의』의 저자로 알려진 볼M. Ball이었다는 것도 어쩐지 '상징'적이다.(『일본, 적인가 아군인가?』日本, 敵か味方か, 지쿠마쇼보筑摩書房) 물론 그 사실이 지닌 의미의 해독 면에서 볼은 일본 지배자의 전술적 교지狡智를 과대평가하고 있지만. 아사히신문 등이 "성단聖斷 내리시다"라 보도한 제국 최고책임자의 '결단'이라는 건, 항복을 '항복'이라 말하지 않고 패배를 '패배'라 말하지 않으며, '시운의 흐름이 견디기 어려움을 견디고 참기 어려움을 참아 만세를 위해 태평을 열기 바란다'든가 '전국戰局 결코 호전好轉되지 않고' 운운을 읊으며 정확한 의미 판단은 오로지 듣는 쪽—즉 일본 국민—의 추측력에 맡기는 듯한 그러한 '결단의 고지'였다. 뭐가 '성단'이란 말인가, 어리광도 어지간히 했으면 하던 사람들이 상당수 있었다 해도 당연할 것이다. 과연 주위를 둘러보면 자기 집을 포함해 눈에 들어오는 건 모조리 불탄 흔적뿐이고 폭탄은 비 오듯 쏟아지며 먹을 것은 빈 깡통뿐이니, '전국 결코 호전되지 않고'라는 게 틀림없이 패배를 의미한다고 생각하는 게 극히 당연할 것이다. 그러나 제국 '통치권의 총괄자'가 자기 제국의 패배를 공식적으로 발표하면서 항복 '결정'을 '피치자'를 향해 '고지'하는 '조詔'라는 것이, 그 결정이 어떠한 것인가에 대한 정확한 판정을 '피치자'의 상식에 맡기듯 애매모호하게 말한다면 이는 '통치자'로서 실격 아닌가. 왜냐하면 통치권이라든지 주권이라 하는 것은 궁극적으로 '비상사태'나 '예외적 상태'에 대해 판단하고 결정하고 단정하는 권한에 다름 아니기 때문이다. '철저항전' 등을 말하던 자가 갑자기 '무조건항복'으로의 대전환을 결정했는데, 그 결정을 공표하면서 확실한 데라고는 조금도 없이 중얼중얼 한가로운 소리를 읊으면서 '알아주십시오 여러분' 하는 것을 보면 그 결정이나 결단은 지극히 결정답지도 결단답지도 않을 터이다. 결정이나 결단은 행동 방침을 정하는 것이므로 어쨌든 일의적이고 명확해야 한다. 좌우

양방향으로 동시에 가기로 정했습니다, 라는 결정이 있을 수 없다는 점을 생각해 보면 분명한 일이다. 이렇게 어디까지나 일의적이고 명확해야 한다는 바로 그 점에서 결단은 이해라든가 인식과는 다르다.

이해나 인식은 가능한 한 다면적일 필요가 있다. 경우에 따라선 다의적인(애매한) 표현마저도 요구한다. 결단은 그렇지 않다. 다면적 이해를 딛고 서서 행동을 정하는 결단은, 그 전제를 이루는 이해의 다면적이고 다의적인 세계에서 일약一躍해, 일의적이며 어디서 봐도 하나로밖에 보이지 않는 명석함을 지녀야만 한다. 물론 행동 원리로서의 결단은 행동 하나하나마다 해당되는 것이므로, 그다음에는 다시 이해의 세계에 입각해 그 결단의 좋고 나쁨, 적합과 부적합을 검토해야 한다. 이 왕복운동을 상실한 채 단지 결단만을 내리는 결단주의는 과격 행동가나 행동 니힐리즘으로 이어진다. 다른 한편, 다면적이고 다의적인 이해의 세계에 틀어박힌 채 일절 결단하지 않아서는 좌고우면左顧右眄의 굼벵이가 된다. 또한, 다른 것과 마찬가지로 행동에도 차원이라는 것이 있으므로 어떤 사회적 차원의 결단과 다른 차원에서 이루어지는 행동의 결단이 반드시 일치할 필요는 없다. 일의적 결단이 동시에 겹쳐져 존재하는 경우는 있다. 입체 교차도로처럼, 반대 방향의 일의적 결단이 모순 없이 훌륭히 공존하는 경우도 있다. 즉 결단의 중층적 구조가 존재할 수 있다. 앞서 들었던 M. 볼의 오독은 이와 관련된 것이다. 그는 일본의 지배자가 '항복'이라는 문구를 사용하지 않은 것은, 겉으로는 '속이기'로 **뚜렷하게** 정해 두고 사실은 몰래 군국주의의 재건을 **뚜렷하게** 결의했음의 표현이 아닐지 의심했던 것이다. 꽤나 고도의 결단 능력을 인정해 준 것이다. 결단 능력이 철저히 없는 경우, 때로 모르는 사람들에게는 최고도로 복잡한 결단 능력을 가지고 있는 것처럼 보이는 때가 있다. 허약 체질을 보고 유연하고 탄력 있는 근육의 소유자라고 잘못 보는 경우와 같은 것이다. 물론 1945년 8월 15일 시점에 일본의 지배자가 복잡고도한 결단력은커녕 결단이라는 이름에 걸맞은 요건을 거의 하나도 갖추지 못했다는 점은 그 후 수년간의 경과만 보아도 명료할 것이다. 높지 않은 이해력으로부터 차원을 구별하는 복잡한 결단이 생겨날 리 없다. 그들은 수년간 우왕좌왕하고 있었다.


2


이미 이전에 나 자신이 시도한 적이 있고 그런 의미에선 반복이기도 한 '종전 조칙' 비판에 지나치게 지면을 할애했는지도 모르겠다. 그러나 여기서 전형적으로 드러나는 정신적 '불不결단'과, 듣는 사람의 이해력에 기대 자기 책임을 불명확한 채로 두고자 하는 '의존 체질', 그리고 그것을 허락한 국민적 '비평력 결여'가 '전후'의 첫 페이지에 있었다는 사실의 중요함은 아무리 반복해서 확인해도 모자랄 정도라고 생각한다. 여기 드러나 있는 건 법률이나 정책 따위로는 쉽게 고쳐질 리가 없는 정신적 체질의 문제이니만큼 더욱더 부단히 확인할 필요가 있다. 그리하여 '한 세대'를 경과한 오늘날에 이르기까지 '쇼와'가 이어져 온 결과 마침내 '쇼와 50년'이 된 것도 전후의 개권벽두開卷劈頭에 있었던 그 '불결단'과 '속임수'와 '비평력 결여'의 결과로서, 그 연장전의 귀결로서 그리 된 것이다. 연표를 펼쳐보면 우선 '쇼와 50년'이 있고 그 5분의 2 지점에 패전이 있고 그 뒤 5분의 3이 전후라는 식으로도 보이지만, 이는 모든 산과 계곡들을 하나의 평면도에 투영했을 뿐 일절 색칠 같은 건 하지 않은 지도 같은 것으로, 거기 있는 하나하나의 사실과 모양과 성질의 차이가 고려되어 있지 않기에 그리 보일 뿐이다. 역사적 존재로서의 경중을 무시한 이런 '실증주의'적 평면도는 **사고형식으로서의** 역사를 잃어버리게 한다. 사건 각각의 성질과 그들 간의 상호 관련을 밝히고자 하는 것이 역사적 사고이기 때문이다.

'쇼와'가 '50년'이나 된 건 '전후' 처리 방식의 결과이며 단지 그뿐이다. 전후 처리는 해부되어야 할 갈등을 속에 품고 있는 하나의 사건이지만, '쇼와 50년'의 경우 그 속에 어떤 활력도 포함치 않은 타성으로서 현실에 지나지 않는다. 그것은 30년 전에 없어졌어도 조금도 이상하지 않은 정신사적 '부재'인 것이다. 그 정신사적 부재를 역사적 타성으로 지속시키는 요소인 전후 처리란 무엇이었는가? 평범한 논의가 되어 무척 재미없지만, 그리고 또 무엇보다 정신사적 '부재'의 존재 이유를 묻는 것이기에 진부한 사실 차원에 이야기가 낙착하더라도 방도가 없겠지만, 그 답은 천황제를 폐지하지 못한 것, 그리고 현 천황을 퇴위시키지 못했다는 두 가지 점으로 집약된다. '부재'의 존재 이유는 이 두 가지 '하지 **못했다**'는 부정형의 사실 속에 있었다. 천황제 폐지라는 앞쪽의 과제가 실현되었더라면 '쇼와'가 없어지는 것은 물론, '원호' 그 자체가 일본의 달력에서 사라졌을 것이다. 그것은 뻔히 보이는 이치다. 퇴위라는 뒤쪽의 과제가 실현되었더라도 '원호'를 남길지 없앨지가 적어도 문제시는 되었을 것이며, 남겨졌다고 해도 '원호'가 바뀌어 '쇼와'가 없어졌을 것은 확실하다.

이렇듯 천황제의 존폐, 또는 한 천황의 퇴위와 '원호'의 존폐 내지 개변은 불가분으로 맺어져 있다. 그리고 실은 또 한 가지, '일본'이라는 '국호'도 원래 이들과 엮여 있으며, 천황호와 원호와 국호 세 칭호는 한 묶음으로 이루어져 존재해 왔다. 이 세 칭호들이 실제 각각 일상적으로 사용되는 시기는 시계적 시간으로 말하자면 약간씩 어긋나 있지만, 질적인 시간상으로 이 호칭들은 동시성을 가지고 성립했다. 즉 그들은 공통된 의도로 일관되는, 동일한 역사적 변동의 결과로서 만들어진 것이다. 구체적으로는 '율령국가'라 불리는 역사적 건축물의 상징적 측면이란 점에서 이 한 묶음의 칭호 체계가 필요해졌던 것이다.[2]

단 그 한 묶음의 칭호가 한 묶음으로 만들어진 발생 단계에는 조건
이 제대로 갖추어지지 않았던 탓에, 각각의 칭호들이 통용되기 시작한
시기에는 약간씩 엇갈림이 생기지 않을 수 없었으며 또한 하나하나의
'호' 차원에서도 일단 만들어 놓은 게 제대로 통용되지 않은 채 중지된
다거나 또다시 만들어지는 등의 시행착오가 반복되며 만들어져 온 것
이다.

예를 들어 원호에 대해 살펴보면, 그것은 '다이카'大化(645~650) 전
후부터 나타났다 사라졌다를 반복하다가 결국 '율령'제 전후의 '다이
호'大宝(701~704) 시기에 확립돼 이후 오늘날까지 이어지게 돼 버렸다.
성립기의 '나타났다 사라졌다'가 '탄생의 고통'이었다는 점은 말할 필
요도 없을 것이다. 이렇게 '탄생의 고통'과 '죽음의 신음'은 향하는 방
향은 반대지만 이 세상의 경계를 오락가락 건너는 모습이라는 점에서
공통적이다. 이 한 묶음의 칭호 역시 예외일 수는 없다. 태어나기 쉬운
조건에 있는 것부터 우선 태어나듯이 죽기 쉬운 것부터 먼저 죽어갈 터
이며, 그들이 한 묶음인 이상 그중 하나가 먼저 사라져 버리면 그건 다
른 '호' 또한 머지않아 같은 운명에 맞닥뜨리게 될 것임을 알려주는 것
이다. 예컨대 '전후'에 현 천황의 퇴위·교체만이라도 이루어졌다면 그
'민주화'의 돌풍 속에서 '원호'의 존속이 뒤이어 당연히 문제시되었을
것이며, 그리고 만약 한 번이라도 원호를 폐지하게 되었다면 설령 부활
할지라도 그것은 이제 '나타났다 사라졌다' 하는 종막 과정의 일환에 불
과하게 되었을 것이다. 그러나 '전후' 처리 속에서 천황의 퇴위는 이루
어지지 않았고 따라서 '원호'의 존속 여부도 문제시되지 않았다.

이처럼 원호는 중화제국을 보고 배운 율령국가라는 국가제도의 시간 척도로서 출현했으며 그 점에서 새로운 인공적 세계를 구성하는 일대 계기였다. 따라서 그것은 그 이전 세계의 시간 기준에 대한 질적 부정 을 기반으로 성립하였다.

원호 이전의 세계에서 '해'〔年〕라는 건 수확제와 함께 바뀌는 것이었 다. '도시'とし〔年〕라는 일본어 자체가 원래 '햇수'할 때의 '해'를 의미 하는 동시에 다른 한편으로는 '오곡' 특히 '벼의 이삭'을 뜻했는데, 이 두 가지 의미가 관련되게 된 근원은 틀림없이 '벼 이삭' 쪽이었다. 일본 어 '히토히'一日(하루), '후타히'二日(이틀)의 '히'가 운행하는 천체로서 의 태양〔日〕에 기반하고 '히토쓰키'一月(한 달), '후타쓰키'二月(두 달)의 '쓰키' 역시 차고 기움을 동반하며 운행하는 천체인 달〔月〕에 기반하고 있는 데 비해, '도시'〔年〕는 자연적 계절과의 관련 속에서 행해진 사회 적 생산(육성)의 주기에 따라 결정되었던 것이다.(『시대별 국어대사전』時 代別国語大辞典 상대上代 편 참조) 또한 사전 내지 사전형 사고가 놓치기 쉬운 점인데, 태양을 가리키는 '히'日는 단지 운행하는 천체일 뿐만이 아니라 생산과 육성 과정에서 결정적인 역할을 담당하는 '햇빛'의 원천 이고, 달 또한 바다의 간만을 결정하여 교통과 어로 수확을 깊숙이 규 정하므로, 그들 또한 모두 함께 어우러져 '도시'〔年〕로 대표되는 **사회적** 시간의 **구조체** 속에서 각각의 위치를 차지하고 있었다.(이 가운데 달이 약간 부차적인 위치에 있는 건 농경 생산의 제패와 함께 시작된 현상이리라.) 이처럼 모든 시간 단위는 적어도 일면적으로나마 수확기로서의 '해' 〔年〕와 이어져 있던 것이다.

그리고 그 '해의 바뀜'에 따라 사회의 대표자인 우두머리의 교체, 즉 왕 의 성년식인 즉위식이 때에 맞춰 행해졌다. 때문에, 원호가 속한 국가 제도의 수면 위로 떠오르지 않는 촌락 사회에서는 수확제를 중심으로 하여 부수적으로 마을의 우두머리나 제사 책임자, 각 가정의 가장 등 여러 차원에서 여러 왕의 교체 의식이 행해지는 것이 보통이었으며, 마을을 넘어선 나라[国] 차원에서도 '율령' 이전 야마토大和 왕국 시대의 '사회의 갱신'이란 지금 말한 바 같은 것들의 집약태集約態로 나타나는 것이 정상적이었을 터이다.

그러나 그러한 소小왕국을 넘어선 제정制定국가가 각각의 소왕국을 병합하여 공간적으로 광대한 '판도'를 영유하기에 이르렀을 때, '시차'에 따라 서로 분산·독립해 있던 동서남북 여러 지방왕국의 사회적 시간을 통일적으로 제정하고자 제정국가는 제국 통치의 필요상 '사회 위쪽에서부터' 시간에 대한 지명권을 행사하기 시작한 것이다. 그것은 바로 '판도'와 병행하는 '시간'의 국가적 영유였다. 그리고 그때 '원호'가 산출된 것이다.(물론 그 산출은 일본에서뿐만 아니라 동양의 로마제국[1]에서도 행해졌던 것이지만.) 이때 시간의 '체계와 규준'은 자연 내지 사회로부터 뜯겨 나와 인위적 국가기구 체계의 한 측면으로서 하나의 독립적 정치 부문으로 화해, 따라서 더 이상 우주적 천체나 자연적 계절이나 사회의 수확제 등에 직접 의거하지 않고 기구 체계의 정치적 '자의'恣意에 따라 자유롭게 결정되며 또 '개원'改元될 수 있게 되었다.

그리하여 그때부터, 정치사회의 **역사**적 전변轉變이나 사건 또한 '춘추'라는 보편적 계절명으로 표현되기를 멈추었다. 나는 여기서 진한秦漢 제국 이전의 역사를 가리키는 '춘추'만을 말하는 게 아니다. 시험 삼아 투키디데스의 『역사』(戰史)를 펼쳐 보아도 좋다. 거기서도 역시 작은 지방국가 사이에 일어난 역사적 사건의 시간적 경위와 순서를 늘어놓는 경우 '봄'이나 '가을'이나 '수확기'라는 계절적 규준이 사용되고 있다. 그것은 단일한 왕국(또는 도시국가) 내부에 국한되지 않는 '국제적' 사건을 서술해야 할 때, 그리고 아직 제국의 획일적 시간 척도가 제정

---

1   동양의 로마제국: 이 글에서 과거의 중화제국을 가리키는 말로 쓰이고 있다.

되지 않았을 때, 즉 양 단계의 규제—좁은 전통적 소사회의 규준, 다른 한편으로는 제국적 획일 제도의 법률적 압력—로부터 해방되어 있는 자유로운 과도기에 건강한 지혜가 불러일으킨 보편적 시간 규준이, 넓은 초월적 규모에서 창조적으로 재생된 것이 아니었을까.

'판도'와 '시간'을 기구적으로 영유함으로써 태어난 '제국'과 '황제'와 '원호'의 성립은, 전환기의 자유로운 역사 감각인 '춘추'에도 제도적으로 종지부를 찍고 그로부터 '정사正史를 만들어 냈다. 그러나 우주적 자연과 생산적 계절로부터 유리돼 사회적 사건과 '춘추'를 보는 자유로운 역사 감각을 동결시킨 국가기구의 제도적 '자의' 또한, 그렇다 해서 결코 무제한적인 자의를 의미하지는 않았다. 자연과 사회와 역사를 겁탈한 '정치적 계기들의 체계적 집합'(즉 제정국가)이 부동의 기구로서 존립하고자 하는 한, 그것은 그 '정치적 통합체'에 조금이라도 변동을 가져올 수 있는 경향과 사태와 징후에 대해선 가장 민감하게 반응하지 않을 수 없었던 것이다. 기구의 규제를 이완시키는 '일'이든 접착부에 균열을 가져올 것이든 전복을 초래할지도 모르는 경향이든 간에, 긴밀해야 할 기구적 집적체에 변동을 불러일으킬 가능성에 대해서는 현실적 사태이든 예조豫兆이든 그 대소를 막론하고 전부 극도로 민감하게 대응하였다. 이는 이전의 소사회로부터 이어진 주술적 정신의 발현이라기보다는, 오히려 자연과 사회로부터 더 유리된 채 만들어진 '독립적 정치기구'가 갖는 불안과 공포의 새로운 정치주술적 노출이었다.(마치 대지와 떨어진 거대한 공중누각이 자그마한 동요에도 공포를 느끼지 않을 수 없는 것처럼.) 따라서 주술적 의식은 종래의 전통적 소사회에서와는 전혀 다르게, 인위적이며 거창한 과잉 의례로 변질되었던 것이다. 이처럼 다양한 공간과 다양한 시간을 획일적으로 영유한 제정국가는 천체·대지·사회 전반에 나타나는 미세한 변화에도 비상한 관심을 보였다. 또한 반대로 기구적 체계의 긴밀한 통합성을 예축豫祝해 주는 듯이 보이는 사상事象에 관해선 그것이 어느 분야에 속하는가를 막론하고(생산이나 사회와 무관하더라도) 그로부터 예사롭지 않은 위안과 축복을 얻었던 것이다. 그러한 의미에서, '지속의 제국'이라고 해도 결코 무위無爲로서 지속한 건 아니며 예조의 측정과 그에 대한 민감한 반응을 부단히 반복한 결과로서 지속이 가능했다는 것을 잊어서는 안 된다.(그러한 종류의 반응을 가능케 했던 사회적 기초가 동반되기는 하지만.)

바로 그런 이유로 원호는 변동의 함의, 특히 정치적 변동의 함의를 가진 모든 사상에 대해 과할 정도로 끊임없이 응답적 개선을 행해 왔다. 단 그 응답의 방식이 과다한 장식과 불안의 과잉으로 변질된 정치적 차원의 주술적 교감을 핵심으로 하고 있었던 것뿐이다. 제왕의 교체라는 사태 역시 그 일환에 지나지 않았다. 다른 곳에서 이미 언급한 바와 같이, 사상에 대한 이러한 정치적 응답이었던―과잉 반응이라지만 어쨌든 정치적 응답이기는 했던 때의― '개원'은 그리하여 메이지 이후의 일본 국가에서는 행해지지 않게 되었다. 원호의 의미는 나아가 천황 개인의 재위 표시로 해피하게 축소되었고 정치적 사태와의 연동성은 소멸되었다. 그야말로 근대적 의미에서의 천황제 국가 성립인 것이다. 시간 단위로서의 원호는 그때 비로소 일의적인 것으로 '합리화'되고 '실증주의화'되었으며 기계적으로 합리적인 성질을 갖는 미증유의 '원호'가 이곳에 '새롭게' 만들어졌다.

이처럼 '해'〔年·稻〕가 갖는 사회적·자연적 포괄성도 '춘추'가 갖는 보편적 역사성도, 혹은 제국적 기구인 원호가 가졌던, 불안에 찬 세계를 향한 응답성마저도 특별한 '합리화'에 의해 국가적 시간제도로부터 추방된 것이다.

# 3

그렇다면 전후 처리 속에서 '개원'의 가능성은 얼마나 있었을까? 앞의 주에서 말했듯이 메이지 이전에는 작은 사건이라도 생기면 거의 반드시 개원을 했다. 물론 이는 '길흉을 가리려는' 정신의 표현이기는 했으나, 아무리 '길흉을 가린다'고 해도 통치 체제의 한 가지 상징인 원호를 사건의 결과에 따라 고친다는 것은 사건에 대한 감수성과 상징에 대한 자각이 다소간이라도 연동되어 있었다는 걸 의미한다. 그리고 이는 또 한 가지, 원호라는 통치 체계의 상징이 상대적으로 다른 두 상징들과는 독립적으로 기능하는 존재였다는 점 또한 의미한다. 그러므로 자기가 일으킨 세계전쟁에서 패배했다면 최소한 '개원'은 당연한 필지였을 것이다. 그러나 메이지 이후 천황제가 천황이라는 칭호는 그대로 보존한 채 새로운 형태의 제도로 개조돼, 말하자면 '특수하게 근대화'돼 '일대일원호'一代一元號화되었으므로 사태에 대응하는 '원호 감각'은 우선 천황제 지배자의 내부로부터 사라졌다. 원호는 이제 통치 체제의 한 가지 상징이 아니라 그저 현행 천황이 아직 살아 있다는 신호에 불과하게 되었다. 교통신호 같은 존명存命신호가 일본 안에 딱 한 가지 만들어져, 한 인간의 존명신호에 따라 전 국민의 달력이 즉 시간 감각이 결정지어지게 된 것이다. '천황은 국민의 상징'이라는 명제가 '전후'에 남겨지게 된 사회사실적 전제는 이렇게 만들어졌다. 천황제의 일각을 이루어 온 '원호'를 존명신호화한 결과 살아 있는 천황만이 '일본'이라는 '국호'와 동일시되게 된 것이다. 원호는 여기서 현존 천황 개인의 '성'姓처럼 되어 버렸다. 원래 천황에게는 '성'이 없는 것이 특징이었으나 메이지 이후로는 '일대일호'로 인해 '시호'諡號를 붙일 것도 없이 생존 중에 사실상 '시호'가 결정된 것이나 마찬가지였다. 그리하여 새로운 천황의 즉위 이외에, 사태에 대한 대응으로서 행해지는 독립적 '개원' 그 자체는 불가능해진 것이다.

　물론 그만큼 새 천황의 시작과 함께 새 원호를 붙이려면 '길흉 가리기'에도 크게 신경 써야 할 테고 게다가 천 년 이상의 시간 동안 '명구名句'란 명구는 대체로 다 사용해 버렸으니 중국이나 조선에도 없는 새 '명구'를 제한된 '출전出典' 속에서 골라내는 데 골치를 썩었을 것이다. '쇼와'의 경우, 예를 들어 『후쿠오카 일일신문』福岡日日新聞 1926년 12월 26일 자의 「시세에 적응한 새 원호 쇼와─초안자의 고심 흔적」이라는 기사에 공교롭게 드러난 사정을 통해 이를 알 수 있다. 이 기사는 '후쿠오카 여전福岡女專 교수 야마우치 신교山內晋卿 씨'의 담화를 빌려 다음과 같이 말하고 있다. "헤이안 시대에는 개원 때문에 궁중에서 '난진難陣의 회會'라는 것을 열어 공경들이 시간을 들여 새 연호의 토론에 몰두했다. 지금은 그 정도까진 아니라고 감히 추측하나, 우리나라는 물론이고 지나支那·조선에서 과거 사용된 연호는 막대한 수에 달하여 좋은 글자는 거의 다 써버렸기 때문에 옛 연호에 지장이 없으면서도 현 시세에 적응하는 연호를 **물색**하기란 틀림없이 큰일이었을 거다"라고. 원호의 '물색'이라니 그야말로 걸작이다. 물론 그 담화자는 한 조각의 악의도 없이 한 말이다. 소박하게 '감히 추측하는' 태도와, 이때를 위해 그동안 연구한 깊은 지식을 쏟아붓고자 하는 소박한 표현 의욕이 거기에 작용하고 있을 뿐이다. 그 결과 '원호의 물색 과정'이 지극히 자연스럽게 어떠한 경계심도 없이 밝혀진 것이었다. 때문에 그 담화는 자연스럽게 '호소카와 준지로細川潤次郎나 오치아이 나오후미落合直文나 미시마 주슈三島中洲' 같은 '고실故實[2] 전문가'들이 더 이상 이 세상에 남아 있지 않게 된 역사적 현상에까지 이야기가 미치는 것이며, 그러한 역사

---

2　고실故實: 전례典例와 고사故事.

적 현상 속에서 이루어지는 '물색' 과정의 어려움을 추측하고 있는 것이다. 그 태도의 소박함 탓에 간과하기 쉽지만, 뒤집어 보면 이 담화는 '원호 저수지'의 유한성으로 보나 선별 직인職人의 역사적 사멸이라는 현실로 보나 즉 물적 원료의 고갈과 인적 생산자의 부재라는 양쪽 차원에서 이제 원호가 즉물적 제작 과정 자체의 한계로 재생산이 곤란한 단계에 도달해 있음을 말해 주는 것이었다. 큰 중앙 신문이라면 신경질적으로 전전긍긍 '황공'하게 공식 발표만을 거듭 보도했을 것이며 실상 또한 그러했던 것을, 지방지에서는 관청 중추가 행하는 세세한 통제 과잉의 '공식적 황공함'에 정통하지 않은 '둔감함'으로 운 좋게도 이 지방에서 그 방면에 '박식한 사람'에게 순박하게 사정을 물었고, 양자의 순박한 호기심과 소박한 발언 의욕이 내키는 대로 발동된 결과 원호 초안 제작 과정의 말기적 상황이 독자에게 알려지게 되었다. 그러한 즉물적 '물색 과정'을 알게 된 이상, 아무리 경사스럽고 신성한 문자를 골랐다 하더라도 성성聖性의 인위적 공작 과정 자체가 가지는 몇 가지 세속적 관계가 알려져 버림에 따라 공작의 목적은 반감되지 않을 수 없으며, 장엄한 '개원' 의식도 그 이면의 야단법석을 알고서 보면 점잖은 장엄함 그 자체가 오히려 무언가 골계적인 양상을 띠게 되는 것이다. 또한 알맹이 없는 장엄함만으로 자기를 주장하는 권위 체계의 심각한 위기가 그곳에 깃들 수밖에 없다. 이렇듯 원호가 세계의 사태와 주술적으로 '교감'하는 독자적 정치 기능을 잃는 과정은, 실은 애초에 원호라는 것의 즉물적 생산관계 자체가 봉착한 말기적 쇠약 단계와도 들어맞는다. 그리하여 메이지 이래 그 양의적 과정—합리화와 쇠약화—은 쇼와의 출발점에선 거의 극한에까지 달해 있던 것이다. 한 지방지의 이런 선의의 폭로를 동반하면서, 일대일호로서의 '쇼와'는 무리하게 만들어지고 있었다.

4

이렇게 만들어진 '쇼와'라는 원호는, 공식발표에 의하면 『서경』書經 「요전」堯典의 '백성소명, 협화만방'百姓昭明, 協和萬邦이라는 문구에서 뽑은 것이라 한다. 여기서 「요전」에 대한 해석은 하지 않겠다. 다만, 아득한 옛날의 중국에서 이 '백성'은 '백관'百官을 의미했을 것이며 '만방'은 '제후의 나라'라는 정도의 의미였을 테지만, 20세기에 이 문구를 받아들이자면 '백성'은 어떻게 봐도 '일반 국민'이고 '만방'은 '세상의 나라들'을 가리킬 것이다. 그렇다면 과연 '쇼와 50년' 동안 일본 국민은 약속대로 '소명'昭明을 이루어 냈을까? 우리는 지금 '소소명명'하게 빛을 뿜고 있는 것일까? 조선, 중국 등 당시의 '원호 세계'에서 '쇼와'의 일본 국민은 어떠한 명예를 지니고 있을까? 고개를 꼿꼿이 들고 그 세상을 걸어 나아갈 수 있는 일본 국민은 몇 명이나 있을까? '쇼와'를 자칭하는 자가 우선 그 세상에 나아가 '백성'과 대면해 보아야 할 것이다. 주권자인 일본 국민의 치욕을 조금이라도 알라는 것이다. 국민의 치욕을 조금도 모르는 '국민의 상징' 같은 건, 오스카 와일드Oscar Wilde와는 정반대의 의미에서 '행복한 왕자'라고 불러야 하리라. 그렇다면 '만방협화'는 어떨까? 한마디 설명조차 필요 없다. 중일전쟁, 태평양전쟁이 '만방협화'인가? 한국전쟁, 베트남전쟁이 '만방협화'인가? '김대중 사건'이 '만방협화'인가? 전쟁 체제에 의해서만 명맥을 잇고 있는 사이공 정부나 박정희 정권과의 유착이 과연 '만방협화'인가? 그래서 '쇼와'는 현존 천황의 생존신호일 수는 있을지 모르지만, 하나의 통치 체계를 상징하는 이름으로서는 완전히 의미를 잃었다. **완전히** 잃은 것이다. 잃었을 뿐만 아니라, 정반대의 실체를 지시하는 허위의 기호가 되었다. 허위의 기호 중에서도 명실이 괴리된 가장 극단적인 예를 후세 사람들은 바로 여기서 보게 되리라. 여기서 원호는 의미론적으로 완전한 파탄을 드러냈다.

전후의 '쇼와'는 그 완전한 파탄을 스스로의 손으로 감히 범했고 또한 그 점을 무시했으며, 그럼으로써 역사상 모든 원호에 대한 모독과 배반을 행하였고 또한 지금도 행하고 있다.

1926년 12월 25일 쇼와 원년의 출발점에 화려하게 발표된 '쇼와'라는 원호의 훌륭한 유래는 '전후' 처리 속에선 단 한 번도 언급된 적이 없었다. 그 유래를 다시 한 번 상기함으로써 전후 처리를 책임 있는 것으로 만들고자 하는 정신 태도는 그 처리 당사자에게서는 보이지 않았다. 그러한 관계는 마치 태평양전쟁의 개시 당시에 "짐은 여기서 미국 및 영국에 대해 전쟁을 선언하노라"라고 잘난 듯이 선언하고는, 패전 때는 쩨쩨하게 중얼거리기밖에 하지 않았던 것과 대응하고 있다. '시작'에 있었던 선언적 언사는 이렇게 은밀하게 더럽혀지고, 가지고 있는 듯이 보였던 '의미'는 몰래 낙태돼 흘려 버려지면서, 말은 단순한 기계적 신호로 변질된다. 선언의 결과는 역시 선언으로 마무리 지었어야 했을 것이다. 그것이 싫다면 선언하거나 행동하지를 않았으면 될 일이다. 그러지 않는 한, 인간과 사회의 말은 좀이 먹혀 그 의미와 상징성을 잃고 결국에는 말과는 다른 세계의 것 즉 로봇적 세계의 신호체계로 화하여 이 세상을 뒤덮을 것이다. 그러한 말의 해체 작업과 변질 작업은 '고도성장'을 거친 현대 산업 세계의 관리 체계 속에서 노도와 같이 진행돼 가고 있지만, 그 **정치적** 선구는 이렇게 '전후' 천황제가 행한 '원호 **감각**'의 최종적 망각과 '선언적 태도'의 지극히 낙태술적인 포기 속에 이미 존재했다. 언어에 대한 현대적 소외(즉 다른 것으로 변해 버리기)의 선구가, 다른 것도 아니라 일반적으로 '오래된 것'으로 간주되는 천황제의 행동양식 속에 있었다는 역설은 우리에게 더욱더 고도의 해부를 요구하지만, 그러나 애초에 메이지 이래의 천황제라는 게 **소**사회라는 고대 **사회**의 핵심을 전통적으로 존속시키고자 만들어진 것이 아니라 반대로 '제국'적 **거대함**의 모의적 획득을 염원하던 모던한 '율령**국가**'의 상징을 어떻게 현대적으로 갈아 입히며 현대적 제국의 권력 상징으로서 기능시킬 것인가, 하는 목표를 위해 만들어졌다는 점에 주의를 기울인다면 그 자체로도 이 역설에 대한 여기서의 시사적 답변으로서 충분할 것이다. 메이지 이후의 천황제는 결코 '오래된' 것이 아니라 지극히 '모던'한 것이며,[3] 고대(원시) 사회의 '소국과민'성을 철저히 경멸하고 반대로 동양의 로마제국을 동경하던 율령국가의 '위대함'에 대한 충동을 자기 역사적 종자로 삼고 있다. 때문에 거기엔 한계를 가진 '일정한 자기'로서의 정재성定在性이 전무하며(만약 조금이라도 그런 것이 있었다면 적어도 '자신의 시대'가 아니게 되었을 즈음에는 훌쩍 어디론가 사라져 버렸을 것이리라), 바로 그렇기에 거기엔 어떠한 변동 속에서도 끊임없이 '모던'한 의상으로 갈아입기를 계속하는 패션 운동만이 실체로서 '존재'한다. 그것이 현대적 소외의 언어적 최첨단에 서 있는 것도 당연할 것이다. 이 부족한 글에서 살펴본 '전후 처리'의 몇 가지 양상 또한 그 점을 증명한다.

**3** ——— 동양의 로마제국이었던 '중화제국'을 완구적 규모로 모방한 율령국가가 정치적 파쇼로서 '모던'이었던 것처럼, 메이지의 천황제 또한 거대한 세계 열강을 본떠 만들어진 지극히 '모던'한 국가 체제였다.

'천황제 **국가**'라는 말은 원래 그러한 의미를 담아 내 미숙한 젊은 날에 사용한 것이었는데[3)] 이후 예상치 못한 정도로 지나치게 보급돼 버려 옳지 못한 방향으로까지 그 의미가 확장되어 버린 듯하다. 그러나 '천황제 **국가**'는 항상 해당 시대마다, 국제적 지배국의 모습을 외면적으로

3    1956년에 발표된 후지타의 첫 논문은 「천황제 국가의 지배 원리」(天皇制国家の支配原理)였다. 한국에서는 김석근의 번역으로 2009년 논형에서 출판되었다.

걸치고자 하는 의상적 '계승' 형식과 자국의 전통적 형식을 지극히 능률적으로 최소저항선의 궤도에서 접합시킨 그곳에다 재빨리 '제3의 형태'를 조성함으로써 해당 시대의 독자적 현대성(모더니티)을 정치풍속적으로 표현하고자 하는 제도였다. '황제'를 대신해 '천황'이라는 용어를 선택한 데도 그 사정이 드러나 있다.

근본적으로 성질을 달리하는 이물들을 접합하고자 하는 경우에 불가피한 분열의 고뇌와 통합의 고투를 최소화하는 그 궤도가 이 제도의 한가지 특징이었으나, 그 결과 거기에는 항상 있는 그대로의 솔직명백한 '분열', 충분한 과정을 거쳐 성숙된 '통합' 양쪽 모두가 결여되어 있었다. 바꾸어 말하자면 은폐된 '분열'과 허울뿐인 '통합'이 항상 거기에 깃들어 있던 것이다. '분열'의 은폐와 '통합'의 허울 만들기란 게 거의 같은 일이고 거리도 매우 가까운 만큼, 여기서 벌어지는 접합 노력(그것이 없었던 건 아니다) 과정은 지극히 능률적으로 진행되었다. 모더니티의 중요한 계기인 '속도'에 대한 요구는 언제나 충분히 달성되었다. 그러나 그 대신 국가제도적으로 볼 때 허울상의 '통합' 속에는 언제나 은폐된 '분열'의 계기가 포함돼 있었고, '분열'이 노출되는 곳에는 언제나 허울상의 '통합'이 섞여 들어오게 되었다. 국가제도에 시각적 혼잡(기묘한 복잡성)과 부정합적 장식 과다가 엉겨 붙게 된 건 거기서 유래한다. 이러한 경향은 율령국가 의식에 보이는 이상한 비대함과 관위 체계의 번잡함에도 나타나 있고, 메이지 이후의 천황제 의식에 보이는 극단적인 혼잡함, 또 예컨대 '봉안전'奉安殿 건축양식에서 기둥머리·아치·문이라는 서양 **열강**적 계열과 지붕·박공 등이라는 사찰풍 권위 간에 보이는 번잡스런 혼효성 등에도 나타나 있다.

그래서, 그리고 이러한 의미에서 '천황제'는 '모던'하며 그것이 율령국가와 근대 천황제 국가의 특징인 정치적·풍속적 '모더니티'다.(다이카 大化[4]) 이전과 중세는, 그리고 중세와 다른 의미이기는 하나 근세 또한 그 점에서 율령국가나 천황제 국가와는 완전히 다르다. 이 점은 명기해 두어야 할 것이라 생각한다.)


## 맺으며

이처럼 '전후' 천황제의 폐지도 없이 천황의 퇴위나 교체도 없이, 원호 문제의 재검토도 없이 '쇼와'는 50년이 되어 버렸다. 그리하여 우리는 우리 자신의 '시간 감각'―인간의 근본적 감각 중 하나―을 거의 무기적 신호로 변질된 '쇼와'라는 말로 습관적으로 표현하고 있다. 습관 그 자체는 말할 필요도 없이 사회생활에서 지극히 중요한 핵심적 요소지만, 그만큼 **어떤** 습관이 습관으로 정착하는지는 그 사회의 정신 구조를 결정하는 최대의 계기가 된다. 그리고 일본국의 경우 시간의 척도인 '쇼와'는 원호이면서도 기존의 원호가 좋든 나쁘든 가지고 있던 사물에 대한 교감적 대응을 포기한 채 실체적으로는 무기적 신호로 화했음에도 불구하고, 또한 무기물이 갖는 건조한 물리성에 투철하지도 않은 채 마치 원호 감각이 '살아 있는 전통' 속에 있다는 듯한 외견을 하고서, '실증주의'적 시간 척도의 척박함을 은폐하는 이데올로기적 기능을 은밀히, 그리고 부단히 행하고 있다.

　　일본 역사상 원호 제도가 생긴 이후로 같은 원호가 50년이나 지리하게 이어진 것은 '쇼와'가 처음이며, 세계대전의 개시와 패배 그리고 '전후'라는 한 덩어리의 대사건을 거치면서 또한 흐지부지하게 지속된 그 '지리함' 속에는 앞서 언급한 '자기' 정재성의 결여와 함께 지금 말한

---

4　　다이카大化: 645년부터 사용된 일본 최초의 연호. 아스카飛鳥 시대의 고토쿠孝德 천황이 실시했다.

허위의식성이 유연하고 밀도 높게 가득 차 있다. 우리는 언제고 습관에 반항하는 광신적 존재여서는 안 될 터이니 '쇼와'에 대해서도 일상적으로는 나라의 습관에 따라도 조금도 지장이 없겠지만, 그러나 매일 사용하는 사이에 인습이 되고 인습이 사물을 자명하게 만듦에 따라 결국 그 인습의 근본적 성질을 성찰의 울타리 밖에 둔 채 잊어버리려 하는 일만큼은 피해야 한다. 이는 지적 '비평력'의 존부에 관한 문제일 뿐만 아니라, 국가의 '전후 처리'와는 별개로 우리 사회에 전후 정신이 존재했는지의 여부가 특히 이 '쇼와'로 평가될 것이기 때문이다.

# 전후 논의의 전제

## 경험에 대해

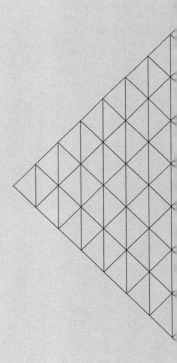

**연설하는 도쿠타 규이치**德田球一(1946년 노동절)

이 글은 사상의 과학 연구회(思想の科学研究会)에서 발행한 『사상의 과학』 1981년 4월호(제7차 창간호第七次創刊号)에 처음 실렸다. 함께 수록된 「이탈 정신」은 아사히신문사朝日新聞社에서 발행한 『아사히그라프』 アサヒグラフ 1978년 11월 3일호에 처음 실렸다.

## 시작하며

'전후戰後 논의의 전제'에 대해 쓰라는 분부를 받았다. '아규멘테이션' argumentation이라는 이론 조작을 상기시키는 '논의'라는 일본어가 이 주제의 경우 나로서는 부자연스럽기 짝이 없는 용어라 생각되지만, 그 점에 대해선 묻지 않기로 한다. 이 문제를 다루기 위해 원래대로라면 다시금 치밀한 조사를 행하여 현재 우리가 일반적으로 '전후 원칙'이라든가 '전후 사상'이라든가 '전후 사고방식'이라고 말할 경우 포함되는 표면적 유통 관념의 바닥 깊숙이 감춰진 정신적 기초를 찾아내 확인하는 작업을 행해야 할 것이며, 이 글을 쓰기로 한 이상 그것을 나 자신의 손으로 내 나름대로 행해 보고자 하는 생각도 있으나 불행히도 시간이 허락하지 않는다. 별수 없이 나는 주요하다고 생각되는 문제 몇 가지를 소묘적으로 나열하는 데 그칠 수밖에 없다. '단편으로 이루어진 하나의 정신'이 약간이나마 드러나기를 바랄 뿐이다.


## 1

전후 사고思考의 전제는 경험이었다. 어디까지나 경험이었다. 이른바 '전쟁 체험'으로 환원해 버릴 수 없는 갖가지 레벨에서의 경험이었다. 경험적 기초로부터 분리돼 허공을 떠도는 '논의'나 하늘에서 내려온 '허망'한 사상 체계가 어떤 내부적 갈등도 거치지 않고 내용 없는 전체상을 이룬 것이 전후 사고의 상황인 건 아니다. 그 같은 설익은 맹목적 '논의'를 편승적으로 전개하고자 하는 자가 있기는 했으나 그건 어느 시대에나 반드시 나타나는 '사고 없는 이론가'의 무리이지 결코 전후 사고의 특질을 결정화結晶化하는 자가 아니었다. 이 점은 명기해 두어야 하겠다. 특히 '고도성장'을 거쳐 사회구조가 근저부터 변모해 버린 오늘날 '전세'前世로서의 전후를 일괄하는 경우 하나로 뭉뚱그려 요약하기가 쉬우며 그러한 태도가 이따금 '전후 민주주의'라든가 '전후 사상'이라든가 하는 용어를 쓰고자 할 때 무의식중에 드러나는데, 손쉬운 부정否定을 통한 반동적 분위기가 그로부터 조성되는 것이라면 이 점에 대한 명기는 골수에까지 새겨 두어야만 할 것이다.

그러나 결코 이는 전후 사고 속에서 살아갔던 자가 오늘날도 그 핵심을 여전히 자기 안에 확보하고 있음을 의미하는 건 아니다. 오히려 '고도성장'으로 인한 근본적 변화 속에서 깨닫지 못하는 사이 당사자 자신이 그 핵심을 상실하고, 핵심을 잃은 대신 '체험 추억'의 '고생담'이 응고물이 되어 표면에 떠오른 결과 과거 경험과 과거의 사고가 응접실의 장식품이나 진열장의 진열품처럼 '물화'物化해 가고 있는 게 오늘날 정신 상황의 특질이다. 그런가 하면 전후사고적 상황을 살아 보지 못했던 자는 장유유서의 붕괴라는 상황을 매개로, 그런 '옛날 이야기'를 경청하는 태도를 갖기는커녕 반대로 그 장식품이나 진열품을 자신이 소유하지 못한 데서 오는 질투와 반감으로 말미암아 이윽고 전후의 경험과 사고를 언제라도 내다 버릴 수 있는 물적 '전후 사상'으로 일괄 포장해 버리려 한다. 이 또한 오늘날 정신 상황의 특질이다.

그리고 이 상반된 둘의 공통점이 경험과 사고의 '물화'다. 그러나 경험이란 사물(혹은 사태)과 인간 사이의 상호적인 교섭이므로 그 자체가 '물체'로 화할 수는 없으며, 사고란 이성을 통한 세계(혹은 경험, 혹은 사물)와 인간 사이의 응답 관계이므로 그 자체가 '물체'로 화해 버릴 수는 없다. 경험이 고형의 '물체'가 될 때 그것은 더 이상 경험이 아니라 경험의 소외태態이며, 사고가 완결적인 '물체'가 될 때 그것은 더 이상 사고가 아니라 사고의 소외태인 것이다. 이처럼 오늘날 정신 상황이 가진 특질의 심부에는 경험과 사고의 소외가 완성된 형태로 존재하며, 그러한 의미에서 '경험의 소멸'과 '사고의 고형화'는 결정적인 것이었다.

그러나 이렇게 경험을 겪었던 당사자에게서조차 경험이 유리되어 하나의 '물'로서 인간 외부에 존재하게 될 때, 거꾸로 그것은 하나의 범주로서 자립할 기회를 갖게 된다. 경험이라는 '사물과 인간의 상호 교섭'으로부터 인간의 요소도 사물의 요소도 소거되고 교섭 결과만이 별도의 '물'로 화할 때, 그 소외태에는 체취와 비린내가 제거된 물적 소재로서의 성질이 나타나게 된다. 그런 만큼 자의적으로 미화할 수도 있고 평가절하할 수도 있는 '허위의식의 소재'가 된다. 인식(과 이해와 상상력)이 자기 위신을 걸고 온 힘을 발휘해야 하는 건 이때다. 경험이 소외태가 되어 '이용의 소재'로 화할 때, 그때 소외태라는 '태고의 화석' 속에 태고의 살아 있는 모습을 재형성하는 것이 인식에 부여된 영광스런 임무인 것이다. 화석을 투시해 상호 교섭의 약동을 재생시킬 때, 당시 거기 있었을지도 모르는 당사자의 비린내 나는 자의적 왜곡은 이미 사라져 버린다. 또한 동시에 자의라는 오늘날의 이용자가 그것을 허위의식의 제조 재료로 이용하는 것 또한 더 이상 허용되지 않는다. 왜냐하면 거기엔 경험 고유의 상호관계성(즉 왜곡을 받아들이지 않는 구조체)이 다시 살아나 존재하기 때문이다. 이렇듯 '경험'은 오늘날 인식의 중심적 범주가 되어야 하는 것이다.

'전후 사고의 전제가 경험이었다'는 건 이와 같은 오늘날의 방법적 요청에 따른 것이다.

2

첫째, 전후 경험은 국가(기구)의 몰락이 불가사의하게도 밝음을 내포하고 있다는 것의 발견이었다. 그런 의미에서 이는 메이지 유신과 정반대의 경험이었다. 유신에선 입국立國의 밝음이 빛나고 있었던 데 비해 전후에는 국가의 붕괴가 지닌 밝음이 발견된 것이다. 거기서 메이지 국가와 쇼와 국가 사이의 질적 차이를 찾는 사고가 생겨났으며, 그 질적 차이를 가져온 역사적 과정을 찾고자 하는 지적 관심이 태어나기도 했다. 그 성과들에 대해 하나하나 예를 들 필요는 없을 것이다. 오히려 여기서는, 국가의 몰락과 붕괴가 일종의 밝음을 지니고 있었던 다른 역사적 시대(중세)에 관한 오늘날의 인식이 어떻게 전개되고 있는지에 주의를 기울이는 것이 중요하리라. **예를 들면** 아미노 요시히코網野義彦[1] 씨의 최근 연구는 그의 저서 중 하나의 표제가 상징적으로 보여 주듯이 '무연無緣·공계公界·낙樂'의 세계를 일본 중세사회의 핵심으로 파악하고 있으며, 이는 어떤 면에선 국가적인 것의 몰락이 내포한 밝음의 감득이라는 전후 경험과 연결될 것이다. 이는 물론 다른 면에선 고도성장이 야기한 제도화의 전체적 관철 현상에 대한 학문적 비판이기도 하지만, 그 현상 비판을 그 학자 본인이 방법적으로 어디까지 자각하고 있는지와는 별도로, 전후 경험이라는 수맥의 현재적 분출에 그의 학문적 박력의 원천이 있다고 할 수 있을 것이다.

물론 당연한 일이지만 전후의 밝음은 결코 단순한 밝음이 아니었

---

1    아미노 요시히코網野義彦(1928~2004): 일본사학자. 학제 경계를 넘어 민속학·인류학 등의 성과를 역사학에 적극적으로 받아들였으며, 상인·장인·해양인·산민 등 비농민들의 활동에 초점을 두는 연구 방식 등으로 일본 중세사회의 새로운 모습을 밝혀냈다. 저서 『무연·공계·낙』(헤이본샤平凡社, 1978) 또한 근세 이전까지 일본 사회에 작용한 원시적이고 이상향적인 무연無緣·무주無主 원리를 주요하게 포착하고 있다.

다. 주지하다시피 비참함과 결핍과 불안이 일일이 서술할 수도 없는 갖가지 형태로 소용돌이치고 있었기 때문이다. 살던 집이 불타 버린 참상 속에서 어딘가 종잡을 수 없는 텅 빈 원시적 자유가 느껴지는 것처럼 모든 면에서 비참함이 어떤 긍정적 확산을 포함하고, 결핍이 오히려 공상의 리얼리티를 촉진하고, 불안정한 혼돈이 반대로 코스모스(질서)에 대한 상상력을 내포하고 있었던 것이다. 이처럼 전후 경험의 두 번째 핵심은 모든 것이 **양의성**의 부피를 지니고 있다는 데 대한 자각이었다. 이에 대한 여러 가지 구체적 예는 생략해도 될 것이다. 한 가지 요약만 하자면 사실로서의 상황이 혼돈 그 자체일 때 거기서 떠올리게 되는 질서는 모두 유토피아(어디에도 없는 세계)로서의 성격을 띠는데, 그러한 유토피아성이 밝음을 보증해 주었다. 사적 생활 면에서 결핍이 사실로 존재했기 때문에 먹을 것을 비롯한 모든 욕망이 이미지 차원에서 해방돼 다양한 공상을 낳은 것처럼.(예를 들어 오늘날 머릿속에 그리는 불고기와 전후의 결핍 속에서 공상했던 불고기는 경험의 세계에선 완전히 이질적인 다른 존재다.) 사실로서의 혼돈과 비참함과 결핍이 유토피아적 밝음을 감싸는 이런 양의성은 오늘날의 세계에는 더 이상 존재하지 않는다. 제도화가 전 사회에 관철되었다는 건, 단적으로 말해서 일의성의 지배다. 우리는 직접적 생활 물자의 풍부함을 손에 넣은 대신에 일물일가와 일문일답이라는 편차치偏差値적 일렬종대의 압력 속에서 지금 양의적 부피를 완전히 상실하고 있는 것이다. 따라서 그로부터 '전후 체험'을 바라보면 비참함은 단지 비참함으로밖에 느껴지지 않는다. 경험이라는 '상호성의 덩어리'의 상실은 이와 같은 형태로 나타나고 있다.

그렇다면 전후의 혼돈이 낳은 유토피아는 어떤 기준에 따라 조형된 걸까? 어떠한 경우에도 조형의 기준은 이미 존재하고 있는 것들 속에서밖에 나오지 않는다. 개작하는 경우라 해도 신이 아닌 이상, 무로부터의 창작이 아니라 현재 있는 것, 숨겨져 있는 것들 속에서 조형 기준의 기초를 발견해 내야 한다. 그리하여 전후 경험의 세 번째 핵심은 '또 하나의 전전戰前', '숨겨졌던 전전'의 발견이자 '또 하나의 세계사적 문맥'의 발견이기도 했다. 우리는 자칫 전후의 '가치 전환'이라는 표면에 시선을 빼앗겨 버린 나머지, 전후 사고의 실질이 실은 '또 하나의 전전'에 의해 형성되었다는 점을 놓쳐 버리기 쉽다. 그러나 사고를 통해 조형된 전후 경험, 그 거의 모든 경우에 '또 하나의 전전'이 작용했다고 말해도 좋을 것이다. '또 하나의 전전'이 점차 모습을 드러내며 하나하나씩 발견돼 가는 과정이 바로 전후사戰後史였다. 과거에 대한 발견이 현재를 조형하고 미래의 존재형식을 구상하게 하는 동적 시간 감각의 존재와 작용이 거기 있었다. 그때 과거는 기존의 소여所與가 아니다. 새롭게 발견되는 것이고 그런 의미에서 현재의 영위이며, 내일 또다시 새롭게 발견될 것이라는 점에서 미래이기도 했다. '또 하나의'라는 말의 의미는 이것이며, 복합적 시간 의식과 '미래를 포함하는 역사의식'이 바로 여기에 약동하고 있었다. 시간의 이 양의성과 가역 관계가 전후 경험의 네 번째 핵심을 이룬다. 그리고 말할 필요도 없이 그러한 시간 감각은 오늘날의 일상생활 속엔 더 이상 존재하지 않는다. 지금은 의식적 '고사신편'古事新編²⁾의 노력을 행하는 경우를 빼곤 '옛날은 옛날, 지금은 지금'이라는 단조롭고 일의적인 시간 감각이 일본 사회를 뒤덮고 있다. '나우'now라든가 '지금'에 대한 관심 집중이 그렇게 평평한 시계적 시간 감각 구현의 일단이며, 역사라는 과거에 대한 관심의 고조 역시 그것의 또 다른 일단이다. 고도성장의 경제대국은 이처럼 인간의 내적 실질을 바꾸어 버렸다.

그러한 의미를 지닌 전후 속에서 '또 하나의 전전'의 출현은 어떠한

---

2    고사신편古事新編: 옛일을 새로이 엮는다는 뜻으로 루쉰魯迅이 지은 역사소설집의 제목이기도 하다.

모습을 하고 있었을까? 전전에 이미 문화적 지도자로서의 지위를 차지하고 있었던 반反군국주의자가 우선 우월적으로 출현했다. '올드 리버럴리스트'라고 불린 그들은 '문화국가'를 표방하며 나타났다. 야나이하라 다다오矢内原忠雄[3]처럼 사회과학적 연구를 행했던 사람조차도, 피히테J. G. Fichte의 『독일 국민에게 고함』에 얼마간 스스로를 대입하며 신앙을 핵으로 삼는 '문화국가'와 '덕성'에 의한 새로운 국가의 형성을 설파했다. 나폴레옹군에게 점령·포위되어 있던 베를린 대학의 강단에서 전 국민을 향해 당당히, 군사적 패배는 부끄러워할 것이 아니며 오히려 이념과 덕성의 발휘를 통해 점령자로부터의 경멸을 면하는 것이야말로 숭고한 국민의 과제임을 열렬히 설파한 피히테의 모습은, 진지함과 격렬함과 열심과 사명감(그리고 올바름) 면에서 분명 신앙인 야나이하라 다다오와 닮아 있었다. 그러나 거기 결여된 것은, 종잡을 수 없고 '형태 없는 원초'적 가능성으로 가득한 추상적 세계를 국가의 붕괴와 몰락이 현실에 구현해 냈고 거기서 어떤 밝음이 생겨나고 있다는 전후 경험의 핵심에 대한 충분한 지각이었다. 군사적인 것의 본질적 무가치와 반反가치를 말하는 것은 물론 옳다. 그리고 그것은 오늘날에도 살아 있다. 영원히 살아 있어야 한다. 그러나 전쟁 직후에 야나이하라 씨가 말한 그 논설의 골격은 역시 강단에서 행하는 '국가의 재건'이었지, '국가의 몰락'이 결핍과 비참함과 함께 일종의 밝음을 지니고 있다는 전후 경험의 최심층부엔 도달하지 못했다. 투옥 경험자인 야나이하라 씨에게도 그러했을진대, 다른 많은 '올드 리버럴리스트'들이 어떤 근본적 박력을 결여하고 있었는지는 예증할 필요도 없을 것이다. 높은 지위에 있는 지

---

3    야나이하라 다다오矢内原忠雄(1893~1961): 경제학자. 도쿄제국대학 교수 시절 식민 정책에 대한 연구로 인해 군부와 학교 측으로부터 박해를 받아 사직했다. 전후 복직하여 도쿄대학 총장을 역임하며 대학 자치 옹호에 진력했다.

도자의 위치에서, 사회 경험의 심층부에 이르는 통찰은 생겨나기 어려웠다. 반反군부이기는 했지만 그 스스로는 한번도 '몰락'의 경험이 없었기 때문이다.

그에 비해 국가에 의해 투옥되고 사회 표면으로부터 기피당하며 수감자로서 또한 돌 맞는 자로서 철저하게 '몰락'하고, 그러면서도 스스로는 바람직한 사회를 인식하고 있다는 확신을 가짐으로써 내면을 정신적 지도자의 긍지로 가득 채우고 있었던 사회주의자 특히 공산주의자가 감옥에서 발發한 '인민에 대한 호소'는 '또 하나의 전전'의 한 가지 극점을 제시하고 있다. 그들은 스스로의 고통스런 투옥 경험을 통해 쇼와 국가 최대의 버팀목이 '쇼와 대옥'昭和大獄이라 불러 마땅할 비열하기 짝이 없는 탄압에 다름 아니었음을 몸소 보였을 뿐 아니라, 그러한 상황 속을 살아가는 자로서의 '몰락'과 '광휘'의 역설적 결합 또한 일신에 체현했다. 게다가 그들이 보인 그러한 '또 하나의 전전' 속에는 인간이 지닌 고유의 요소들과 사회가 지닌 고유의 요소들, 국가기구가 갖는 고유의 특징들과 정치조직이 갖는 고유의 특질들이 집중적으로 모여 극적 갈등을 형성하고 있었던 것이다. 그들의 반대 운동 참가와 그 실천 과정 속에는 약소자에 대한 의협심과 자기보존 사이의 내적 격투, 처음의 결의와 최종적 각오 사이의 거리가 품은 심연, 가족애나 우정이 배태하는 반대 운동과의 복잡한 경쟁 관계, 나아가 실천의 장으로서 그들 스스로를 맡긴 조직체 고유의 문제적 성격, 세상이 그들에게 보인 사회적 편견과 사회적 경의라는 복합 심리의 복잡미묘함, 권력적 탄압과 비참한 전향이 엮어 내는 해결 불능의 고뇌를 포함해, 간단명료하게 형언할 수 없는 더할 나위 없이 복잡한 극적 갈등이 그들의 언사 구석구석과 온몸으로부터 뿜어져 나오고 있었다. 거기에 포함돼 있던 다양한 극적 갈등에 대한 하나하나의 해명이 전후사고사史의 중심선을 형성한 것이다.

전후 현실에 대한 지적 대응 면에서도 전전에 축적된 마르크스주의의 위력은 탁월했다. 그 전형이 '농지개혁'에 대한 저작력咀嚼力에서 드러났다. 경작하지 않는 기생 지주의 토지소유권이 직접경작자인 소작농에게 거의 무상으로 넘어간다는 건 제국의회 의원들을 비롯해 많은 일본인들에게는 이해할 수 없는 조치였다. 그때 마르크스주의자만이 전전의 이론적 축적을 바탕으로 왜 '농지개혁'이 당연한 것이며 또한 긴급히 필요한 것인지를 설명할 수 있었다. 그뿐만이 아니다. 본래의 당연함과 필요성에 비추어 볼 때 점령군에 의해 시작된 '농지개혁'은 상당히 철저하지 못하다는 것도 근거를 들어 비판할 수 있었다. 점령군 정책의 정당한 측면을 인식하면서, 점령군 정책을 근거를 들어 비판한 자는 일본에서 그들뿐이었다. 내셔널리스트, 오쿠노奥野 법무상, 제복 입은 자들은 단 한 번도 소리 내어 점령하의 점령군을 비판한 적이 없다. 그들은 비판의 전제가 되는 이해력조차 없었으며, 비판할 용기도 갖추고 있지 못했다. 군사적 강자 앞에서는 지극히 비겁했던 그들과는 대조적으로 지적 이해력과 지적 확신이 어떻게 용기를 보증하는지를 가르쳐 준 건 '또 하나의 전전' 속 마르크스주의자들이었다. 그런 의미에서 과거 피히테가 나폴레옹 점령하에서 보여 준 이성의 힘을, 전후 일본에서는 반대로 유물론자들인 전전 마르크시스트들이 보여 준 것이다. 그것은 일본 마르크스주의의 영광스런 절정이었다. 이후, 전후 마르크스주의는 그러한 인식과 실천의 힘을 발휘한 적이 없다. 오히려 그 반대로 '전전'의 축적을 지속적으로 소모하면서, 몇몇 예외를 제외하곤 전체적으로 점차 단순한 정치적 이데올로기로 화하고 조직단체의 관념적 통제 수단으로 화하는 경우마저 종종 나타날 정도가 되었다. 이 부분에서도 '또 하나의 전전'이 끝날 때 곧 '전후'(그 경험과 사고)가 끝난다는 걸 깨달을 수 있을 것이다.

## 3

전후 사고의 조형을 결정지었던 '또 하나의 전전'은 지금 말한 부분에 국한되지 않는다. 그러나 여기서는 그저 전후 사고의 근본적이고 굵직한 특징을 지적하는 걸로 족해야겠다. 사상 내용이 전무한 사소한 정보 자료를 내용으로 하는 논문이 지나치게 많은 게 현대의 특징이라면, 여기서의 방법적 태도도 그 경향에 작은 억제를 주는 소수파로서의 의미 정도는 지닐지도 모른다.

나는 전후 경험의 구조적 특질인 혼돈과 유토피아의 결합, 결핍과 판타지의 결합, 비참과 신성함의 결합, 그러한 양의적 결합에 다시 한 번 시선을 돌리면서 이 보잘것없는 글을 마치고자 한다. 우선 몰락에 수반되는 밝음이라고만 표현했던 것이 사상적으로 어떠한 결실을 맺었는가를 조금이나마 밝혀보고자 한다. 전후 경험의 핵심이었던 저러한 요소들의 양의성은 얼마간 반동적인 부분을 제외하고(그 부분에는 앞서 본 것 같은 솔직한 감수성도 이해력도, 비판력도 용기도 없었지만, 그러한 부분을 빼면) 만인에게 공유됨으로써 상호 간에 내적 평등감을 느끼게 할 수 있었지만, 그 전형적 체현은 결코 양의성 그 자체의 모습으로 존재하지 않았다. 단순한 양의성 자체는 뿔뿔이 흩어진 형태의 모순형에 지나지 않으나 양의성의 전형적 외양(形姿)은 그와 다르다. 단순한 양의성 자체가 보여 주는 괴리 상태를 돌파했다는 데 전형의 전형성이 있는 것이다. 여기서 '돌파했다'는 건 무엇을 의미할까? 일종의 '이론'에 대한 공식적 이해 속에서 사용되는 경우 이 '모순의 통일'이라는 말은 상반되는 이편의 요소와 저편의 요소를 하나로 붙여서 취급하는 걸 뜻하는 듯하나, 양의성의 모순을 돌파해 그 상반된 측면들을 동적으로 결합한다는 건 결코 그처럼 안이한 것을 의미하지 않는다. 단적으로 말하겠다. 양의성의 동적 결합을 내포하는 전형의 생성은 다름 아니라 고통의 측면을, 세상에게 바보 취급 당하고 경시되며 비난받는 측면을, 그런 의미에서의 부정적 측면을 철저하게 받아들임으로써 그 극점에서 피안의 긍정적 측면을 내 것으로 삼는 일이다. 발레리Paul Valéry가 일기에 쓴 "최후의 극점까지 가는 것. 그 지점을 넘으면 모든 것이 바뀌게 되는 그 점"이라는 말은 지금 애기한 '부정적 측면의 수용'만 보충하면 전형의 생성 과정을 거의 충분히 표현하고 있다. 그것은 과정 따위의 무색투명한 말로는 표현할 수 없는 영구적 진통의 성격을 갖는다. 즉 '수난'(혹은 '고난')이야말로 '양의성의 동적 결합'의 전형적 외양을 만들어 내는 생성 핵인 것이다.

그러므로 전후 경험의 핵심인 몰락과 밝음, 결핍과 판타지, 비참과 유머, 혼돈과 유토피아 등의 양의성이 이룬 전형적 결실 또한 바로 '수난'을 받아들인 자 안에 있었다. 전쟁 희생자로서의 사자死者, 일본제국의 억압 아래 비참한 운명을 강요당한 식민지 사람들, 일본 국내의 부랑아, '팡팡걸'이라 불리던 창부, 그 '수난'의 체현자들 안에야말로 전후핵심적인 경험 결정체가 존재했다. 바로 그렇기 때문에, 그들의 '수난'의 모습을 그려 내 사상상思想像으로까지 끌어올린 작품이 학문적 형식으로든 예술적 형식으로든 전후 사고를 대표했고, 이것이 사람들이 얼마큼씩 분유分有하고 있던 양의적 경험에 파고들어 사람들을 계발시켰던 것이다. 이를 확인하기 위해서는 널리 알려진 몇 가지 예를 떠올려 보면 될 것이다. 『들어라 바다의 소리를』(きけ わだつみの声)[4]의 '바다'라는 말이 품은 광범한 울림은 깊은 슬픔의 바닥에서 영원한 미래로 퍼져 나가는 의지를 표현하고 있지 않은가. 나카노 시게하루中野重

---

4 『들어라 바다의 소리를』: 1949년에 간행된, 제2차 세계대전 말기에 전사한 일본 학도병의 유서를 모은 유고집. 이를 계기로 전후 일본에서는 일본전몰학생기념회(해신회)가 결성되었고 이 책의 내용을 소재로 한 영화들이 꾸준히 제작되기도 했다. 바다 또는 해신海神을 뜻하는 제목의 '와다쓰미' わだつみ는 이후 전몰 학생을 가리키는 말로도 쓰이게 되었다.

治[5]의 「비 내리는 시나가와 역」(雨の降る品川駅)은 그 어조 안에, 모든 식민지인들의 고뇌에 악수를 건네는 부드러움을 담고 있지 않나. 그리고 이시카와 준石川淳[6]의 「잿더미 속의 예수」(焼跡のイエス)는 암시장의 추접스런 부랑아가 결핍과 비참함과 불량성을 한 몸에 짊어짐으로써 이 세상의 예수로 화함을 보여 주고 있지 않나. 게다가 거기엔 군국주의하의 '물가통제'나 현대적으로 관리되는 '정가' 등으로부터 해방되어 있는 암시장의 '바자'bazar적 성격과 '카니발'적 성격이 선명하게 표현되어 있지 않은가. 나아가 저작 시기는 이보다 약간 늦지만 노사카 아키유키野坂昭如[7]의 「성냥팔이 소녀」(マッチ売りの少女)는 밤거리의 창부가 성녀의 현세적 화신이라는 점을, 이시카와보다도 한층 더 '메르헨'적인 애정을 가지고 표출하고 있지 않나. 사카구치 안고坂口安吾[8]의 「백치」白痴나 그 밖의 이론가, 예를 들어 하나다 기요테루花田清輝[9]의 작품들까지 언급할 필요는 없을 것이다.

이들 속에는 구약성서 시편에 나타나는 그 진정한 신성함이 경험의 구체성을 통해 재현돼 있다. 구약의 시편 중 보는 사람마다 몸을 피하는 추악한 노인이 실은 신성神聖의 화신이었다고 말해 주는 한 에피소

---

5    나카노 시게하루中野重治(1902~1979): 쇼와의 소설가·시인·평론가. 일본 프롤레타리아 예술연맹에 참가했고 전후 '신일본문학회'의 중심적 인물로서 활약했다. 그의 작품 「비 내리는 시나가와 역」은 일본의 조선인 노동자가 고국으로 쫓겨 가는 상황을 그린 시이다.
6    이시카와 준石川淳(1899~1987): 쇼와의 소설가. 「후겐」普賢으로 아쿠다가와상을 수상했으나 「화성의 노래」(マルスの歌)가 반전反戰적이라는 이유로 발매 금지 처분을 받았다. 전후 신오락소설파(新戱作派)로 불리며 왕성한 활동을 펼쳤다.
7    노사카 아키유키野坂昭如(1930~ ): 소설가. '잿더미 암시장파'(焼け跡闇市派)를 자칭하며 오락소설풍의 요설체로 전쟁의 비참함과 인간의 내면을 그렸다.
8    사카구치 안고坂口安吾(1906~1955): 쇼와의 소설가. 전후 「타락론」墮落論, 「백치」白痴 등을 발표하며 무뢰파無賴派라 불렸다. 문명 비평, 역사소설, 탐정소설 등의 분야에서 활약했다.
9    하나다 기요테루花田清輝(1909~1974): 평론가, 소설가. 현대의 변혁을 모티프로 한 평론 및 예술 운동의 조직자로서 활약했다. 후지타 쇼조는 그가 세상을 떠났을 때 세 편의 추도문을 집필한 바 있다.

드는 먼 세계의 일도 아니고 옛날 옛적의 이야기도 아니며, 실제로 우리가 눈앞에서 보고 또 우리 자신이 분유하고 있던 경험의 세계라는 점을 전후의 이 대표적 사고들이 제시했던 것이다. 여기서는 분명 비참과 결핍과 혼돈이 유토피아와 성성聖性을 내포하고 있었다. 그리고 이 수난 속의 신성함(과 빛)을 캐내는 지적 매개 수단이 때로는 성서이고 때로는 안데르센의 메르헨이며, 때로는 『사기』史記이고 때로는 마르크스의 저작이며……, 즉 요약하자면 인류사적 고전이었던 것이다. 이렇게 인류사적 고전은 교양 세계의 사물死物, 정보 세계의 부품이기를 지양함으로써 경험의 결정結晶을 읽어 낼 수 있는 살아 있는 이성의 체현물로 재생된다. 여기서는 '읽는' 행위 또한 우리 이성의 경험이 되고 상상력의 경험이 되어 직접적 경험과 뒤섞이게 된다. 그런 한편 고전의 재생은 '읽는' 것을 또 다른 레벨에서의 경험으로 만드는 과정이기도 했다. 따라서 고전의 재생이라는 이 사건이야말로 고전 쪽에서 보나 우리 쪽에서 보나 전후에 '지적 레벨에서 이루어진 경험'의 가장 중요한 핵심이었다고 할 수 있을 것이다. 앞절에서 언급한 '또 하나의 전전'이라는 것도 그 대부분이 바로 이 고전의 재생이라는 지적 경험을 위한 준비 과정이었으며 이 소생蘇生적 산출을 위한 임신기의 별명이었던 것이다. 물론 '또 하나의 전전'은 그 안에 작게나마 이탈·탈주·투옥·전향 등의 형태로 '경험 그 자체'를 포함하기도 했다. 그 때문에 '또 하나의 전전'의 그 양쪽 부분을 겸비하고 있던 자야말로 전후 지적 경험의 **주역**이 되었던 것이기도 하다.

여기서 우리는 하나의 에피소드를 떠올리게 된다. 전후 얼마 되지 않아 도쿠타 규이치德田球一[10]가 어느 지방도시의 현청 앞 광장에서 마

---

10  도쿠타 규이치德田球一(1894~1953): 다이쇼~쇼와 시대의 사회운동가·정치가. 변호사 출신으로 1922년 일본 공산당을 결성, 중앙위원에 취임했고 1928년 3·15사건으로 검거돼 18간 옥살

이크 없이 육성 강연을 행했을 때, 그는 생선 가게 아저씨들을 포함한 대중들을 향해 어떻게 말을 했던가. "우리 일본 공산당은 저 역전에 서 있는 팡팡걸 아가씨들의 단호한 아군"이라고, 발돋움을 하고 얼굴을 붉히며 '빠른 장단의 북소리'와 같은 호기와 유머로 부르짖었던 그 육성 강연의 밑바탕에는 「성냥팔이 소녀」나 「백치」의 세계와 이어지는 감각이 분명히 살아 있었다. 오늘날 흰 장갑을 끼고 마이크를 쥐고 행해지는 나긋나긋한 목소리의 연설과는 그 모습도 다를 뿐만 아니라 거기엔 '수난' 경험의 밑바닥을 관통하는 정신이 있었다. 나는 돗큐 개인에 대한 찬의를 표하는 것이 아니다. 하물며 파벌 관계 같은 건 내가 알 바가 아니다. 전후의 공산주의가 '또 하나의 전전'의 챔피언으로서 어떻게 전후 경험을 저작咀嚼하는 주체가 되었는가를 보이기 위해 이 에피소드를 소개한 것에 불과하다. 바로 그렇기 때문에, 공산주의는 '성냥팔이'의 **성녀**나 '잿더미'의 **예수**와 함께, 혼돈이 만들어 내는 유토피아를 향한 욕구에 응해 거기에 형태를 부여하는 한 가지 정신형식이 될 수 있었던 것이다. 이런 식으로 예수와 성녀와 공산주의를 동렬에서 다루면, 사상의 교의화된 평면만을 중시하고 사상의 정신적 작용 기층에 대해 둔감한 사람은 이를 부당한 취급이라 여길지도 모른다. 그러나 그 점에 대해 우리는 예컨대 시나 린조椎名麟三의 『자유의 저편에서』(自由の 彼方で)[11]를 상기하는 것만으로도 충분하리라. 이는 말할 것도 없이 '또 하나의 전전'의 전형으로, 게다가 거기엔 전후의 부랑아 즉 '잿더미 속

이를 했다. 서기장으로서 공산당의 재건에 힘써 1946년부터 중의원 의원으로 세 차례 당선되었으나 1950년 맥아더의 지령으로 추방되어 1953년 10월 14일 망명처 베이징에서 객사했다. '돗큐德球라는 별명으로도 불렸다.

11    시이나 린조椎名麟三(1911~1973)는 쇼와 후기의 소설가로, 1929년 우지가와宇治川 전철 승무원 시절 공산당에 입당했으나 옥살이 끝에 전향한 뒤 실존주의적 작풍의 전후파 작가로서 활약했다. 『자유의 저편에서』는 1950년대 중반에 창작한 그의 자전적 소설이다.

예수' 세계의 전전戰前적 선구가 포함되어 있는 동시에 전전 공산주의의 인텔리(교양)형이 아닌 민중사회형 경험이 포함되어 있기에 '또 하나의 전전'의 여러 측면들을 통합적으로 포함하고 있는 세계가 있었다. 그러한 세계를 이처럼 위기적인 유머와 희극적 비극 의식을 통해 파악하고 있다는 점에, 이 작품을 양의성이라는 전후 경험의 집약적 결정체라 부를 수 있는 까닭이 있으리라. 그 가운데 포함돼 있는 주목할 만한 장면이나 에피소드를 굳이 여기에 소개할 필요는 없을 것이다. 거기엔 혼돈과 유토피아, 결핍과 판타지, 비참함과 신성, 약자의 강함, 파멸과 구제, 진지함과 익살, 단테적 하강과 상승 등 양 계열 극들의 중첩이 넘친다.

전후의 지적 경험은 이처럼 전후의 직접적 경험을 기초로 하면서 다양한 '또 하나의 전전'을 선별하고 채용하고 개척해, 나아가 인류사적 고전 또한 선별해 가며 그 속에서 보편적 생명을 발견해 소생시킨 것이었다. 지금 우리를 둘러싼 세계에는 더 이상 그와 같은 기초 경험도, 그와의 지적 교섭을 통한 지적 경험의 재생력도 없다. 그럴수록 나만의 '체험'을 중시함으로써 제도 속 부품과 다를 바 없는 함수적 경우 안에서의 기분 전환과 '자기' 존재 증명을 구하고자 한다. '체험'이 유행어가 된 것도 거기서 유래하며, 동시에 그러한 사실 자체가 '경험'과 '체험'이 얼마나 범주적으로 다른지를 말해 주고 있다고도 할 수 있을 것이다. '경험'은 여러 차원과 연관성을 포함하기에 넓은 가능성을 갖지만, '체험'은 제도적 압박 속에서 은밀히 스스로의 존재를 주장한다. 그리하여 '경험'이 소멸한 시대에야말로 '체험'담이 다발한다. 하지만 겨우 30여 년 전의 일본에는 다의적 연관성으로 가득 찬 '경험'의 시대가 전형적인 형태로 존재했던 것이다.

전후의 경험이여, '경험의 고전'이 되어 영원히 살아남으라, 설령 지금은 사멸하였다 해도 마치 전후의 지적 경험이 인류사의 고전을 재생시켰듯이 모양을 바꾸고 질을 바꾸어 다시 또다시 되살아나라. 그 소생을 불러올 다양한 영위야말로 인간사가 지닌 미래의 자그마한 가능성을 간신히 지켜 줄 것이라 예감하고 또 기원하는 것은 나 혼자만이 아닐 것이다.

# 이탈 정신
## ―전후 경험의 한 단장斷章


"우리는 공무원이지 군인이 아니다. 따라서 전쟁에 참가할 수 없다." 해상보안청의 소해정掃海艇 승무원들이 전장에서 이렇게 결의하며 단호하게 전선을 이탈한 일이 있었다고 한다. 한 달쯤 전인가 텔레비전의 제1채널에 비춰진 '한국전쟁비사'라는 기록이 그 사실을 전해 주었다.

1950년(쇼와 25년) 10월의 일이었다. 미군은 38선보다 훨씬 북쪽인 원산에 상륙하기 위해 그 주변 해역의 기뢰機雷를 치우고자 일본의 소해정을 동원했던 것이다. 이를 계획한 것은 물론 맥아더 등이었으나 그 계획에 응한 건 요시다 시게루吉田茂[12]와 초대 해상보안청 장관 오쿠보 다케오大久保武雄였다. 그리하여 태평양전쟁 중엔 일본 바다 전역에 뿌려진 기뢰 제거에 종사하던 소해정이, 행선지도 막연한 채로 시모노세키下関의 가라토唐戸 부두에 소집되었다. 그리고는 수상쩍은 분위기를 감지하고 출선을 꺼리는 승무원들을 무리하게 원산까지 서둘러 직행시켜 미 해군과 함께 소해 작전에 참가시켰다. 일본 소해정 한 척이 기뢰에 닿아 폭침당했고 한 사람이 죽었다. 이를 계기로 '노세타이'能勢隊라는 한 부대가 현장에서 회의를 열었다. 글의 첫머리에 인용한 문구는 그때의 발언이다. 그것은 사실상 전선 이탈 선언이었다. 현지의 미군 사령관은 격노해 날뛰었으나 노세타이는 태연히 그에 항거해, 한 부

---

12    요시다 시게루吉田茂(1878~1967): 외교관, 정치가. 전후 외상을 거쳐 자유당 총재를 지냈고 다섯 차례에 걸쳐 내각을 조직했으며 샌프란시스코 강화조약, 미일안보조약을 체결했다.

대만이 홀연히 귀국하였고 귀국 후 부대장은 직위해제되었다는 것이었다.

이를 전한 텔레비전의 기록은 여러 당사자들의 생생한 목소리를 담고 있었기에 한층 더 박진감이 있었다. 예를 들어 맥아더나 요시다 시게루와 함께 이 일의 결정에 참가했던 오쿠보 장관은 꽤나 자랑스러운 듯이 그 동원 경과를 이야기했다.(얼마나 바보 같은 자랑인가?) 노세타이의 대장은 대원 일동의 의향을 존중한 그 결단에 대해 다소 침통한 표정으로 이야기했다.(그의 성실한 성품을 짐작케 했다.) 일반 승무원들은 당시의 불안과 당혹감을 정직하게 이야기했다.(국제적 권력관계의 비용과 국가의 무거운 짐들을 무리하게 짊어지게 된 자의 감개가 거기 나타나 있었다.) 그 광경만으로 이미, 오쿠보 장관 등 사령부 사람들과 전쟁 현장에 돌연 팽개쳐진 사람들 사이의 대조는 역력했다. 그러한 맥락 속에서 발發한 '우리는 공무원이지 군인이 아니므로 전쟁에는 참가할 수 없다'는 말은 너무나 선명하게 살아 있었다.

아마도 노세타이 부대원 중에는 옛 해군 군인들이 다수 속해 있었을 것이다. 그리고 전후에도 생활수단 삼아 위험을 수반하는 보안청 소속 소해정을 타고 있었던 점으로 추측해 보면, 그 생활 문제의 어려움은 차치하더라도 구 해군의 사고방식에 대해 지극히 비판적인 지점에 서 있던 사람들이라고는 생각할 수 없다. 점령군이나 일본 당국도 다소 그 점을 감안해 명령을 내렸을 것이다. 그런 사람들로부터 단호하게 문민 선언이 나온 것이다. 전후 5년간의 격동 속에서 획득된 역사적 경험이 무의식 중에 그들의 정신적 신체 속에 그 선언을 마련해 두었음에 틀림없다. 사실 '공무원'이라는 단어만 해도 전전戰前 일본에는 없었다. 하물며 위로부터의 명령을 거부하며 적극적으로 전선 이탈을 주장할 수 있게 하는 '공무원' 개념은 5년 전까지는 상상하기조차 불가능했을 터였다. 이 사건이 일어난 시점에도, 그리고 민주주의가 '정착'했다는 오늘날에도 일본 공직 세계에서 이러한 '공무원' 개념은 일반적으로 없었으며 지금도 없을 것이다. 전후 일본의 정신 혁명은 이렇게 비교적 '보수적'인 사람들이 어쩔 수 없이 결단을 요구받은 바로 그때 스스로 입에 담은 한마디 속에서, 작지만 그러나 속 깊은 결정물을 남몰래 표출하고 있던 것이다.

전후 점령의 제도적 귀결 중 하나였던 '법률 혁명'이 '더 퍼블릭 서비스'the public service라는 영어의 직역체인 '공무원'을 전전의 '관'官—이 역시 원래는 고대 율령국가가 행한 법률 혁명 때 중화제국에서 직수입한 것이었지만—을 대신해 사용하도록 명한 이래 오늘날까지 이어지고 있는 단순한 명칭 혁명이, 이때만큼은(이라고 말해도 과언은 아닐 것이다) 그 이름에 걸맞은 정신사적 결실을 자발적으로 이루어 냈다. 게다가 그 정신의 표현이 그 '명칭 혁명'을 강제적으로 추진해 온 권력 당사자 군軍을 향해 대항적으로 제출되었다는 점에 주목하면, 이때 노세타이가 보인 문민으로서의 '공무원' 정신이 얼마나 자주적이고 진정한 것이며 내면적 확신으로 뒷받침된 것인지를 알 수 있을 것이다. '공무원'이라는 명칭이 본래 영어의 직역이었다는 것쯤은 이미 여기선 크게 상관이 없다. 현실적인 문제 상황은, 문민이라는 걸 보편적 가치에 기반한 의무라고 생각하는 정신과 그러한 자에게 군사 행동을 강제하는 권력의 대항 관계다. 그 문제 상황 속에서 문민 정신을 관철하는 자야말로 평화의 전사이고 반反군국주의자이며 바람직한 모습의 '공무원'인 것이다. 이렇게 전후 정신은 여기서 하나의 빛나는 정점을 만들어 냈다.

물론 이 노세타이 부대원들의 내면에는 전전부터 이어져 온 용기라는 덕목이 살아 있었다. 그리고 그 용기는 전후 5년간의 경험으로 단련되어 본래 그러해야 마땅할 모습으로 형태 변화를 이루었고, 단체와 권력으로부터 가해지는 '비겁자'라는 매도를 견디며 결연하게 이탈을 통고하는 데까지 정신적 성숙을 이룬 것이다. 그 성숙 과정에는 제도나 조직이 강제하는 대로 꾸벅꾸벅 허위의 '내 죄'를 '고백'하는 비참한 '자기비판'과는 정반대의, 사회 정신을 자기와 함께 재생시키고 부활시키는 본래의 자기비판—역사에 의해 관철되면서 그 점을 통해 역으로 역사 그 자체를 바꾸어 가는 상호주체적 자기비판—이 분명히 내재해 있었다. 전후 혁명의 영광스런 핵심 중 하나가 거기에 있었다고 해도 좋을 것이다.

그리하여 진정한 정신적 용기란, 그것이 정신인 이상, 조직적 전투 행위에 가담하여 다른 사람보다 더 용감함을 보이는 경우보다는 오히려 단체 권력의 압박과 다수를 등에 업은 편승적 비난에 항거해 과감하게 그로부터 이탈할 결심을 하는 경우에야말로 종종 나타나는 것이다. 고대 이래의 역사 속에서 이미 그 정신적 용기는 '스토아적 퇴각'이라 불렸고, 혹은 '에피쿠로스적 철퇴'라고 명명되었는가 하면, '세계의 단념'이라 일컬어지기도 했다. 그러나 그렇게 불렸던 사람들이야말로 타락한 폴리스로부터 엄격하게 이탈함으로써 인간에게 생각하는 일의 의미—'철학'—를 가르쳐 주었다. 우리는 필요하다면 언제든, 어떠한 단체로부터든 이탈할 수 있어야 할 것이다. 그럴 때야말로 그 단체는 비난·중상·매도와 같은 언론적 표면에서가 아니라 말 그대로 온몸으로 행하는 비판 앞에 드러나는 것이며, 거기서 비롯되는 단체의 위기에 대한 자각을 통해서만 단체 구성의 방식을 안에서부터 바꿀 수 있게 될 것이다.

예를 들어 우리가 국가로부터 이탈한다고 해도, 그것은 우리가 일본인이기를 부정하는 것이 아니라 오히려 반대로 단체 의식이 과잉된 일본을 바로잡아 공평한 감각을 갖춘 일본으로 바꾸어 가는 방향으로 이어질 것이다. 그 외의 정치단체나 문화단체에 대해서든, 직장이든 지역체든 사정은 같다. 이탈 정신을 포함하지 않는 단순한 '참가'주의는 '익찬'[13]이라는 이름으로 대표되는 좌우대소의 갖가지 추수주의追隨主

義를 낳는다. 이는 이미 역사가 통렬하게 가르치고 있는 점이다.

'이혼'의 자유라는 원칙적 위기를 끊임없이 내포할 때야말로 '결혼'이라는 결합의 적극성이 존재할 수 있다. 분리와 결합, 이탈과 소속 등의 변증법은 바로 그런 것이다. 민족 문제에 대해서든 조직에 대해서든 이 진리는 변함이 없다. 그리고 그 진리의 실현태를 밑받침하는 정신적 기초의 열쇠는 다름 아닌 이탈 정신의 존부存否에 있는 것이다. 이상적으로 말하자면, 전 구성원들의 탈출과 망명 가능성이 항상 고려될 때에야 비로소 국가를 포함한 모든 조직 단체는 건강할 수 있다.

13    익찬翼贊: 천황을 보필하여 정치를 행하는 것. 특히 거국일치를 통한 정치체제의 강화를 목적으로 하는, 익찬정치회를 비롯한 전시戰時 체제를 가리킨다.

# 비판적 이성의 서사시

아도르노의 『미니마 모랄리아』에 대해

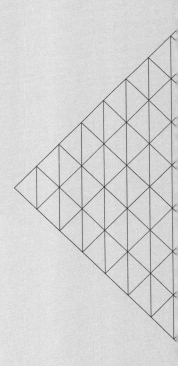

테오도르 아도르노

이 글은 일본에디터스쿨 출판부日本エディタースクール出版部에서 발행한 『월간 에디터 · 책과 비평』(月刊エ
ディター · 本と批評) 1979년 8월호에 처음 실렸다.

# 1

여기 한 사람의 철학자가, 현대 사회의 전 국면에 걸쳐 백면상百面相처럼 여러 형태로 증상을 드러내고 있는 사회 철학상의 문제들에 대면해 스스로는 만신창이가 되면서도, 반짝이는 눈을 열고 전부, 철저히, 비판적으로 고찰해 내고자 악전고투하고 있다면 그 모습을 목격한 우리는 그로부터 아무것도 배우지 않고 묵묵히 지나쳐 버려도 괜찮을 것인가? 아도르노의 『미니마 모랄리아』[1]는 그런 모습을 우리 앞에 보여 주는 책이다.

하지만 그렇다고 해서 이 책이 그러한 자세를 모든 부분에서 동등한 긴밀도, 박진력, 실재감으로 보여 주는 것은 아니다. 나치에 의해 조국에서 쫓겨나 미국으로 망명한 아도르노가 망명 후반기에 쓴 이 책은 1944년을 제1부, 45년을 제2부, 46~47년을 제3부로 해서 총 153개의 아포리즘식 논고를 집성한 것인데, 첫머리에 묘사한 바와 같은 박력 넘치는 모습이 완벽하게 표현된 에세이는 특히 제1부에 집중되어 있다. 다소 심술궂게 비평적으로 말하자면 제2부 같은 데선 그중 몇몇 걸작과 곳곳에 드문드문 보이는 탁월한 한 구절씩을 빼고는 저자의 사변 과잉이 때로는 되려 지루하게 늘어진다고까지 느끼게 하는 경우도 없지

---

1    테오도르 아도르노Theodor W. Adorno(1903~1969)는 철학, 사회학, 심리학, 미학, 음악 등 광범위한 영역에 걸쳐 주요한 저술을 남긴 독일의 학자다. 유복한 유대계 가정에서 태어나 프랑크푸르트 대학에서 철학을 공부하고 1931년 논문 「키에르케고르, 미적인 것의 구성」으로 교수 자격을 얻었다. 이후 프랑크푸르트 대학에서 철학을 강의하며 사회과학연구소의 멤버가 되었으나 나치의 집권 후 1934년 영국으로, 1938년 미국으로 망명했다가 1949년 서독으로 귀국했다. 프랑크푸르트 학파의 대표적인 사상가로 활동하면서 비판이론, 부정적 변증법 등을 전개한 그는 기성 관념과 틀에 얽매이지 않는 자유로운 사고를 제시하며 '자연과 문명의 융화'라는 유토피아에 근거해 근대 문명과 현대 관리사회를 근본적으로 비판하였다. 그의 책 『미니마 모랄리아』(*Minima Moralia : Reflexionen aus dem beschädigten Leben*)는 1951년에 출간되었으며 국내에는 『미니마 모랄리아—상처받은 삶에서 나온 성찰』(김유동 옮김, 길, 2005)로 번역되어 나와 있다.

않다. 그러나 그런 곳조차 두세 부분 뒤에까지 읽어 보면 곧 만나게 되는 놀라운 단문으로 극복하고 있으며, 그러다 제3부 초반에 몇 차례나 연속해서 보이는 높은 투철도透徹度를 통해 본전을 찾고도 남게 된다. 그 뒤부터는 수없이 등장하는 날카로운 에세이가 이 책의 질적인 모습을 지켜 주면서, 마지막 에세이의 훌륭한 변증법을 통해 이 책이 최종적으로 관철해 내는 자세를 보증하고 있는 것이다. 그러나 아무리 그래도 역시 제1부에 집중돼 있는 굉장함은 예컨대 전체로서의 제2부를 얼마간 퇴색시키지 않을 수 없다. 그 정도로 이 책의 제1부는 실로 대단한 형상이며 지적으로 훌륭한 것이다. 그러므로 아무래도 우리로서는 제1부에서 얻은 문제를 시점視點으로 삼아, 그와 관련지어 제2부의 문제적 걸작(예를 들면 79번 에세이)이나 드문드문 보이는 환기적 구절들을 독해하는 게 이 책을 접하는 합당한 방법일 것이다. 제3부에 대해서도 마찬가지다. 이 책이 아포리즘집 형태를 채택하고 있다고 해서—모든 장소에 입구를 만들어 두는 그런 열린 형식을 저자가 채용한 것에 중요한 원리적 의미가 있기는 하지만 그럼에도 기존의 아포리즘 형식을 무비판적으로 답습하고 있는 것은 아니며—, 손 닿는 대로 아무 데서부터나 읽는 것을 바람직한 접근 방법이라고 할 수는 없다고 생각한다. 즉, 조금 집요하게 말하게 되는데 제1부야말로 이 책의 시야와 깊이를 결정하는 데 결정적인 부분이며, 그 없이는 이 책이 이 정도까지 훌륭할 수는 없었을 것이고, 반대로 제2부 이후의 상당 부분이 없어진다 해도 제1부가 있기만 한다면 이 책의 가치는 조금도 손상되지 않을 것, 이라고까지 생각한다. 때문에 만약 내가 이 경우의 아도르노였다면—그런 불손한 상정을 만약 허락해 주신다면—, 이 경우에 나는 제1부, 제2부, 제3부를 거의 50개씩의 에세이군群으로 등량 배분하는 양적 평균 구성 방식은 결코 취하지 않았을 것이다. 양적 조화나 균제均齊라는 사고방식은 아도르노가 비판하길 마지않았던 것이기도 하다. 제2부는 절반으

로 줄이고, 제3부는 4분의 3 정도나 되게 할까? 이것은 물론 내가 지금
와서, 그것도 독자로서 멋대로 생각하는 것에 지나지 않는다. 하지만
그런 것마저 생각하게 만들 정도로 남의 일 같지 않게 몰두하게끔 만드
는 것이 이 책이다. 이 책은 단순한 대상물로서의 책 한 권—물적으로
분석 정리하여 도움 되는 것을 줍고 도움이 안 되는 건 폐기한 다음, 그
걸로 끝이라는 식으로 처리하게 되는 문헌—은 결코 아니다. 반대로 아
마도 이 책은 20세기적 현대에 태어난 지극히 비非고전적인 형태—즉
진정한 단편의 집적이라는 형태—의 고전 중 하나가 될 것이다.(모든 것
이 솜씨 좋게 이어진, 조화적 완결성을 가장한 고전 같은 건 돈키호테의 희화판으로
서밖에 탄생의 여지가 없는 게 현대인 것이다. 조화나 완결은 더 이상 사회의 자연도
인간의 자연도 아닌, 되려 전 사회를 점령하고 있는 기구적 제도를 가장한 허위로서
만 '존재'하고 있기 때문이다.) 이 보잘것없는 서평의 첫머리에 이 책이 보여
주는 자세와 그에 대한 감상을 우선 써 두지 않을 수 없었던 것도 이 점
에 기인한다.


## 2

특히 이 책의 제1부가 위력이 넘친다는 점은 1944년(아마도 그 직전의
2~3년을 포함하여)이 아도르노에게 아마도 범상치 않은 결정結晶의 시기
였음을 보여 주는 듯하다. 그리고 그 내면적 '결정'이 무엇인지 알고 싶
다면, 그들의 망명생활사에 대한 세세한 사실을 단지 실증주의적으로
조사하는 것만으로는 절대로 부족할 터이다. 그런 흥신소적 태도를 넘
어선 통찰적 지견知見 없이는, 내면적 결정의 숨겨진 핵심을 볼 수가 없
기 때문이다. 하지만 아도르노학자가 될 생각은 꿈에도 없는 일개 독
자인 나로선 지금은 대강 파악해 두는 걸로 충분할 것이다. 즉 1944년

부분에 저자의 정신과 방법과 서술의 획기적 위력이 집중적으로 출현한 이유는, 1938년 이래 우여곡절을 겪은 그의 망명 생활 속에서 발생한 갖가지 곤란과 갖가지 문제들이 1941년 뉴욕에서 캘리포니아로의 이주를 거쳐 1944년에는 이미 충분히 정신적 그리고 이론적으로 저작咀嚼되었고, 바로 그 시점에 생활 경험을 샅샅이 규정하는 사회 현상에 대한 사고의 대결이 철저한 비판적 고착을 결정짓게 되었기 때문이라 봐도 크게 빗나가지는 않을 것이다. 실로 괴로운 경험이 고찰되어야 할 문제로 화하여, 그 문제와의 다각적인 대화를 거쳐 변증법적 이성의 실연實演(프락시스)이라는 결실이 되기 위해선 마치 분만 과정 중 탄생의 순간과 같은 일회적 기회(그것이 설령 몇 년에 걸친 것이라 해도 질적 의미에선 일회적 기회)가 필요하리라. 그냥 스쳐 지나 버리면 그 뒤에 설령 같은 것을 말해 본다 해도 결코 질적인 의미에서 동일할 수 없는, 그러한 기회가 있는 것이다. 1944년으로 상징되는 그다지 길지 않은 세월이 아도르노에게는 그 같은 기회였던 게 아닐까. 그리고 그때 태어난 결정체의 광채가 이 책의 후반부에도 비쳐 들고 있고 나아가 훗날 독일 귀국 후의 저작(예를 들면 『프리즘』)에서도 계속해서 하나의 광원으로 작용하고 있는 게 아닐까 생각한다.

　망명 생활이라는 생활형식은 일반적으로 우리 일본인의 경험 속에 존재하기 어려운 것인데, 망명 생활에서 발생하는 근본적 문제는 한마디로 이문화異文化 한가운데서 부담감을 짊어진 이물異物로서의 생활이라는 데에 있다. 자기를 자기로서 육성한 문화로부터 떨어져 나와 그와는 전혀 다른 문화 속, 따라서 거의 완전한 고독 속에, 그것도 혼자 힘으로는 무엇 하나 할 수 없는 환경—즉 자기 자신이 지닌 생활·문화·행동 능력들로부터도 고립된 환경—에서 이문화에 신세 짐으로써 겨우 생물학적으로 살아갈 수 있는 생활 상황이 망명 생활의 중심에 존재한다.

여기서 이문화라는 건 물론 예술이나 학문 같은 문화의 증류물을 가리키는 게 아니다. 그게 아니라 아도르노의 말을 빌리자면 생활의 '도량형'과 관련되는 것이다. 단순히 언어가 다르다든가 먹는 것이 다르다든가, 지리를 잘 모른다든가 사회조직이나 제도의 세세한 부분에 무지하다든가, 종합적으로 그런 식으로 생활에 불편을 가져오는 것만이 이문화를 이문화로 규정하는 게 아니다. 생활 전체에 스며 있는 감도 높은 '저울'이 완전히 다른 게 이문화인 것이다. 그러므로 말을 얼마간 알아도, 교통기관에 웬만큼 정통하거나 사회제도에 대해 충분히 알고 있더라도, 애초에 자유로운 생활의 원활함에 필수적인 어떤 촉각을 결여하고 있는 것이어서 마치 물을 잃은 물고기처럼 모든 것에 대해 자연스러움을 잃을 수밖에 없는 것이다. 똑같은 것을 해도 미묘하게 타이밍이 다르며 그 때문에 인공적이고 작위적인 행동양식을 드러낼 수밖에 없다. 이렇게 전체적인 이질감을 만들어 내는 것이 이문화다. 관광객이나 유학생이라면 그 이질감이 오히려 신기함의 원천이 되거나 자신의 사회적 뿌리가 지니는 묵직한 갑갑함으로부터 벗어나는 해방감의 원천이 되기도 하지만, 망명자는 그렇지 않다. 그는 촉각이 들질 않는, 잣대가 다른 그 이문화 속의 모든 장소에서 모든 상황에 대해 늘 실수를 저지르는 것 외에는 살아갈 길이 없는 것이다. 그러한 실수를 스스로 위로할 여유는 그에게 주어지지 않는다. 그리고 그렇게 실수만 저지르는 존재인 그가 살아갈 수 있는 건 다름 아닌 그 이문화의 허용량 덕이다. 이 경우엔 보통 그 이문화 사회 속의 배려심 있는 사람이 개인적 중개자로서 나타난다. 이문화의 '덕'은 이럴 때 인격적 체현 형태로도 나타나게 된다. 그 부채감은 사회적 분위기의 허용량, 그리고 개인적 배려에 대한 은의恩義라는 두 가지 층에 대해 작용한다. 이렇게 자기 문화로부터 떨어져 나간 망명자의 고독은 결코 고독 그 자체에 틀어박혀 자족적으로 완결될 수 없으며, 어쩔 수 없이 위화감으로 가득한 타자를 번거롭게 할 수밖에 없는 그러한 고독이다. 그러므로 고독은 스스로를 달랠 여유와 장소를 갖지 못한 채 매일 위화감 속에서 확대재생산되고, 따라서 위화감 또한 매일매일 새로이 씨를 얻어 축적돼 간다. 늘상 반복하는 자신의 실수는 굴욕감을 견딜 수 없을 정도로 증가하고, 허용과 은혜로 인해 간신히 생존하는 데서 오는 부채감은 최소한의 긍지까지도 남김없이 부숴 버리곤 할 것이다.(그런 굴욕감이나 긍지에 입은 피해는, 아도르노처럼 '괴테적 세계성을 가진 독일 문화의 정수를 생활형식으로 지니면서도 반대로 또 하나의 독일 즉 권위주의적 야만으로부터는 배제되는 유대계 독일 문화인의 모순'에 처한, 독일 문화에 대해 보통의 독일인보다 훨씬 고도로 자각과 자부심을 키워 왔던 독립 정신에게는 더욱더 큰 것이었으리라.)

이문화 속에서 이물로 살아가는 이상, 망명자라면 누구라도 이러한 관련을 어쩔 수 없이 경험하겠지만 그러나 아도르노와 그의 동료들은 그 경험을 직접적 경험 속에만 머무르게 둘 수 없는 자들이었다. 그들은 '인식' 속을 살아가는 자들이었고, '인식'은 그들에게 거의 유일하게 성실한 '프락시스'(실천)일 만큼 포괄적 의미를 갖는 것이었다.(마틴 제이 Martin Jay, 『변증법적 상상력』 참조)[1] 인식이 가장 성실한 실천일 경우, 실천성을 보증하는 건 성실하고 철저한 인식밖에 있을 수 없다. 그런 의미에서 그들은 보통 말하는 의미와는 반대의 의미—즉 실천에 대한 열의를 인식에 주입해 버리는 자라는 의미—에서 완전히 실천적인 학자였다. 바로 이것을 위해 그들은 바이마르 시대 이래의 모든 전통적 형이상학 철학에 대해 비판적인 태도를 취하고, 깊숙이 받아들였던 마르크스주의에 대해서조차 비판적 음미의 시각에 서서 스스로의 이론을 포함한 모든 문화형식들에 대해 비판적 대화를 행하면서, '진리'가 나타날 수 있는 유일한 장소로 여겨지던 범주들이 서로 겨루는 '힘의 장'[2]—'개별성'과 '일반성', '주관적인 것'과 '객관적인 것', '존재하는 것'과 '외재하는 것', '이해'와 '비평', '한계'와 '초월' 등이 서로 격투를 벌이는

'힘의 장'—에 다가서 그 내적 구조를 밝히고자 힘써 온 것이었다. 모든 것을 어떤 한 가지에 흡수 환원해 간단한 '실천 강령'을 만들고 그로부터 열중적 '실천'을 뽑아내는 태도와는 달리, 그들은 상호적으로 서로 겨루는 그 '힘의 장'의 진정한 모습을 밝혀내고자 개별적인 하나하나를 모두 비판적으로 음미하는 이론상의 훈련을 행해 왔던 것이다. 그리고 그것이야말로 칸트적인 '한계의 지적'을 중심으로 하는 비판이론을 넘어서 20세기적 '비판이론'인 새로운 '사회철학'의 탄생이었다.

그런 그들에게 이문화 속에서 이물로서 살아가는 생활이란 무엇을 의미했을까. 앞서 본 망명 생활 그 자체가 지닌 일련의 문제 외에, 그들은 포괄적 '인식 활동' 면에서 가장 중요한 동력원이 절제되었다는 위기에 봉착하게 되었다. 인식이란 건 부분 검사가 아니라 범주들이 서로 겨루는 '힘의 장'의 해부인 데다 자기 실천성의 보증까지 걸려 있는 포괄적인 것이었기에, 그것은 정열이나 각각의 '충동'과 분리되기 힘들었다. 이 점은 예컨대 헤겔의 '격정'과 '이성'의 결합이라는 것만 상기해 보아도 충분히 이해할 수 있을 것이다. 그 점에서 아도르노 등은 헤겔적 사고 계열에 속해 있었다. 아도르노의 용어로 말하면 '객관화'라는 냉연한 사고 작용조차도 '충동에 의해 키워진' 것이다. 이를 일반적으로 설명하자면 '인식이 동력을 끌어내는' 수원지는 다양한 '소망'이나 '애정', 여러 가지 '불안'이나 '충동' 속에 있다는 것이다. 예를 들어(라고 아도르노는 말하는데) 대상화된 사고의 하나인 '기억'의 소재적 형태만 해도 그것은 '소멸해 가는 것을 어떻게든 멈추게 하려는 애정의 뜻'과 떨어뜨려 놓을 수 없다. 이때의 '애정' 속에는 그것이 멸망해 사라져 가는 데 대한 불안, 그것이 멈춰 있어 주길 바라는 소망이 담겨 있다. 그러한 동적인 정신적 요소가, '기억'이라는 사고의 재료 창고와도 같은 정적 정신형식의 바닥에까지 깃들어 있는 것이다. 이러한 '충동'의 복합체가 모든 사유형식의 뿌리에 작용하고 있다. 그리고 자신을 육성한 문화(생활양식)는 곧, 동시에 그러한 '충동'의 어머니 대지다. 그로부터 분리되어 모든 것이 완전히 타자와 같은 조건 속에 놓였을 때, 충동의 복합체는 극도로 단순화된다. 거래나 교섭의 밑천인 이해 충동, 혹은 주어진 동정에 대한 단순한 감사나 사교도덕상의 배려 등으로 축소되는 것이다.

망명 생활 속에서 생기는 '모국어' 상실의 문제 역시 그 자체로 문제화되는 것이 아니라 지금 말한 '충동'의 어머니 대지 상실과 분리되기 어렵게 결합한 것—좀 더 말하자면 그 구성 분자의 일환으로 생겨나는 것—이다. 언어 그 자체가 인식 활동 면에서 특별하고 독립적인 실체인 건 아니다. 이 점에 대한 고려는 꽤 중요할 것이다. 이러한 고려가 없다면, 말을 그 자체로 집어낸다는 의미에서 독립적으로 고찰하는 언어학이 애써 이뤄 낸 유익한 업적 또한 무분별하게 남용돼 언어실체화의 폐해를 불러오기 쉬우며, 또한 종종 볼 수 있듯이 망명 생활의 문제를 언어 문제만으로 환원해 버리려는 태도도 나타나게 될 것이다. '외국어에는 능통하지만 인식력이 제로'인 인종이 군생하는 현상 속에 숨겨진 것 또한, 이러한 충동의 대지와 언어 사이의 불가분한 유기성에 대한 무감각이라고 할 수 있을 것이다. 분명 말은 인식 활동 속에서 충동의 뿌리하고만 관련된 것은 아니다. 말은 일반성을 획득한 추상적 인식의 최종적 표현형식 면에서도 마찬가지로 중요하게 작용한다. 그러나 그럼에도 불구하고 그 자체로 완결된 독립적 실체인 건 아니다. 그러므로 '인식' 속을 살아가는 자가 이문화 속에서 이물로서의 망명 생활을 영위할 때 생기는 언어 장해는 단지 외국어 습득상의 문제가 아니다. 무엇보다도 아도르노 등에게 영어 습득 따위는—우리와는 달리— 그다지 어려운 게 아니었을 것이다. 거기서 발생하는 '모국어를 박탈당했다'는 느낌은 인식 활동의 동력원인 '충동'의 대지, 사고법의 토대가 되는 이론적 전통, 그 복합체로부터 뿌리째 뽑혀 버렸다는 감각이 언

218

어 평면에 구현된 것에 다름 아니다. 문제는 어디까지나 '충동의 지반'과 엮여 있던 '모국어' 문화로부터 추방돼 있다는 사실에 있었다. 그리하여 아도르노는 사고법의 전통뿐만 아니라 이 '충동'의 지반까지 포함해 '인식의 역사적 차원'이라 불렀던 것이다. 거기서 '역사'는 단지 시간 계열 차원에서 과거인 것이 아니다. '역사'란 인식을 발생시키고 인식 활동을 생생히 뒷받침해 주는, 사회문화적인 종적縱的 근원이다. 물론 순수한 과거의 것도 포함될 것이다. 그러나 그 경우에도 우리의 인식 활동에 지금 말한 바 같은 '지반'으로서 작용하는 것이 '역사'다. 미국에서의 망명 생활 속에서 그들이 지겹도록 감득했던 것은 그런 '인식의 역사적 차원'에서의 상실감이었다. 만약 이것을 그저 그들이 초월할 수 없었던 '문화적 장벽'이라는 식으로 칭하려는 이해 방식이 있다면, 나는 그러한 태도에 동감할 수 없다. 실제로 아도르노는 그러한 용어를 받아들이지 않고 '인식의 역사적 차원'이라 칭함으로써 지금 말한 중층적 의미를 깊숙이 파내려 하고 있지 날. 그때서야 비로소 상실감 그자체가 오히려 인식 대상으로서의 세계를 깊이 확대하고 인식 활동을 더욱더 추진하게 만드는 것이다. 역설적인 '충동의 지반'이 여기 다시금 발생하게 된다. 그 새로운 '지반'은 더 이상 직접적인 어머니 대지가 아니라 오히려 어머니 대지의 상실감을 거꾸로 '지반'으로 삼은, 멋지게 역동적인 '지반'이다. 도탄바土壇場에 선 인식자의 건전함[2]을 여기서 찾아볼 수 있다. 과거 갈릴레오 갈릴레이가 지동설을 발견하고서 만약 정말로 "이제부터는 용기를 가지고 공중에 매달려 살아가는 거다"라 말했다면, 그와 유사한 닮은꼴—규모로 치면 약간 작지만—의 내적 경

---

2   도탄바土壇場는 본래 참수형이 이루어지는 처형장을 가리키는 말이나, 결단을 내려야 할 마지막 장소라는 의미로도 쓰인다. 여기서 말하는 '도탄바에 선 인식자의 건전함'이란, 사고의 역전을 통해 비극적 상황을 오히려 인식상의 적극성으로 전환하는 정신을 가리킨다고 하겠다.

험이 이때의 아도르노에게 없었다고 할 수 없다. 앞서 망명 생활의 정신적 '결정'이라 말한 사상은 핵심적으로 이 점을 가리킨다. 그에 비해, '문화적 경계'를 입에 올리며 기술에 편승해 그것을 간단하게 '뛰어넘어 나아가는' 행복한 문화적 확대주의란 얼마나 평면적인 사고인지 짐작할 수 있을 것이다.

'인식'으로 살아가는 자가 어쩔 수 없이 망명을 한 경우에 생기는 상실 현상마저도 그리하여 다시금 '인식의 지반'이 되었다. 이처럼 자각의 깊이에 도달한 인식자가, 앞서 본 망명 생활에 내재된 일련의 문제들에 부딪히면 어떻게 될까. 시험 삼아 『미니마 모랄리아』 153편의 에세이들 가운데 제1부 첫 번째 아포리즘을 열어 보면 된다. 「프루스트를 위하여」라는 제목이 붙어 있지만, 마르셀 프루스트Marcel Proust에 대해서는 한마디도 쓰여 있지 않다. 그것은 '유복하게 자라난'(19세기적 부르주아로서 시민적으로 자라난) 독립 정신이 자신의 출신 계급으로부터 달아나 연구기관에 들어갔을 때 거기서 발견할 수밖에 없는 현대의 숙명적 규제에 대해 기술하고 있다. 관료제적 경영조직이 돼 버린 현대의 연구기관 내부를 관통하는 실무주의, 그에 따라 생겨나는 극단적인 '정신의 부문화', 거기에 작용하는 다수자의 맹렬한 전문 상업 의식, 그 결과인 자유로운 정신의 배제, 그러한 형태로 나타나는 분업제에 대한 강한 동조 의식, 그 결과 연구기관은 더 이상 독립적 정신에게 '피난처'일 수 없게 되며, 그리하여 집안을 뛰쳐나온 '도망자'를 향해 스스로의 출신 계급과 그 체제가 '복수'를 성취하게 되는 20세기 전반기의 운명극이 이 단문에 응집된 형태로 서술되어 있다. 이를 '프루스트'적 국면으로 다루기에 상징적 확산을 불러일으키는 것이고 현대사회에 대한 비판으로 기술하기에 날카로운 객관시가 탄생하는 것인데, 이러한 점은 잠시 접어 두고 여기서 우선 과잉 독해에 빠져들 위험을 무릅쓰면서 주목하고자 하는 것은, '유복하게 자라난' 독립 정신이 자유로운 인식 활동을 찾아 도망치고 도망친 끝에 결국 이른 곳이 그의 활동을 보장해 주는 '피난처'일 수 없다는, 현대적 운명 일반에 대한 모티프가 한편으로는 아도르노 자신의 '적중敵中 횡단 삼백 리'의 경험과 틀림없이 불가분하게 관련되어 있다는 점이다. 이 에세이는 물론 자유를 추구하는 정신에게 더 이상 안전한 '도피처'는 없다는 현대사회 일반의 문제를 그리고 있기는 하지만, 그러한 일반성을 경험적으로 확인하게 된 하나의 계기는 그의 미국 생활이었을 것이다. 연구기관에 대해서만 살펴보아도, 오래된 형태의 독일식 권위주의적 규제로부터 분명히 해방되어 있었던 미국의 기관은 전체적 규모에 걸쳐 완전히 새로운 형태의 '실무'주의적이고 '업적'주의적인 규제를 보이고 있어, 자유로워야 할 정신은 여기서도 있을 곳을 찾지 못했다. 이렇게 사회의 전체적 관리조직화가 20세기 세계의 저변을 꿰뚫는 경향적 병리로서 확인되었던 것이다.

제1번 에세이 「프루스트를 위하여」에서 망명 경험과의 관련성을 직접적으로 찾아내고자 하는 것은 다소 무리일지도 모른다. 그렇다면 스스로의 경험에 대한 그의 자각적 고찰을 직접적으로 알아보기 위해선 망명 생활 그 자체를 논한 제13번 「보호, 도움 그리고 충고」를 읽어 보면 될 것이다. 자신의 모든 생활을 에워싼 사회 환경이 근본적으로 자신에게는 '알 수 없는 세계'라는 것. '자기 생활의 재생산과 그 자체에 책임을 질 수 있는 것 사이에 화해하기 어려운 균열이 지배한다'는 것. 그러한 곳에서는, 자신의 문화만이 자기에게 부여할 수 있는 자연스런 통제를 상실하기 때문인지 맹목적인 에고이즘이 맹렬하게 분출한다는 것. 혹은 그와 표리를 이루는, 밖에서 주어지는 '주형'鑄型에 대해 그저 추수적으로 충성을 맹세할 뿐 내면적으로 무력한 항복자가 돼버리는 상황. 절대적 고독 속에 놓여, 직업을 포함한 사회적 기회가 풍부하지 못하기에 오히려 맹렬한 쟁탈 경쟁의 노예가 되는 망명자 '사회'의 병리. 거기서 벌어지는 험악한 내분 상태. 그러한 모든 것들이 하나도 빠

짐없이 짧고 절실한 박력을 담은 채 객관적으로 비추어지고 있다.


3

이렇게 자기와의 동일성을 잃은 소외 상황에 대해 철저한 자각적 고찰을 가한 것이 『미니마 모랄리아』에서 아도르노의 모습이었다. 그 자세는, 자신이 말려들어 있는 소외 상황으로부터 다시 한 번 자신을 분리하고자(소외시키고자) 한다. 행복한 '객관적 진리' 따위를 애초부터 전제하지 않는, 상황의 객관시(상황에서 자기 의식을 떼어 놓는 소외로서의 객관시)라는 자각적 고찰 작업이 그로부터 생겨난다. 그런 의미에서 소외의 극치, 혹은 소외의 극한적 변경邊境이라고도 할 수 있는 그러한 곳에 그는 자기를 위치시켰던 것이다. 당장의 위안만을 위해 쉽게 손 닿는 데 주어진 허위의 '구원'을 그는 받아들이지 않는다.(그가 필요로 하는 '구원'의 변증법 또한 이 소외의 극한적 변경에서야 비로소 요청된다.) 그리고 그 소외의 극한이 얼마나 처참한 것인가를, 그 자신이 남긴 한 구절이 말해 준다. "만약 재앙 그 자체로부터 달아날 수 있다 해도, 그것을 둘러싼 흉악한 폭력인 맹목성과 재앙을 갈라놓을 수 있도록 의식을 통해 시험하는 것 말고 구원의 길은 없다." 설령 제 몸이 멸하더라도 결코 인식의 맹인만은 되지 않으리라는 그 의욕은 무시무시하다. 온몸을 다 바쳐 하나의 의식의 눈으로 화한 모습이 나타난다. 실로 인식을 단 하나의 성실한 실천으로 삼은 자의 정수가 거기 나타나 있다고 할 수 있을 것이다. 그렇게 해서 우뚝 선 모습이야말로 소외의 극한에서 활동하는 정신의 설 곳이었다.

신대륙으로의 망명은, 사실상의 **조국**으로부터 당하는 추방이라는 것과 함께 그들에게 문화상의 **세계**였던 유럽 대륙으로부터의 추방이라는 이중의 추방을 의미했다. 유학이나 관광이나 단순한 취직 이주와는 반대로 근본적인 상실을 가져왔던 것이다. 하지만 거기서 악전고투를 멈추지 않았던 인식의 전사는 이렇게 소외의 극치를 스스로 의식적으로 체현함으로써 인간, 생산, 노동, 정신적 행위 등을 모두 각각 그 본래의 모습으로부터 떨어뜨려 버리는 '소외하는 현대사회'에 단신으로 대치하는 자가 되었다. 이는 더 이상 망명자라는 단순한 개별적 사례에 속하지 않는다. 그 비상시의 개별성이 포함하는 요소를 극한까지 돌진해 파악한 결과, 개별성의 한계 그 자체를 넘어서 현대적 인식 일반의 전형을 만들어 내기에 이른 것이다. 그것은 현대의 소외를 무자각적으로 받아들인 행복한 평균적 대표와는 반대로, 사회적 소외 속에서조차도 비판을 통해 스스로를 더욱 소외시키고자 하는 '소외의 **변경**'에서 생겨난 것이기 때문에야말로 전형인 것이다.

그러한 전형으로부터 바라볼 때, 현대사회는 각 개별 사회의 평균적 대표자 간의 상이함이나 '문화적 경계선'의 위치 등을 양적으로 '측정'하고자 하는 비교사회학 등과는 다른 이론적 접근의 대상이 된다. 초월적 위치에서 '문화사회를 계측'하는 것이 아니라(아도르노는 '문화란 계측할 수 없는 것을 말한다'고 했다), 스스로가 직접 정면으로 당하고 있는 현대사회의 규정들에 대해 변증법적 이성이 비판적 대화의 격투를 행해야 하는 무대, 그곳이 현대사회인 것이다.

그 변증법적 이성을 행사하는 개인이란, 물론 19세기적 대문자로 쓰는 '개인'—혼자서 생산하고 자기 힘으로 벌어들여 혼자 힘으로 생계를 유지하기에 홀로 자유로이 생각할 수 있다고 일컬어지는 실체적 '개인'—이 아니다. 여기서의 개인은 전체적으로 관리제도화된 사회의 객관적 규정력 속에 노출된 채, 소외사회 한가운데에서 그 소외를 스스로의 내부에 확실하게 지니며 그로써 소외하는 사회를 비판적으로 인식하고자 하는 그러한 개인이다. 20세기의 인식자인 개인은 이렇게 실체적인 개인 주체가 더 이상 존재할 수 없다는 상실감과 몰락감을 공공연히 표명할 용기를 지닌 자—지닐 수밖에 없는 자— 안에서만, 또한 동시에 물상화된 조직이나 동일화된 집단 따위에 결코 매몰되지 않고자 하는 자 안에서만 가까스로 창조적 재생을 이루는 것이다. 이 '창조적'이라는 말에 만약 의심이 갈 경우 앞서 해석한 '허공의 대지'의 발견을 떠올린다면 곧 풀릴 것이다. 그것은 직접적인 충동의 대지의 '상실'을 오히려 완전히 새로운 '대지'로 파악하는, 대지 창조의 계기를 역력히 품고 있는 것이다.

하지만 『미니마 모랄리아』의 내용 검토에 들어가기에 앞서 아도르노의 몇 가지 망명 경험에 내가 지나치게 치중한 것처럼 보일지도 모르겠다. 분산적인 단어나 구절을 제외하고 아도르노 자신이 이 책 속에서 망명 생활 문제를 직접적인 주제로 다룬 건 153개 중 단 하나의 단문뿐이다. 또한 그 단문에서조차 그는 결코 자신의 망명 생활 기록을 장황하게 늘어놓지 않는다. 그의 고찰은 경험하지 않으면 결코 도달할 수 없는 진실을 객관적 관련 속에서 파악하며, 주관성의 중시를 이야기하는 경우에조차 이를 부득이하게 하는 객관적 규정을 기술함으로써 이야기한다. 그는 결코 자신에게 주정主情적인 고소告訴를 허락하지 않는다. 그의 고찰과 표현을 관통하는 기본적 태도는, 반복하지만, '주관적인 것'과 '객관적인 것', '내재하는 것'과 '외재하는 것' 등이 서로 겨루는 '힘의 장'을 밝혀내 그것을 고찰하고 그것을 표현하고자 하는 것이다. 그 어떤 환원주의, 그 어떤 동일화도 거부한다. 자신의 체험을 집요하게 떠드는 행위 같은 건 당연히 부정된다. 바로 이 때문에, 책의 서문인 호르크하이머에게 바치는 '헌사' 속에서 그는 다음과 같이 말하는 것이다. "직접적 생활에 대한 진실을 알고자 하는 자는 바로 그것의 소외된 모습을 추구해야 한다. 개인적 실존을 그 숨겨진 기저에서까지 규정하는 지점의 객관적 힘들을 말이다." 그리고 계속해서 말한다. '직접적인 것에 대해 직접적으로(무매개적으로) 말하고자 한다면' 그것은 고작 싸구려 소설에 나오는 허위적 주인공 같은 걸 만들어 낼 수 있을 뿐이며, 있지도 않은 '주체'의 위조품을 산출해 허위의식의 생산에 손을 빌려 주는 꼴이라고. 이처럼 그는 일관되게 매개적으로 기술한다. 그 결과, 이 책의 부제가 '상처 입은 생활 가운데서의 성찰'임에도 불구하고 본문을 한번 읽어 보는 것만으로는 그 부제의 의미를 바로 깨닫기 힘든 것이다. 이는 「프루스트를 위하여」편에 대한 독해를 시도하면서 이미 시사한 바다. 거기서는 이중, 삼중의 의미들이 서로 겨루고 있다. 실로 이 책은 변증법적 이성의 레벨에서 이루어진 망명 경험의 서사시이며, 생활 경험 그 자체는 나타나지 않은 채로 그 생활 경험을 규정하는 객관적 힘들을 향해 비판적으로 격투를 벌이는 변증법적 이성의 분투만이 여기 그려져 있다. 훗날 그가 '아우슈비츠 이후에 시를 쓴다는 것은 야만이다'라고 말한 바와 같은, 직접적 서정에 대한 그 부정의 정신은 여기서 이미 관철되어 있다. 변증법적 이성의 싸움에 대한 기술記述만이 현대에 가능한 단 하나의 서사이며, 그 비판적 이성의 활동만이 현대의 거짓 없는 진짜 '사건'이라고 저자는 말하고 있는 것이리라. (미완)

1 ____ 마틴 제이의 『변증법적 상상력』은 프랑크푸르트 학파의 역사를 실로 미국 학자답게 실무적 태도로 정성 들여 조사해서 요령 있는 답안으로 정리한 '잘 쓰인' 연구서이며, 참고서로서 필수불가결할 것이다. 그 조사연구보고적인 정신 태도에 뭔가 한 가지, 본식本式의 사상사가 되기 위한 박력이 빠져 있기는 하지만.

2 ____ 범주들이 서로 겨루는 '힘의 장'에 진리가 있다는 말은 훗날의 저작『프

리즘』(*Prismen*)에 나온다. 하지만 표현된 시점은 그 후일지라도, 그것은 사고방식으로서 아도르노에게 상당히 이전부터 존재했다. '비판이론'의 핵심이 거기에 있기 때문이다. 즉 진리는 오로지 '주관이 행하는 구성' 속에만 있지 않으며 '객관적 이데아'나 '객관적 경제 관계' 속에 온전히 존재하는 것도 아니다. 그렇게 특정 범주가 '진리'를 집권적으로 흡수하다 보면 그 집권적 체계의 조작 과정에서, 특히 조작의 결과 만들어진 체계를 방위하고자 하는 과정에서 허위와 접합되기 쉬우며, '진정한 것'을 배반하는 허위의식을 다름 아닌 '진리'의 이름으로 생산하는 사태가 그로부터 발생하는 것이다. 하지만 또한, 그러한 특정 범주로의 집권적 흡수만이 허위의 생산을 허용하는 건 아니다. 범주들이 서로 모여 무사원만하게 진리를 '분유'分有하는 조화적 체계 역시도 그 행복한 희망적 관측 속에서 거짓을 품기 시작하는 게 통례다.

따라서 허위의식을 배제하고 '진실된 것'을 발견해 가는 과정은 동시에 각각의 구체적 장場에 꿈틀대는 범주들 하나하나에 대해 끊임없는 비판적 음미를 행해 가는 과정이어야만 한다. 그리하여 '비판이론'의 전제에는, 허위의식을 유발하는 체계조성적 이론상의 집권주의와 안이한 조합적 전체주의에 대한 거부가 존재하고 있었다. 범주들이란 하나의 중심으로 정연하게 환원되고 흡수되는 것이 아니고 또 원만한 조화 속에서 안정된 지위를 갖고 정주하는 것도 아니며, 서로 치고받는 격투를 벌이는 것일 수밖에 없다. 그리고 그 범주들 사이의 관련은 오로지 변증법적으로만 존재할 수 있었던 것이다.

# 신품 문화

번쩍거리는 소여 所興

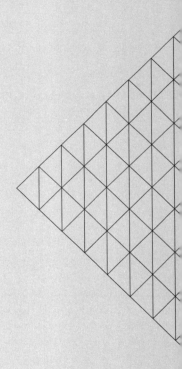

이 글은 미스즈쇼보みすず書房에서 발행한 『미스즈』みすず 1981년 2월호에 처음 실렸다.

우리는 지금 무시무시한 시대를 살아가고 있다. 사물과 인간의 관계가 근본적으로 변해 버린 것이다. 더 이상 누구도 생활에 관해서는 '호모 파베르'homo faber가 아니다. 우리가 몸에 걸치는 건 모두 다 **제품**으로 주어져 있으며, 우리를 둘러싸고 있는 모든 생활수단들은 전화 박스처럼 가스레인지처럼, 하나의 완결된 **장치**로 주어져 있다. 먹을 것조차도 대부분이 반제품으로—그것도 나머지 '반'은 우리에게 소꿉놀이적인 즐거움을 주게끔 일부러 계획적으로 '반'인 데서 멈춰져 있다는 의미에서, 한층 더 손길이 간 완전한 제품으로 주어져 있는 것이다. '물질'은 여기서 그 근본 개념이 뒤집힌 채 자연적 재질과의 연관성을 통째로 빼앗긴 것이 돼 우리 앞에 놓여 있다. 그것의 원질原質이나 태고의 조형은 그 어떤 미세하고 희미한 흔적조차 남아 있지 않다. 오늘날 '물체'는 정상적인 형태로는 더 이상 상상력의 대상이 아니게 돼 버린 것이다. 그것은 전세前世(혹은 내세)의 모습을 다시금 상기(혹은 예감)하게 하는 희미한 흔적이나 어렴풋한 예조豫兆가 남김없이 제거된, 정연한 현재적 형태로서만 존재한다. 상상력이 상상력인 까닭은 과거의 것이 아니라 전세의, 미래의 것이 아니라 내세의 모습을 교감적으로 떠올리게끔 하는 데 있다. 과거의 기억이나 장래의 예측은 그것이 현재로부터 연속되는 계산인 한, 현재태現在態로부터의 단절도 비약도 포함하지 않는다. 그러나 상상력이 만들어 내는 건, 어제의 것이라도 그것을 전세 즉 태고의 '기억'으로 상기하는 일이며 내일의 것이라도 그것을 내세 즉 피안(지옥·극락)의 예감으로 떠올리는 일이다. 거기에는 끊임없이 이어져 있는 과거와는 달리 '몰락'이나 '붕괴'나 '파탄'이나 '발전' 같은 질적 단절 즉 역사가 있으며, 예측적 미래와는 달리 '초월'이나 '비약'이나 '도정'道程 등과 같은 질적 격리 즉 유토피아 혹은 반反유토피아가 포함돼 있다.[1] 따라서 정보의 창고 격인 과거와는 다른 '또 하나의 현재'가, 그리고 계산 대상인 예측적 장래와는 다른 '또 하나의 현재'가 거기서 생생하게 태어났던 것이다. 그렇지만 완결된 현재형으로서만 존재하는 오늘날의 사물에는 그와 같은 상상력을 불러일으킬 여지가 없다. 진짜 같은 가짜 정서가 그 전全 형태를 감추고 있기 때문이다. 그로 인해 오늘날의 상상력은 하릴없이 '사물'의 제대로 된 표면 형태를 일부러 비틀어 보는 각도에서 작용할 수밖에 없다. 조화롭게 정리된 정면을 벗겨내 본다든가 합리적인 외양(形姿)을 조각조각 분해해 본다든가, 즉 정상적인 물체 표면에 대한 불신의 방향으로 작용할 수밖에 없는 것이다. 현대적 상상력이 상상력으로 존재하는 한, 변형이나 패러디나 희화나 우의나 풍자나 '오브제'의 방향을 향하는 건 아마도 거기서 유래할 것이다.

인간의 상상력마저도 전형轉形시킨 오늘날의 그런 완제품 혹은 완결된 장치는, 인간이 지닌 유능하기 그지없는 전문적 재지才智를 결집해서 고안해 낸 '합법칙적 틀(型)'에 따라 만들어졌다. 이처럼 제품은 합리성이 물화한 형태로 나타나는 것이다. 그리고 합리성의 물화란 제품이 인간의 이성을 완전히 흡수해 버린 것에 다름 아니다. 사물이 이성을 흡수 병합할 때 제품이 발생하며, 물품에 이성을 끝까지 주입해 버렸을 때 이성의 완전한 물상화인 '합리화'가 관철된다.

과거 공공기관과 사적 경영 양쪽에 걸친 관료제라는 인간 기계가 사회의 기구화와 합리화를 급격히 촉진하기 시작했을 때 그 상태를 일러 '이성 없는 합리화'(Rationalisierung ohne Ratio)라고 부른 건 에른스트 블로흐Ernst Bloch[1]였으나, 지금에 이르러 그 경향은 더 이상 경향이라는 말로 표현할 수 있는 부분적인 것이 아니라 사회의 전 생활 분야

---

1    에른스트 블로흐Ernst Bloch(1885~1977): 독일의 철학자. 유대교 신비주의와 마르크시즘을 결합하여 인간의 내발적인 희망을 추구했다. 나치 등장기에 미국으로 망명했고, 전후 동독에 귀국하였으나 이단시되어 1961년 서독으로 이주했다.

에 걸쳐서 실현돼 버렸다. 여기서 인간 이성은 조직 규약이라는 형태의 실체가 되어 사회 활동의 전 영역을 관료제화할 뿐 아니라, 생활필수품 전체에 걸쳐 제품이라는 형태의 합리적 물체가 돼 생활 영역 전체를 콘크리트화해 버리는 것이다. 인간 이성이 인간의 몸에 머물러 있는 경우에만 지켜질 수 있는 이성 고유의 특징들이 여기서는 소실된다. 즉 '아직 형태를 갖추지 않은' 풍부함(그것을 원초적 추상성이라 불러도 될 것이다), '이제부터 어떤 형태라도 될 수 있다'는 가능성(그것은 탄력적 복원력과 조형적 변형력 양극에 걸친 확장이라 불러도 될 것이다), 그러한 가능 넓이를 통해 확보되는 보편성, 비합리적 감정에 대해서도 통찰을 통해 그와 양립하고 나아가 기꺼이 결합할 수마저 있는 관대함, 그러한 고유의 특징들이 지금은 이성 자체로부터 박탈되어서, 이성은 하나의 고체적 형태로 특수화되어 그 콘크리트화를 통해 '물적 장치'와 제품들에 포함되어 있다. 그것은 이성의 폐문閉門이며 감금이다. 그리고 폐문·감금당한 이성은 이성 고유의 풍부함과 가능성과 보편성과 관대함을 잃은 이상 더이상 이성이 아니다. '이성 없는 합리화'란 테제는 이러한 의미에서 현대사회 위기의 핵심을 찌르는 것이었다.

분명히 오늘날 길거리의 구조는 새로운 장식으로 일변했고, 건물과 자동차도 사람이 입는 것도 손에 들어오는 물건들도 모두 다 신품화新品化했다. 그러나 이런 신품들은 이미 보았듯 제품으로서 주어진 것들이다. 어떤 맞춤이라 해도 본질적 부분에서 제품이다. 오히려 고급 맞춤식 특제품 속에야말로 더욱 다량의 이성이 포괄적인 형태로 물품화돼 있다. 내걸려 있는 싸구려 물건들이 현대의 물상화를 솔직히 체현하고 있는 데 비해, 그것은 허위에 찬 솜씨가 가해진 물상화를 실현함으로써 반성적 의식의 움직임마저 압살하고 있다. 그리하여 이런 상품화의 세계에서는 그 하나하나가 천지간에 처음으로 생겨나는 것으로서 출현하는 생성 경험을 우리 앞에 보여 주지 않는다. 그것들은 사들일 수 있는 소여所與의 물건, 즉 번쩍거리는 소여성所與性으로서 눈앞에 놓여 있는 데 불과하다. 오늘날 신품 문화의 기저를 꿰뚫고 있는 근본 성질은 실은 이와 같은 기성성과 소여성인 것이다.

예를 들면 문짝 한 장을 수선할 때 거기 나타나는 '고쳐진 새로움', 즉 갱신更新은 여기에 없다. 문짝 한 장만이 주위와의 연장적 연속에서 단절되고 연속의 중단으로서 '인용'돼, 그 뽑아낸 부분을 대상으로 한 새로운 삽입이 기계적인 것으로서가 아니라 주위와의 관계 재형성으로서 행해질 때, 다시 배열된 단편은 각각 변신하게 되며 그곳에 나타나는 몽타주 효과는 관계의 갱신이라는 점에서 전적으로 새로운 것이다. 그런 새로움은 완결된 현재형인 신품의 세계에는 없다. 신품의 세계에 있는 건 통째로 교체될 수 있는 폐기와 구입의 수순뿐이다.

또 예를 들자면 구멍 난 부분을 솜씨 좋게 기웠을 때 거기에 나타나는 '재생'과 '부활'의 새로움 또한 신품의 세계에는 없다. 잇거나 깁는 수선修繕이 주위 부분과의 저항 관계를 고려하면서 그와의 '대립을 포함한 화해'로 완성될 때, 그곳에 나타나는 새로움은 한 가지 전체적 구성에서의 새로움이다. 재생이나 부활은 그렇게 부분적이면서 관계적인 전체의 소생이기도 했다. 그러한 새로움은 고체적으로 완결된 신품의 세계에는 없다. 번쩍거리는 소여는 얼마든지 대체 가능한 유통물일 뿐 경험적 행위로서의 새로움은 아닌 것이다.

경험이란 사물(혹은 사태)과 인간의 상호적인 교섭이므로, 상대편인 사물의 재질과 형태와 장소적 환경 등 여하에 따라 이쪽에서 미리 품고 있는 상정想定 속에 조금이라도 제멋대로인 부분이 포함돼 있는 경우 인간은 도리 없이 재고再考를 하는 수밖에 없다. 즉 물체로부터의 저항이나 사물에 대한 우회 접근 등을 거치지 않을 수가 없는 것이다. 즉 반드시 '매개'를 거친다. 따라서 경험은 고안과 설계와 틀에 따른 일방적 제작 과정과는 전혀 다르다. 일방적 제작은 그 직선성 면에서 관료제를 닮아 있고 군사적 처치와 상응한다. 그에 비해 경험의 결정結晶은 사물과 교섭하는 개별적 방식에 수반돼 생겨나는 일회적인 고유성을 어딘가에 포함하고 있다.[2] 그것이 상호성의 흔적이며 사회적인 것의 씨앗이다. 무수한 복제 부품을 무수한 직선의 복합적 배선에 따라 합성하여 만드는 오늘날의 신품에는 그러한 상호 교섭의 흔적이 없다. 그들은 조합이라는 점에서 일견 몽타주와 닮았지만, '중단'과 '인용'과 '삽입'을 통해 몽타주가 만들어 내는 '부분 상호 간의 저항 관계'와 '매개'와 '화해'와 '변신'을 허락하지 않는다는 점에서, 닮은 듯하면서도 상반된다. 오히려 그 자체 내부에 조합을 갖지 않는 싸구려 복제품만이, 이를 몽타주의 소재로 삼을 수 있다는 점에서 상호성의 요소로 살려 낼 수 있는 가능성을 지닌다. 복잡한 구성을 가진 신품은 일절 흔적이 없다는 점, 상처도 얼룩도 없다는 점에서 그저 매끈매끈한 소여에 다름 아닌 것이다.

과거에는 기성의 것이라 하면 으레 어느 정도 오래된 것을 의미하곤 했다. 소여성 역시도 많은 경우 일정한 전통적 성질을 의미 속에 포함하고 있었다. 그것들은 그런 만큼 경험을 적대했다. 그러나 지금은 완벽한 합법칙성을 자랑하는 기성성과 소여성이 신품 문화의 모양을 취해 새로움 속에 스스로 깃들일 곳을 발견하고, 그 안에 들어가 그 숨겨진 혼이 되기에 이르렀다. 과거에 '혼'(정신)이란, 진실을 잃은 전두엽이 만들어 내는 허위적 구실과 기능에 대항해 정신의 기저에 숨어서 작용하는 진실된 것의 영위를 의미했다. 그러나 지금 상상력을 전형轉形하는 이성을 흡수 병합한 제품 문화의 세계에서는, 정신적 진실이었음에 틀림없는 혼조차도 갈 곳을 잃고 신품 속에 '입혼'入魂된 것인지도 모른다. 그리고 입혼된 그 허위의 혼이 기성성과 소여성인 것이다. 그리하여 신품 문화를 숭배하고 그 획득을 위한 금전 수단을 숭배하는 일은 거기에 숨겨진 '입혼된' 혼 즉 기성성과 소여성에 대한 숭배로 귀결된다. 실제로 그러한 일상적 기분 속에서 이스태블리시먼트(the Establishment)라 불리는 기성적인 것의 우월함, 국가의 위광 같은 '장치에 대한 신앙'이 번쩍거리는 새 옷을 차려입고 자라나고 있지 않은가?

그렇다면 '나우'now라든가 '지금'이라든가 하는 유행어에 휩쓸려서 '신품의 세계'를 믿어서는 안 될 것이다.[3] 오히려 우리는 현대적 상상력이 보여 주는 '물체 표면에 대한 불신의 각도'를 내 것으로 삼으면서, 주의 깊게, 이제는 아주 조금 남아 있는 상상력의 비약성과 이성의 다의적 넓이와 경험의 상호주체성을 조합해 그 조합의 단편 한 조각 한 조각을 '이성 없는 합리화'에 질적으로 대항할 수 있는 것으로 만들어 내고자 노력해야 할 것이다. 20세기적 방법인 몽타주는 바로 그러한 방향에서 작용하는 것이어야 한다.[4] 그 방향을 향하고자 하는 자는 분명, 압도적 '합리화'의 압연기壓延機 앞에 깔려 짓눌려 버리는 '바보'로 끝날지도 모른다. 그 정도로 오늘날의 '황무지'는 엄청난 관철력을 갖고 있다. 그러나 그럼에도 불구하고 생성 경험과 재생과 부활이 지니는 본래의 새로움은, 오늘에 대한 회의 속에서 어느 정도는 '바보' 같은 질적 소수파—바꾸어 말하자면 정신적 야당성—를 낳는 과정으로서만 태어날 수 있을 것이다.

**1** ——— 이렇게 보면 사고思考로서의 역사가 단순한 기억이나 연표 기록과는 달리 상상력의 작용과 얼마나 깊숙이 내면적으로 엮여 있는지 확연해질 것이다. 그리고 역사와 유토피아 간의 동근성同根性 역시도 분명해질 것이다.

**2** ——— 사물(혹은 사태)과 인간의 상호 교섭인 경험이 우리 안에서 그 자체로

자각돼 우리 **고유의** 경험이 되어서 우리 자신의 사고양식과 감수성 방식과 행동양식을 규정하는 것으로 만들어지는 게 '경험의 결정結晶'이겠으나, 이러한 의미의 '경험'이 만들어지기까지는 반드시 당초의 경험으로부터 일정한 시간이 경과해야 한다. 이런 의미에서 '경험'의 구조를 고찰하기 위해서는 '시간'이라는 요소를 빼놓지 말아야 할 것이지만, 이 글에서 그 문제에 들어서는 건 삼가기로 했다. 그러나 '경험'이 포함하는 시간적 계기에 대해 이 주기注記 정도의 주의라도 고려에 넣어 둠으로써, 여기서 '경험'에 대해 생각하는 것 자체가 얼마나 '신품'의 속성인 **일종의** 즉석성에 대한 근본적 비판인지를 얼마간은 밝힐 수 있을 것이다.

3 ──── 여기서 말하는 '신품'이란 물론 상징적인 함의를 가지고 있다. 따라서 예컨대 서적의 저작·제작 등과도 결코 무관하지 않으며, 예술적 제작과도 무관하지 않다.

4 ──── 몽타주에 대한 이 요청은 예를 들면 영화의 분류나 사진의 분류를 행할 때에도 한 가지 평가 기준이 될 수 있을 것이다. 나는 그렇게 되기를 기대한다.

# 후기

이 책은 1975년부터 1981년에 걸쳐 몇 년 동안 기회가 닿을 때마다 쓴 글을 모은 것이다. 두 편을 제외한 대부분은 비교적 눈에 띄지 않는 매체에 발표한 것인데 결국 이렇게 한 권의 책으로 공간公刊하게 되었다. 홍수 같은 인쇄물 과잉 상황 속에 구태여 또 한 권을 더하는 바람직하지 않은 일을 하면서, 그러한 해를 상쇄할 만한 가치가 이 책에 있을는지, 문제다.

각 글을 가능한 한 짧고 작게 요약적으로 (최대한 추상적으로) 쓰고자 마음먹은 것은 거대화를 향해 계속 달려가는 '팽창 경향'에 대한 무력한 반대일 것이며, 가능한 한 함의의 폭을 크게 하고 '숨겨진 차원'의 중층을 두텁게 하여 (최대한 다의적으로) 쓰고자 힘쓴 것은 하이웨이의 지시선상指示線上을 질주하며 거리距離의 너비만 늘리려 하는 평면적 확장에 대한 지극히 사소한 대항일 것이다. 그러나 '반대'라거나 '대항'이라 해서 의욕 넘치는 '전투 의식' 같은 걸 품고 그렇게 하고 있는 게 아니다. 그와는 완전히 반대다. 그렇기 때문에 가능한 한 눈에 띄지 않는 곳에 쓴 것이기도 했다. 또한 바로 그래서 이 책의 글들은, 대체로 '기회가 닿는 대로' 여러 친구 분들이 반강제적으로 기회를 주었을 때에만 쓰였던 것이다. '기회가 닿는 대로'라는 것은 '우연'을 살려 내는 행위를 내포하고 있다. 그리고 바깥쪽으로부터의 설계와 디자인, 그리고 그에 따라 생겨나는 '필연적 규칙'이 전부를 지배하는 관리사회의 압제는 우연의 완전한 배제를 그 기초로 삼고 있다. 도야마 히라쿠遠山啓[1] 씨

236

의 명언을 빌리자면 '우연이 살아 있지 않은 사회는 건강하지 못한' 것이다. 왜냐하면 우연의 배제야말로 **생활 속에서** 미지의 사태와 조우할 기회를 빼앗고 사물 하나하나가 우리에게 주는 개별적 저항의 구현을 일소하며, 그럼으로써 사물[物] 혹은 사태와의 상호적 교섭인 인간의 '경험'을 소멸시켜 버리기 때문이다.

그리하여 나는 인간 사회가 사물과 조우해 상호 교섭을 영위하기 시작했을 때 나타나는 감수성의 움직임과 반성적 의식 작용, 형상의 창조와 이론적 추구 행위를(그 어느 것도 이유 없이 잘라내 버리거나 탄압하거나 무시하거나 하지 않고) 상호 갈등하며 관련되는 것으로 다루면서 바로 그 관련을 최대한 밝히고 싶다. 신석기 시대의 식량생산혁명 이래로 이제 껏 없었던 전면적 대변동이 지극히 아이러니한 형태로 '인간 전사前史의 끝'을 불러오려 하는 와중에, 이 근본적 위기로부터 새로이 '정신'과 '경험'을(즉 상호성으로서의 '사회'를) 되살리는 한 가지 길은 인간 존재가 무엇인지에 대해 자기중심적으로가 아니라 최대한 밖에서 다시 보고, 다시 알고, 그러려고 애쓰는 눈을 통해 정신과 경험의 안쪽 깊숙한 곳에 들어서서 그 내부 구조의 '해독'解讀을 시도하는 일이라 생각하기 때문이다. 이 빈곤하고 불철저한 고찰은 그것을 향한 작은 한 걸음에 지나지 않는다.

마지막으로, 이 책이 만들어지기까지 긴 기간 동안 직간접적으로 신세 진 분들께 감사를 드리지 않을 수 없다. 우선 이 책에 들어간 글들을 쓸 수 있는 기회를 주셨던 여러 친구 분들.

후쿠인칸쇼텐福音館書店의 스가와라 히로쿠니菅原啓州 씨에게는 2년

---

1    도야마 히라쿠遠山啓(1909~1979): 쇼와 시대의 수학자이자 교육개혁 운동가. 학생들에게 너무 난해한 문제를 부과하거나 실수하지 않는 것을 지나치게 강조하는 일본의 수학 교육 방식을 비판했다.

도 넘게 티내지 않는 배려 속에서 독촉해 주시는 노고를 끼친 점에 대해. 그리고 또 한 가지, 내가 다른 곳에서 사용했던 '소국과민'小國寡民이라는 **예의** 그립고 적절한 표어를 대화 중에 딱 들어맞게 사용해 다시금 기억을 불러일으켜 주셨던 점에 대해. 그 밖에 몇 권이나 되는 책을 주신 점(몇몇 책에 대해서는 알려도 주셨던 점)에 대해. 종합하자면 그 특유의 사려 깊은 진지함으로 나와 만나 주셨던 것에 대해 마음으로부터 감사를 드린다. 덕분에 나 스스로는, 마침 공교롭게도 정말로 쓰고 싶다고 생각하고 있던 것을 쓸 수 있게 되었다.

이와나미쇼텐岩波書店의 다나카 요시타카田中禎孝 씨에게는, 몇 년에 걸쳐 자신의 공을 조금도 의식하지 않으며 책 수집을 비롯해 눈에 띄지 않는 작업들을 부지런히 해 주셨던 점에 대해. 그와 동시에 전임 담당자였던 이토 오사무伊藤修, 쓰즈키 레이코都築令子 두 분과 사려 깊게 연계하면서, 내키지 않아하는 내게 결국 「요시다 쇼인」을 쓰게 만들어 주신 점에 대해 마음으로부터 감사를 드린다. 그의 끈기 있는 독촉이 없었더라면 틀림없이 나는 「쇼인」을 쓰지 않았을 것이다. 그러나 다 써 내고 나서는 그리고 지금도 여전히, 쓰기를 잘했다고 생각하고 있다.

에디터스쿨의 다니가와 기미히코谷川公彦 씨에게는 편집 업무와 그에 수반한 교우에 대해서라기보다도, 물론 그런 점까지 포함해서지만 '안보'安保[2] 이래 오랜 친구로서 생활 영역 전반에 걸쳐 교우해 주신 점에 대해 깊이 감사를 드린다. 하나하나를 들기 시작하면 끝이 없으므로 한마디 감사로 대표할 길밖에 없다. 너무도 전면적인 경우 언어는 오히려 간단해질 수밖에 없는 것이다.

『아사히저널』朝日ジャーナル의 다카세 쇼지高瀬昭治 씨에게는 「쇼와

---

2    안보安保: 1960년 일본에서 미일안보조약 개정에 반대해 대대적으로 전개된 평화 운동인 안보 투쟁을 가리킨다. 후지타 쇼조 또한 그에 참가한 바 있다.

란 무엇인가」를 쓸 때 전국의 지방신문을 읽을 수 있는 기회를 주신 점에 대해. 그리고 그 후로 오늘에 이르기까지 내 건강에 대해서까지 염려해 주시는 우정에 대해. 그리고 과거 젊은 시절, 내게 처음으로 잡지에 글을 쓰게 해 주시느라 큰 고생을 하셨던 존경하는 교타니 히데오京谷秀夫[3] 씨를 오랜만에 뵐 수 있는 기회를 만들어 주셨던 그 배려에 대해서 깊이 감사를 드린다.

『사상의 과학』(思想の科学)에 쓴 「전후 논의의 전제」의 경우는 약간 사정이 다르다. 연상의 친구(라 말하게 해 주십시오) 쓰루미 슌스케鶴見俊輔[3] 씨가 어느 날 밤 일부러 전화를 주셔서는 갑자기 그걸 쓰라고, 언제나 그렇듯 솔직하게 그리고 연배도 아래인 나 같은 이에게 말씀을 낮추며 권해 주신 것이었다. 과거 『사상의 과학』 사건[4] 때 하릴없이 신세 졌던 의리를 조금이나마 갚을 수 있기를 바라던 나는 즉시 받아들였다. 원고를 넘기던 날, 과거 나의 태만함을 익히 알고 있던 쓰루미 씨는 원

---

3    쓰루미 슌스케鶴見俊輔(1922~ ): 철학자·평론가. 하버드대에서 철학을 공부하고 1942년 귀국하여 1946년 마루야마 마사오丸山眞男, 쓰루 시게토都留重人 등과 함께 잡지 『사상의 과학』을 창간하고 프래그머티즘pragmatism의 소개와 대중문화론, 일상성에 입각한 철학 등을 전개했다. 안보 투쟁과 베트남 반전 운동에서도 활약했다. 후지타 쇼조는 그의 권유로 '사상의 과학 연구회'에 참가했고 그와 함께 『공동연구 전향』을 집필하기도 했다.
4    『사상의 과학』 사건: 1961년 12월, 이듬해 1월호로 예정되었던 『사상의 과학』 '천황제 특집호'가 출판사인 주오코론샤中央公論社의 독단으로 폐기 처분된다. 이는 이른바 시마나카 사건(잡지 『중앙공론』 1960년 12월호에 실린 소설 「풍류몽담」風流夢譚이 황실에 대한 불경 논란을 낳은 뒤, 1961년 2월 주오코론샤 사장 시마나카 호지嶋中鵬二의 자택에 17세의 우익 소년이 흉기를 들고 침입해 가정부를 살해하고 부인에게 중상을 입힌 사건. 후지타는 이 사건에 대한 응답으로 1961년 「국가 원리의 현재와 미래—우익 테러와 당사자 우위의 원리」国家原理の現在と未来—右翼テロと当事者優位の原理를 발표했다)의 영향으로 판단되었다. '사상의 과학 연구회'는 1961년의 폐기 처분을 기점으로 주오코론샤와 절연했고 이후 잡지는 자주적으로 출판되었다. 그러나 후지타는 주오코론샤와의 '절연'이라는 대처 방식을 문제 삼아 연구회에서 탈퇴하게 된다. 1962년 발표한 탈퇴 성명서적 문장 「자유로부터의 도망 비판」(自由からの逃亡批判)에서 그는, 언뜻 보기에 가장 래디컬한 '절연'이라는 방식으로 인해 '천황제 비판의 자유에 대한 침해'라는 본래의 이슈는 그대로 남겨진 채 마치 해결된 것처럼 보이게 되었다는 점, 그리고 이러한 대처를 결정하는 데 연구회 내부 전원의 의사가 반영되지 않았다는 점을 탈퇴의 이유로 들고 있다.

고가 도착하지 않을 것을 걱정한 나머지 일부러 도쿄까지 나오셨다고 한다. 그날 밤 통화로 그 사실을 알고서 나는 물론 송구스러웠으나, 그러면서도 그 전화로 쓰루미 씨에게 원고를 무척 칭찬받았을 때는 역시 기뻤다. 그가 칭찬이 후하다는 것은 알고 있었지만, 신세를 어느 정도는 갚았다는 것, 그리고 그 과정에서 그와의 토론 섞인 교류가 부활한 것이 기뻤던 것이다. 만약 그 '의리'가 없었더라면 이 논문도 쓰지 않았으리라. 경험과 역사 속에 잠든 어느 정신적 동기가 이렇게 하나의 사고思考를 표현의 수면 위로 밀어 올린 것이다. 내 안에 있었던 의리의 감정을 꿰뚫어 본 쓰루미 슌스케 씨의 총안에 대해서도 감사를 드리고 싶다.

아사히신문사 출판국의 하쓰야마 아리쓰네初山有恒 씨에게는 두 가지 점에서 신세를 졌다. 하나는 '쇼와 원년의 신문'에 대한 논고를 기획해 내게 쓰도록 교섭해 주신 분이 실은 하쓰야마 씨였다는 점이다. 때마침 나는 가난이 극심하던 터라 연말연시 자금 벌이를 위해서 받아들였는데, 원고료를 올리려는 내 교섭에 응해 주실 적에 그가 보인 독특한 풍모와 큰 도량은 일종의 유머를 머금은 인상 깊은 것이었다. 그런 때 얼핏 보이던 그의 '세심하고 대담한' 모습은 대다수가 관료풍 샐러리맨이 돼 가고 있는 대형 신문사 속에서 유달리 마음을 끄는 데가 있었던 것이다. 그 후『아사히그래프』アサヒグラフ에 칼럼을 쓰도록 권해 주셨을 때는 나로선 드물게, 지체 없이 얼마 동안 몇몇 동료들과 함께 책임을 지고 지속했던 것이다. 그중 하나가 「이탈 정신」이다. 짧은 사귐에도 불구하고 하쓰야마 씨와의 관계에는 일종의 이심전심 같은 것이 작용했다. 그 시원시원한 무언의 우정에 다시 한 번 감사드리고 싶다.

미스즈쇼보みすず書房의 오비 도시토小尾俊人 씨에게는, 우선 작은 잡지『미스즈』みすず에 게재했던 「신품 문화」를 이 책에 수록하게끔 흔쾌히 허락해 주신 것에 깊은 사의를 표하고 싶다. 이익을 올리기 위한

잡지가 아님에도, 그리고 내가 또다시 '월급쟁이'가 되어 더 이상은 고료 벌이의 필요가 없어졌기에 재삼 사양했음에도 불구하고 유무를 논하는 일 없이 원고료를 지불해 주셨던, 그리고 더욱이 여기에 수록하는 것도 **흔쾌히** 동의해 주신 그의 특별한 후의에는 황송할 수밖에 없다. 그러나 이는 지극히 작은 일단에 지나지 않으며 오비 씨로부터는 20년에 걸쳐 공사 양면으로 범상치 않은 은혜를 입어 왔다. 예를 들어 내가 대학 교사를 그만둔 것도, 실은 그보다 3년도 전에 오비 씨와의 사이에 사직에 대한 묵약이 있었으나 대학 소동[5]이 일어난 탓에 오히려 그 실현이 늦어졌던 사정—물론 대학 사건 그 자체와의 관계가 분명 커다란 이유였지만—이 **일면의** 진실로서 그 저류에 있던 것이다. 그리하여 오비 씨와 나눈 그 묵약의 내용이 실현된 게 '미스즈 세미나'였다. 그 당시로서는 새로웠던 그 기획도 지금은 다양한 상업적 '문화 세미나' 기업이 되어 급속하게 '팽창'해, 원래 우리가 품었던 근본 정신과는 다른 형태로 일본 전체에 뻗치기에 이르렀다. 물론 그것은 그것대로, 우리들과는 관계가 없고 거기에 연연할 마음도 전혀 없으나 그러한 역사를 포함해 나는 오비 씨에게 말로 표현할 수 없는 은의를 지고 있다. 회화 예술에 대한 그의 감수성과 넓은 지식, 정신 의학에 대한 통효通曉 등은 내게 많은 것을 가르쳐 주었다. 정신 의학 방면에서도 가장 존경할 만한 석학이었던 고故 이무라 쓰네로井村恒郎 씨를 뵐 수 있도록 해 주신 것도 오비 씨였다. 그 모든 것들에 대해 마음으로부터 감사를 표하고 싶은 것이다.

자, 그리고 여기 수록된 글들을 처음 발표했을 때 담당해 주신 분들

---

5    흔히 대학 투쟁 또는 전공투全共鬪 운동으로 총칭되는, 1960년대 후반 일본에서 일어난 전국적 학생운동 상황을 가리킨다. 교육의 제국주의적 재편과 관리 체제 강화에 대한 반발로 60년대 중반부터 각 학교에서 시작되었던 운동이 심화돼 더욱 대대적이고 급진적인 투쟁의 양상을 띠었다. 당시 호세이대학의 교수로 재직 중이던 후지타 쇼조는 학교 당국의 입장에서 이 사건을 맞았다.

에 대한 감사 가운데서, 본문 구성 순서부터 특별히 따로 빼 놓아 이 작업의 '닻'이 되어 주신 분이 헤이본샤平凡社의 류사와 다케시龍澤武 씨다. 이 책의 「사극」, 그리고 그 밖에 『월간 백과』月刊百科에 게재한 글들은 모두 이 분의 신세를 졌다. 그리고 이 책 자체가 류사와 씨의 손에 의해 이러한 형태로 존재할 수 있게 되었다. 논문의 배열 순서에 대해서도 우리는 몇 번이나 상담하고 몇 번이고 바꾸어 보았지만 최종적 결정은 그의 손에 맡겼다. 물론 내가 그에게 부탁한 것이다. 그 까닭은 다름 아니라 내 보잘것없는 글들을 가장 정밀하게 읽어 내 주신 분이 류사와 씨였기 때문이다.(헤이본샤의 고바야시 쇼이치로小林祥一郎 씨와 야마모토 고지山本幸司 씨, 그리고 오비 씨와 미스즈쇼보의 가토 게이지加藤敬事 씨, 또 이토 오사무 씨 역시 시간을 할애하여 읽어 주셨음을 덧붙인다.)

이 12년간은 마지막 2년을 빼면 나로선 비교적 괴로운 시기였으나, 그 시간 내내 류사와 씨는 나에게, 고풍스러운 용어를 사용하자면 연소기예年少氣銳의, 감수성 넘치는, 그러면서도 침착하기 그지없는 '동지'이자 '친우'였다. 서로가 서로에게 그러한 사람이어서, 거의 모든 면에서 공동으로 사물을 대해 왔다고 해도 아마 과언은 아닐 것이다. 연구회를 몇 가지나 같이했으며, 대인 관계에 있어서조차 공동으로 대했던 경우가 적지 않다. 독서 경향이나 예술·예능적인 경험도 전부 서로 교환해 왔다고 해도 될 것이다. 그리고 그 교환 속에서 그에게서 배운 것이 많다. 그럼에도 책을 출판하기로 했던 그와의 약속은 10년을 넘겨, 이제 가까스로 한 권을 내게 된 게 고작이다. 그의 우정 어린 인내에 대해서는 뭐라 감사를 표현할 말이 없다. 그래서 적어도 이 책에 수록된 글에 대해서만큼은, 기존의 나와는 달리 거의 '있는 힘'을 다해 퇴고 작업을 거쳤다. 물론 논지의 골격에는 조금의 변경도 없었으나, 표현이 혼탁한 부분이나 사고 전개에 막힘이 보이는 부분에 가필을 더하고 필요 없는 문언이 부주의하게 들어간 곳을 절제하며, 조잡한 나 나름대로

성의를 다해 솜씨를 발휘했다. 나는 이전에는(지금도 어떤 의미에서는 그렇지만) 책을 낸다는 일에 대해 '어찌 되든 상관없다'고 생각했기에 지금껏 내 책들은 거의 갖다 버리듯이, 수록 논문을 결정하자마자 책으로 만들어 왔다. 그러나 이번에는 다르다. 과잉된 다산多産이 특질이 된 오늘날의 상황 속에서, 스스로 발벗고 나서서 산출하는 것까지는 아니더라도 어쨌든 책을 내는 이상은, 그 각각의 '단편'斷片이 일정한 방식으로 **완성** 혹은 **배열되었을** 때 그로부터 길게 이어지며 대단원으로 마무리되는 전통적 형태의 '스토리'를 대신해 대체 어떠한 '일관된 외양(形姿)'이 새로운 형태를 띤 '줄거리'의 '형식'으로 나타날 수 있을지를 시도해 보아야만 한다고 생각했다. 그러한 시도 자체가 현대 정신의 주제가 되어야 한다는 생각마저 든다. 이 경우에 '구성 단위'가 어째서 '단편'이어야 하는가에 대해서는 본문 가운데서 이미 말했다고 생각한다. 이 책 속의 '미완' 논문 두 편도 서툰 솜씨이기는 하지만 그 자체로 완성된 '단편'이라고 생각했기에 수록했다. 실은 아직도 손을 대고 싶은 데가 곳곳에 남아 있지만, 그러나 시간의 제약 또한 역량의 부족을 보여 주는 소중한 지표이기에 여기서 종지부를 찍기로 했다. 퇴고에 힘을 쏟은 결과 인쇄와 교정을 담당해 주신 모르는 분들께 폐를 끼치게 된 데 마음 깊숙이 사과 말씀을 드린다.(특히 주의와 이해가 어우러진 훌륭한 교정을 해 주신 담당자 분께는 사과와 더불어 경의와 감사를 바치고 싶다.) 그러나 나로서는 그렇게 무리를 감행하면서까지, 여기서 시도해 본 몽타주에 '혼신의 힘을 투입'함으로써 오랜 기간에 걸친 류사와 씨의 우정과 인내에 보답하고 싶었다. 이해해 주시기를 부탁드린다.

이 책에 직접적으로 관련된 분들에 대한 감사는 위와 같다. 그러나 1970년부터 10년간 나를 지탱토록 해 주신 친구들은 그 밖에도 많다. 이미 언급한 오비 씨나 고바야시 쇼이치로 씨, 다니가와 기미히코 씨와 야마모토 고지 씨를 제외하고도, 마쓰모토 쇼지松本昌次 씨를 비롯한 미라이샤未来社 분들, 다마이 고이치玉井五一 씨를 비롯한 소주샤創樹社 분들에 대해서는 드리고픈 감사의 말이 많다. 거기에 덧붙여 지바대학, 홋카이도대학, 나고야대학과 외국의 대학에서 집중 강의로 벌이할 곳을 만들어 주신 국내외 몇몇 친구들의 존재는 잊을 수 없다. 하지만 그 이상으로 원래대로라면 특필해야 마땅할 두세 분 선배와 친구의 특별한 후의와 조언들이 있었으나 그분들에 대해 **여기서는** 이름을 들지 않기로 하겠다. 이 책과의 관계를 넘어 더 전면적이었던 분들에 대한 내 감사는, 언젠가 새롭게 다른 형태로 말씀드릴 기회를 갖고 싶다. 그보다 지금은, 12년 전 내가 학교 교사를 그만두었을 때 그해 내 세미나 학생이었던 분들이 이후 10년 동안 그대로 연구회를 함께하며, 이제는 30대 중반 가까워진 나이에 각자의 직장에 근무하면서도 여전히 의연하게 그 자세를 바꾸지 않고 있다는 점 한 가지만 보고해 두고자 한다. 그분들 각자가 노력한 결과 그들의 이해력과 비평력은 지금 넓은 범위에 걸쳐 성숙의 경지에 달해 가고 있다고 생각한다. 1970년은 그런 사람들을 배출해 냈던 것이다. 이 젊은 친구들 역시 앞서 말한 분들과 함께 나를 뒷받침해 주셨다. 지금 다시금 마음으로부터 감사를 드린다.

이와 같은 유대는 시간이 흐르며 서로의 사이에, 때때로의 내적 갈등을 포함해 분명히 하나의 작은 '사회'를 형성했다. 그것은 정지적인 고정 질서와는 반대로 다양성과 상호 갈등을 포함하는 살아 있는 움직임으로서 '하나의 사회'였다. 이 '사회'에 이 책—분명 보잘것없는 책이지만 그래도 있는 힘을 다한 정진의 소산임에 틀림없는 이 책—을 그분들 각각에 대한 경의와 함께 바치고 싶다.

해설

# 사라져 가는 것으로부터의 유토피아
―역사와 운명을 짊어지는 자

무토 다케요시武藤武美
(일본문학자)

전후 정신에 빛을 남긴 걸작의 대부분은 장르를 불문하고 그 창조자들이 15년전쟁[1] 중에 벌인 저항 속에서 태어났다. 탄압과 억압에 의한 '질곡을 전轉하여 바리케이드'(하나다 기요테루花田淸輝)를 구축하면서 반전 공격을 준비했던 것이다. 이 책의 저자 후지타 쇼조도, 세대는 그들보다 아래지만 전쟁 말기부터 전후戰後에 걸친 '붕괴'와 '멸망'과 '폐허' 속에서 '천황제적인 것'에 대한 그의 정신사적 '저항'을 개시했다. 전쟁과 전후의 암시장적 상황 속에서 국가는 시민의 생명을 지키는 기능을 완전히 상실했고, 사람들은 '벌거숭이'로 폐허 속에 내몰려 죽음을 직면하고 있었으며, 살아남기 위해서는 타인을 죽이게 될지도 모르는 그러한 '황야의 결투'에 **평등하게** 내몰려 있었다. 그것은 실로 홉스적인 자연 상태의 출현이었다. 그러나 그 상태는 동시에 메이지 이래 처음으로 이 나라 사람들을 국가로부터 정신적으로 해방시켰으며, 권력의 공백과 혼돈스런 혼란 속에 비로소 자기 일은 자기 판단으로 자유롭게 결

---

1    15년전쟁: 1931년 9월에 일어난 만주사변에서부터 1945년 8월15일의 패전에 이르는 시기까지 일본이 벌인 대외 전쟁. 만주사변-중일전쟁-태평양전쟁으로 이어지는 사건들을, 일본 제국주의의 일관된 침략적 기반하에 수행된 일련의 연결 관계로 보는 관점에서 일컫는 명칭이다.

정할 수 있는 최초의 찬스가 도래했다. 그것은 주체적 개인에 의해 아래로부터 자생적으로 사회가 형성될 수 있는 절호의 기회이기도 했으나, 이때마저 자주적 룰은 확립되지 못한 채 기구적으로 위로부터의 질서가 밀어닥쳐 왔다. 자유로운 주체에 의한 사회 형성을 저해한 그것이야말로 천황제적 국가였기에, 이후 저자는 근대 천황제의 지배 원리에 대한 해명과 그것의 극복에 의한 자유로운 정신 주체와 인민 주권의 확립을 목표로 삼게 된다. 저자에게 그 획기적 계기는 1971년 호세이대학에서 퇴직한 뒤 10년간의 '로닌浪人 생활'이었다. 전문가로서 녹을 먹기를 단호히 거부하고 재산이나 지위나 명예 등과는 싹둑 연을 끊고는 '일개 그 자체의 존재'로 화하여 고대·중세사, 고전문학, 사회사상사, 인류학, 신화학 등의 학문 경계를 '횡행'하면서 그 틀들을 근저에서부터 돌파했고, 여러 '세미나'와 연구회와 공부회에 '자리'를 열어서는 담론풍발談論風發하고 당의즉묘當意卽妙한 상호주체적 '대화'를 전개하면서 사고방식과 감수성의 바람직한 모습에 대해 철저히 고찰했다. 그것은 한빈한 '걸식자'로 몰골을 바꾸고 '경계'를 편력하면서 동료들의 정신을 조직해 획기적인 하이카이俳諧를 창조해 내던 바쇼芭蕉[2]적 정신의 현대적 재생이기도 했다. 저자는 모든 이해관계로부터 이탈하여 일개 '정신의 거렁뱅이'로 '영락'함으로써 정신의 자유와 내면의 자립을 자기 것으로 만들었고 그러한 '독립 정신'으로 사물을 즉물적으로 관찰했다. 관찰하는 사물과 동일한 지점에 서서 그 사물을 냉정하게 받아들임으로써 정신의 모습이나 생활 방식을 사물과의 관계 속에서 고찰하는 것, 사물과 사건의 자유로운 상호 교섭으로부터 인간의 경험이 태어나는 것, 인간의 경험이 침전되어 있는 게 '사물'인 만큼 현대에는 상실

---

2    바쇼芭蕉: 하이쿠俳句의 명인으로 불리는 에도 시대의 시인 마쓰오 바쇼松尾芭蕉(1644~1699)를 가리킨다.

돼 버린 소중한 경험을 '단편'이나 '흔적'인 과거의 '유물'로 되돌아가서 발견해 그곳에 결정화結晶化해 있는 정신을 인류사적으로 다시금 더듬어 내는 것—그것이 바로 저자가 말하는 '정신사'이며, 이러한 사고방법에 의한 선명한 결실이 이 책『정신사적 고찰』인 것이다.

「어느 상실의 경험」은 이러한 저자의 철학을 가장 잘 표현하고 있다. 태고의 인류 사회(본원적 사회)로부터 계승된 인류사의 핵에 존재하던 것—성년식과 그에 관한 이야기, 그리고 동화나 숨바꼭질에 내포된 시련을 포함한 사회적 경험과 그 안의 상호주체적 세계—를 재발견해, 이와의 정신사적인 대조를 통해 현대가 그 상호주체적 경험을 섬멸하는 완전히 새로운 '야만'이 발호하는 시대임을 멋지게 비추어 냈다. 정신이 존속하기 위해서는 자유로운 상호적 사회를 재생시켜야만 하며, 이때 승리자에게는 즉시 '그 위치를 떠나' 실패와 패배를 각오하고 사물의 기초로부터 다시 시작함으로써 패배자와 그 경험을 공유하는, 그러한 정신적 태도가 요구된다. '자기를 무너뜨리는 데서 시작해' '기초에 이르는 붕괴와 몰락'을 살아 내는 자아말로 정신의 파멸로부터 재생될 수 있다고 말하는 것이다. 그리고서 저자는 태고로부터 인류 수천 년에 걸친 '붕괴와 패배의 정신사'를 과거의 몇몇 '단편'을 따라 한 번에 질주한다. 고대 궁정의 전락기와 '에도 시대'의 붕괴기와 '유신 정신'의 변질기와 '쇼와 군국 시대'의 '자폭기'와 전후의 암시장적 혼란기 등을 빠르게 지나 도달한 이 책 마지막의 「신품 문화」에서는, '경험'을 상실한 현대 위기의 핵심을 에른스트 블로흐가 말하는 '이성 없는 합리화'로 파악하고 그것을 극복하기 위해 '상상력의 비약성과 이성의 다의성과 경험의 상호주체성을 조합'할 것을 주장한다.

어째서 '패배의 경험'이 소중할까? '경험'이란 '사물과의 사이에서 벌어지는, 놀라움으로 가득한 동시에 고통을 동반하는 상호 교섭'('오늘의 경험')이며, '패배의 경험'에 이르러서야 제멋대로의 고집과 편견과 선입견이 철저히 분쇄되고 자명하다 생각했던 것이 전부 붕괴한 혼돈스러운 미지의 사태와 어찌할 바 없이 충돌하게 된다. 거기엔 의도나 주관을 배신하는 예기치 못한 결과의 연쇄가 가로놓여 있으며, 이러한 의도와 결과, 의식과 존재 간에 일어나는 '엇갈림'의 '고통'을 일신에 체현하는 '수난자'인 '패자'와 '몰락자'야말로 편견과 고집으로부터 해방되어 타자와 사물을 향해 스스로를 개방하고 그들과 자신의 관계를 기초에서부터 다시 바라볼 수 있게 되는 것이다. 그것은 또한 사물을 매개로 삼아 자기에 대한 이해를 심화하는 일이며, 그로써 자신의 '실패'와 '몰락'을 유머와 쓰디쓴 아이러니로 내치는 희극적 정신도 획득할 수 있게 된다. 그리하여 '패배자'는 '실패'의 연속 끝에서 저 채플린 영화의 마지막 장면처럼 경쾌하게 재출발할 수 있는 것이다. 실로 '혼돈'을 벗어나는 '단테적 지옥 여행' 속에야말로 경험의 전형적 외양(形姿)이 존재한다.

눈앞에 가로놓인 '엇갈림의 벽'은 예로부터 '운명'이나 '섭리' 등으로 불렸으며 여기에 절망적으로 도전하는 자를 '비극 영웅'이라 일컬어 왔으나, '현대의 영웅'은 이 '엇갈림의 고통'을 전신으로 수용할 수밖에 없는 영락한 '난민'과 '몰락자' 뿐이다. 이러한 '엇갈림'에 의한 '패자의 희비극'을 매개로 역사의 맷돌은 회전해 나가며, 이를 '이성의 교지狡智'라 한다면 수난자야말로 악마적 교지에 의한 역사의 에볼루션(회전)과 인간의 운명을 일신에 짊어진 역사적 주체라 할 수 있을 것이다. 그리하여 『정신사적 고찰』에서는, 저자 안에 깊이 내재한 '파우스트'적이며 헤겔적인 다이나믹한 정신을 발견할 수 있는 것이다.

'현대'는 제1차대전의 대재앙에서 출발했고 그로부터의 재생을 바라는 기원祈願이 주요 사상 속에 들어가 있지만 그 기도는 아직도 실현되지 않았다. 정반대로 파국적 상황은 극한까지 도달해, 인간 정신과의 상호 교섭을 거부하고 아나키anarchy하게 자기증식을 계속하는 소외의 극한인 '자본주의'(로자 룩셈부르크)에 의해 지구 전체가 잡아먹힐 지경에 이르렀다. 나아가 방대한 '수난자'를 만들어 내는 이 글로벌한 '수탈'을 자기 '연명 장치'로 삼음으로써 '경험이 죽어 가는 몸'을 간신히 유지하고 있는 게 현대의 도시다. 그곳에서 주체는 사물로서의 실체를 완전히 상실한 기호와 정보의 네트워크에 속박되어, 그 자신이 '니힐한 허공'으로 화한 채 공허한 '지금'을 표류하는 수밖에 없다. 역사적 사고와 상상력과 현실 감각, 실재감이 완전히 결여된 것이 바로 현재다. '경험'과 '역사'가 소멸하려 할 때 그 재생을 바라는 자는 어떻게 해야 하나? 그때야말로 암흑의 혼돈, 시초의 근원으로 '몰락'해야 한다. '초월'과 '비약'을 포함한 탄력적 상상력을 작용시켜 역사의 회전(레볼루션)을 역전시키면서 태고의 시원에 이르기까지 회전시켜 보는 것이다. 그곳에는 경험적 정신의 기초가 되는 상호성의 수원水源이 있다. 저자는 아득히 먼 곳에 있는 원시 속에서 영원의 저편에 있는 내세의 유토피아를 발견했으며, 그것은 루소적이며 마르크스적인 상상력의 재생이었다. '이미 잃어버린 것'과 '아직 실현되지 않은 것' 사이에 강건하고도 휘는 듯한 다리를 걸쳐 놓은 것이다. 벤야민이 말한 대로 '지나가 버린 것들 속에 희망의 빛을 자아내는 것이 있다'면 시초의 근원을 향하는 길은 '미래에 대한 희망에 찬 귀로歸路'이며, 유토피아에 대한 상상력은 태고의 조형祖型까지 도달한다.

'경험'은 원래 양의적인 부피를 갖는데 저자는 태고(전세)와 미래(내세), 죽음과 재생, 몰락과 부활, 파멸과 구제 등 '극한끼리의 변증법'(마틴 제이)이라는 알레고리컬한 방법으로 일관해 경험의 다의적인 제상諸相을 그려 냈다. 그리고 '과거의 이미지란 단 한 번의 번뜩임으로밖에 포착할 수 없는'(벤야민) 것인 이상, 과거 경험들의 결정은 '흔들면 눈 내리는 풍경이 나타나는' 저 '유리구슬 장난감'을 한 번 흔들었을 때 훌쩍 나타나는 것과 같은 '단편'과 '절편'切片으로서만 표현된다. 게다가 그 '단편'의 이미지 속에는 경험의 '숨겨진 차원'이 중층적으로 압축되어 있을 수밖에 없으며, 따라서 그 표현은 깎아 내고 깎아 낸, 추상도 높고 다의적인 '에세이' 형식을 취하게 된다. 이처럼 경험의 결정이라는 게 '단편' 그 자체로 완벽하게 표현된 '형식'에 결합하는 것이고 '혼' 魂이란 '정신의 기저에 숨겨져 작용하는 진실된 것의 영위'라면, 실로 『정신사적 고찰』이라는 한 권의 책이야말로 '혼과 형식'(루카치)이 남김 없이 구현된 '에세이'다. '형식'에 내재된 '혼'이 생기 넘치는 빛을 뿜고 있는 것이다.

말할 것도 없이 '패배의 경험'에는 결코 허울 좋게 마무리될 수 없는 '증오'와 '굴욕'과 '원한'과 '후회' 같은 게 덧칠돼 있다. 그것을 '고통'과 함께 수용하고 패자와 공유하고자 하는 용기 있는 의협심이 저자를 '쓰게끔' 만들었다. '쓰는' 일은 저자에게는 고통과 함께하며 그것을 견디는 일에 다름 아니다. 이렇게 '쓴다'는 행위에는 항상 매명적賣名的 성격이 맴돈다. '쓰는' 행위로 인해 점점 '허영'으로 타락해 가는 '병리 현상'이 만연하고 말 자체가 사물과 괴리되어 허위의 신호체계로 화해 가고 있는 때에 저자는 '쓰는' 작업에 내부로부터 브레이크를 건다. 고통을 받아들이는 저자의 표현에는 오히려 '쓰지 않으리라'는, 과묵함을 향한 억제가 깊이 내재돼 있으며 그 침묵과 억제로 뒷받침되고 그것을 탄력으로 삼아서만, '쓴다'는 역설적이며 '쓰디쓴' 행위가 성립하는 것이다. 저자가 과필寡筆인 까닭이 거기 있다. 저자의 에세이에는 양가적인 '침묵하기 위한, 침묵을 말하기 위한 말'(이시하라 요시로石原吉郎)[3]들이 빈틈없이 차 있으며 그 문체로부터는 '과필의 빛'이라고도 부를 만한 '또 하나의 섬광'이 뿜어져 나온다.

3    이시하라 요시로(1915~1977): 시인. 종전되던 해에 소련군에게 붙잡혀 중노동형에 처해졌다가 1953년 특사로 귀환했다. 시베리아 체험과 기독교 신앙을 중심으로 한 작품 세계를 구축했다.

옮긴이 해설

누군가 후지타 쇼조를 일컬어 마루야마 마사오丸山眞男의 오니고鬼子(부모를 닮지 않은 아이)라 칭한 적이 있다. 타당한 표현이라 생각한다. 전후 일본 최고의 지성 마루야마는 실은 상당히 다면적인 인물로, 이를테면 '정치적 리얼리즘', '정신적 귀족주의', '영구 혁명으로서의 민주주의'와 같이 쉽사리 조화되기 어려운 아이디어들이 그의 사상 속에 공존했다. 이러한 모순적 포용력으로 말미암아 마루야마 이후의 차세대 주자들은 한편으로는 마루야마로부터 큰 영향을 받고 그에게 공명하면서도, 다른 한편으로는 마루야마를 전혀 닮지 않은 궤적을 걸어가며 결과적으로 전후 사상계의 진폭을 넓힐 수 있었다고도 할 수 있겠다. 그러한 의미에서 후지타는 마루야마의 훌륭한 오니고 중 한 사람이다.

1927년, 쇼와 2년생인 후지타는 쇼와 시대와 함께 나이를 먹어 가며 인생의 대부분을 보낸 그야말로 쇼와의 인간이었다. 에히메愛媛 현의 작은 지방도시에서 소년기를 보낸 뒤, 1945년 2월 그는 육군예과사관학교陸軍予科士官學校에 입학한다. 같은 해 그의 두 형은 각각 필리핀과 오키나와에서 전사하였고, '다음은 내 차례구나' 하는 마음으로 훈련을 받던 후지타는 갑작스런 패전을 맞이하게 된다. 이후 그는 양친의 향리인 오미시마大三島로 귀향하여 전후의 2년간을 보낸다.

종전 직후의 혼란스런 시기를 후지타는 비교적 밝은 기분으로 보냈던 듯하다. 두세 가지 이유를 생각해 볼 수 있는데, 하나는 패전으로 말미암아 출전—그리고 아마도 전사戰死—을 눈앞에 두고 있던 상황으로부터, 즉 죽음의 공포로부터 해방되었다는 사실일 터이고 또 하나는 그가 전쟁에 대한 책임이나 회한을 느끼기에는 아직 젊은(어린) 십대 청년이었다는 점, 그리고 한편으로는 그가 종전 직후 지방의 섬마을에서 농사를 도우며 지냈기 때문에 오히려 대도시에 만연했던 심각한 굶주림으로부터 비교적 자유로울 수 있었다는 점일 것이다.

패전으로 인해 전시戰時 체제와 검열이 사라지면서 노도와 같이 쏟아진 새로운 출판물과 번역물의 세계는 명민한 청년 후지타에게 신선한 흥분으로 다가왔다. 그중에서도 마루야마의 1946년 논문 「초국가주의의 논리와 심리」와 1949년의 「군국 지배자의 정신형태」는 후지타로 하여금 마루야마 문하에 들어가고 싶다는 강한 욕망을 품게 한다. 그 뜻대로 그는 1950년 도쿄대학 법학부에 입학한 뒤 '마루야마 세미나'에 참가, 1954년에는 병석에 있던 마루야마를 대신해 헤이본샤平凡社 정치학 사전에 '천황제' 항목을 집필하면서 '마루야마 칠드런'의 일인자로서 손색없는 첫걸음을 내딛는다. 이후 논문 「천황제 국가의 지배원리」를 『법학지림』法学志林에 발표하고 호세이法政대학 교수로 취임한 뒤, 지식인 집단 '사상의 과학 연구회'의 쓰루미 슌스케鶴見俊輔 등과 함께한 『공동연구 전향』, 좌담 『전후 일본의 사상』 등 굵직한 작업들로 30대 초반의 나날들을 채워 간다.

그러한 와중에 1960년 미일안보조약 개정 반대 운동, 이른바 '안보'의 계절이 찾아온다. 흔히 '60년 안보'로 불리는 이 운동은 일본의 전후사에서 손꼽히는 굵직한 전환점 중 하나다. 사실 안보 직전의 일본에는 좌우를 막론하고 혁신보다는 안정을 회구하는 보수적 경향이 현저했다. 종전 후의 혼돈기를 지나 1950년대로 접어들면서 한반도에서는 한국전쟁이 발발하는 한편 미국에서는 매카시즘이 기세를 떨쳤고, 그 영향으로 일본 내 혁명 세력에 대한 억제 강화의 일환으로서 공직에서 추방되었던 전범들의 추방령이 해제되는 이른바 '역코스'逆-course가 일어났다. 또한 55년 체제가 성립하면서 보수 합동에 기반한 정치적 안정화가 이루어졌고, 동시에 일본 공산당은 제6회 전국협의회에서 무장혁명노선 포기를 선언하면서 좌파 세력 내부에 혼란을 일으켰다. 이러한 시점에 안보 개정 문제가 사회적인 이슈로 등장한 것이다.

안보는 '미국의 (소련에 대한) 전쟁에 일본이 휘말릴지도 모른다', '다시 한 번 비참한 전시 생활로 돌아가게 될지도 모른다'는 국민적 불안감과 함께 사상 유례없는 대규모 시민 참가를 불러일으켰다. 1960년 6월 18일에는 국회의사당을 둘러싼 데모 참가자 수가 33만 명(경시청 추산 13만 명)을 기록했다. '안보 반대'를 외치며 거리로 쏟아진 거대한 군중 속에서, 후지타를 포함한 많은 지식인들은 '전후 민주주의의 정착'과 '시민의 탄생'을 감격스레 선언했다.

그러나 이와 같은 대대적인 반대에도 불구하고 신안보조약은 결국 체결된다. 반대 운동에 참가했던 지식인들은 우선 인민주권과 의회정치 사이의 괴리를 논했으나, 더욱 당혹스러운 것은 연말에 이루어진 중의원 선거의 결과였다. 자민당은 296석을 얻으며 다시 한 번 선거에서 승리한다. 그뿐만이 아니었다. 신안보 체결 후 사퇴한 기시 노부스케岸信介의 뒤를 이어 성립한 이케다 하야토池田勇人 내각은 '소득배증 계획'으로 대표되는 경제성장 정책을 보란 듯이 성공시킨다. 10년 안에 국민소득을 두 배로 만들겠다는 이 계획은 세간에 '월급 두 배론'으로 유포되며 큰 화제가 되었고, 당시 거의 불가능해 보였던 이 계획의 성공으로 일본 사회는 춥고 배고픈 패전 직후의 '전후'에 종지부를 찍고 부자 나라 일본을 향한 이륙 궤도에 오른다. 이른바 고도성장기의 시작이다.

샐러리맨들은 두 배로 늘어난 월급으로 당시 '3종 신기神器'라 불리던 냉장고, 텔레비전, 세탁기 등의 신소비재를 사들였다. 노동자들은 더 이상 혁명이 아니라 임금 인상을 요구했다. 종전 직후 가능할 것처럼 보였던 일본 사회의 대대적인 혁신은 점차 리얼리티를 잃고 지지층을 잃어 갔다. 1964년 도쿄 올림픽은 일본이 전쟁의 상흔을 말끔히 씻어 내고 안정된 사회를 구축했음을 세계에 자랑하는 국가적 자축연이었고, 1970년 오사카 엑스포는 당시의 첨단 기술을 한자리에 모아 시연함으로써 새로운 욕망을 자극하고 창출해 내는 근미래적인 사회적 흥분제로 작용했다.

이처럼 안보 이후의 1960년대 일본은 패전, 미군 점령기, 정치적 혼란과 혁명의 불안이라는 어두운 시대를 거쳐 이윽고 밝은 시대로 접어드는 전환기인 것으로 비쳤다. 그러나 바로 이러한 시대 속에서 후지타는 그와는 정반대의 무드를 보인다. 안보를 전후해서 그는 탈당을 둘러싸고 일본 공산당과 마찰을 일으켰고, 학문적 동지였던 '사상의 과학 연구회'로부터도 탈퇴한다. 저작 활동 역시 급격하게 줄어들고, 간혹 집필한 저작들에는 하나같이 짙은 고립감이 드러나 있다. 1968년에는 훗날 본인이 '망명'이라 부르곤 하는 2년간의 영국행으로 일본을 떠나는데, 69년 귀국 후에는 곧바로 일본 전역을 휩쓴 학원분쟁의 동란에 휘말리게 된다. 60년 안보 때에는 기성 체제에 반대를 부르짖는 혁신 세력이었던 그가, 이번에는 래디컬한 학생들과 대립하는 학교 당국의 편에 섰던 것이다.

학원분쟁이 일단락 지어진 1971년, 후지타는 호세이대학 교수직을 사임(의뢰 사직)한다. 이후 시간강사 자리, 출판사, 공사장까지 전전하며 일정한 직업 없이 기고와 강연 등으로 살아가는 10여 년간의 '로닌浪人 생활'이 시작된다. 이 시기 후지타는 고전학자 사이고 노부쓰나西鄕信綱와 교류하며 고전으로의 회귀를 보임과 동시에, 근대-전근대의 구도를 벗어나 중세, 나아가 고대에 이르는 인류학적 역사관에 경도하게 된다. 이 책 『정신사적 고찰』은 바로 이러한 시기에 쓰인 후지타의 역사·정치 에세이들을 모은 책이다.

1970년대 중반부터 1981년 사이에 집필된 이 수록작들은, 후지타 본인의 말대로 비교적 눈에 띄지 않는 작은 잡지들에 게재되었다. 당시 일본은 오일쇼크를 기점으로 고도성장기를 마무리하고 안정성장기에 접어들며 세계 2위의 경제대국으로 자리 잡았다. 1979년에 출판된 에즈라 보겔Ezra Vogel의 『Japan as Number One』이 보여 주듯, 곧 미국을 추월할지도 모른다는 흥분과 기대―미국으로서는 위기감―까지도 존재했다. 풍요로운 일본은 더 이상 꿈이나 목표가 아니라 향유해야 할 현실이었다. 그런 행복하고 안정적인 일본 사회를 향해 후지타가 던진 화두는 다름 아닌 '붕괴'였다.

만년의 후지타는 『정신사적 고찰』에 대해 '일본의 붕괴사를 연대기 순으로 나열한 것'이라 평한 바 있다. 그가 이 책에서 그려 내고 있는 것은 고대에서 율령국가로, 중세에서 메이지로, 메이지에서 쇼와로, 전전에서 전후로, 그리고 전후 초기에서 고도성장기로 변모하던 역사적 순간들에 출현하는 시대적 단절과 전환이다. 그러한 전환점들에서 발생하는 기존 사회의 총체적 붕괴와 혼돈, 카오스를 오히려 적극적으로 평가하고 그 속에서 새로운 시대 건설에 필요한 양의성의 요소를 발견하고자 하는 것이 이 책에서 엿볼 수 있는 후지타의 자세라고 할 수 있다.

1960년대 중반 이후, 후지타는 일본 사회가 고도성장 대신에 지불해야 했던 대가를 집요하게 추적했다. 그것은 대립의 말살로 인한 '경험의 상실'이라는 키워드로 집약할 수 있다. 후지타의 정의에 따르면 '경험'이란 '사물(혹은 사태)과 인간의 상호적인 교섭'이다. 인간이 '사물'에 접할 때, 거기에는 반드시 '사물'의 성질에 의한 일종의 저항이 발생한다. 즉 '사물'과의 교섭은 일방적이고 자의적인 통제를 뛰어넘는 것이며 '사물'이 '사물'인 이유는 그 타자성에 있다고 할 수 있다. '사물'은 일종의 타자이며, 그 타자성으로 인해 그 성질을 완전히 파악하거나 예측할 수 없다. '경험'은 이처럼 미리 그 전모를 알 수 없다는 점, 미리 정해져 있지 않다는 점을 그 본질로 삼으며 그로 인해 인간에게 귀중한 계기가 된다. 예기치 못한 갈등에 부딪힘으로써 인간은 자신의 역량을 확인하고 또 자각하지 못했던 자신의 가능성을 발견할 수도 있다. 즉 '경험'은 이질적인 것과의 대립과 갈등에서 오는 '시련'의 계기를 통해 인간의 단련과 성숙을 가능케 하는 것이다.

그러나 이와 같은 '경험'은 고도성장에 수반하는 시장가치의 범람에 의해 근본적인 변질을 맞게 된다. 1967년의 에세이에서, 후지타는 고도성장으로 말미암아 '상업 의식만이 유일한 사회적 의식으로 나타나고 시장 감각이 모든 행위를 관통하는' 시장의 범람이 이루어지면, 아이러니컬하게도 우선 '시장'의 고유 영역이 없어진다는 점을 지적한다. 그와 더불어 다른 모든 영역의 구분 역시 무의미해지는데, 예를 들어 문화나 학예 영역이라 해도 그 가치 기준이 시장성에만 있는 한 그 영역에서의 모든 행위는 시장에서의 행위와 다름없기 때문이다.

이처럼 사회의 모든 영역이 시장화하면 모든 행위는 궁극적으로 소비로 수렴된다. 하지만 소비는 '경험'이 될 수 없다고 후지타는 말한다. 소비란 '사물'과의 교섭이 아니라 '금전'과의 교섭에 불과하기 때문이다. 본래 '사물'로부터 시련을 받으면서 그 '사물'의 구체적인 성질과 가치를 관찰·고려·판단하는 것이 경험의 의미인데, 소비 행위에서 유일한 저항과 제한은 금전이라는 '인쇄된 종이 조각의 보유량 한계'뿐이다. 이것이 가치 영역에서 일어나는 '금전의 전제專制'이며, 그로 인해 '가격'은 알지만 '가치'는 알지 못하는 사람들이 범람하게 된다. 실로 다양한 차원에서 전개된 후지타의 고도성장 비판 가운데, '경험의 상실'이라는 키워드에 구심점을 두는 이러한 맥락의 비판은 자본주의 문명 비판으로서의 보편성을 지닌다고 볼 수 있겠다.

『정신사적 고찰』은 1982년 출판 당시 큰 반향을 불러일으키며 각계의 주목을 받았다.(「어느 상실의 경험」 에세이의 경우, 그 난해함으로 말미암아 대학 입시에 독해 문제 지문으로 사용되어 인구에 회자된 바가 있다.) 거칠게 말하자면 당시 좌파 마루야마 학파의 수재로 간주되었던 후지타가 오랜 기간의 침묵—으로 세간에 비추어졌던—을 깨고 귀환하여, 마르크스주의와 근대정치학에 공통되는 근대-전근대의 구도를 벗어나 인류학적 수법을 구사하며 고대와 중세에 주목하는 새로운 시점을 선보인 것이다. 이러한 경향은 레비스트로스C. Lévi-Strauss의 저작이 번역되는 한편 야마구치 마사오山口昌男가 인기 지식인으로 부상하던 70년대 일본 인류학 붐의 연장선상에 있다고 볼 수도 있지만, 후지타의 텍스트 세계 내부에서 보자면 그가 초기부터 견지하고 있던 원시적 에너지에 대한 관심—이를테면 1960년대 '안보기'의 발언에 등장하는 '원인原人적 시민'이라는 아이디어—의 발전이라 할 수 있을 것이다.

무정부 상태에 가까운 카오스 속에서 사람들이 서로의 생존을 위해 상호 원조와 구성력을 발휘해 주체적으로 새로운 질서를 수립해 가는 과정을, 후지타는 이성적이고 건조한 근대 계약론 등과는 전혀 다른 각도에서 파악하고자 한다. 이와 더불어 그가 1980년대 중반에 전개한 현대 사회의 순응주의(conformism) 비판—완성된 질서 속에서 마치 컨베이어 벨트에 올려진 제조품처럼 어떤 근본적 단절도 도약도 없이 이어지는 생의 자동화와, 그 근저에 존재하는 불쾌함을 말소하고자 하는 영구운동인 '안락을 향한 전체주의'에 대한—과, 그에 대항해 상호 저항과 대립을, 즉 '불쾌'의 요소를 포함할 수밖에 없는 상호 교섭의 필요성을 역설하는 후지타의 사고는 특히 3·11 동일본대지진이라는 또 한 번의 붕괴기를 맞은 일본 사회에서 다시금 상기되고 있다.

지금까지 한국에 번역된 후지타의 저작은 『천황제 국가의 지배원리』, 『전향의 사상사적 연구』, 『전체주의의 시대경험』 세 권이다. 앞의 두 권은 1950년대 후반~1960년대 초기에 발표된 초기 후지타의 정수이며, 뒤의 『전체주의』는 후지타의 지인이기도 한 재일 지식인 이순애 씨에 의한 후기 중심의 셀렉션이다.(이 책과도 수록작 두 편이 겹친다.) 여기 이 책은 예리한 두뇌의 힘과 전위적 패기에 차 있는 초기 저작과, 다소 묵시록적인 문명 비판이 중심이 되는 만년 저작 사이의 중간적인 위치에 설 것이다. 그 공백을 메우는 데 조금이나마 도움이 된다면 역자로서는 더 바랄 것이 없다.

끝으로 이 책의 번역을 가능하게 해 주신 분들께 감사를 드리고 싶다. 2009년 여름, 도쿄대학 법학정치학연구과에서 석사논문을 집필하던 중 지도교수인 가루베 다다시苅部直 교수의 소개로 후지타 저작집의 편집과 출판을 담당했던 미스즈쇼보みすず書房의 전 사장 가토 게이지加藤敬事 씨를 만나게 되었다. 그리고 가토 씨로부터 이 책의 편집을 담당한 전 헤이본샤平凡社 편집자 류사와 다케시龍澤武 씨를 소개받아 이후 두 분과 종종 만나 이야기를 나누게 되었다. 이분들은 비단 후지타뿐만 아니라 인문, 역사, 사상 전반에 이르는 폭넓은 화제와 시각들을 소개해 주셨다. 과연 전후 일본의 지성계를 경험하고 또 구성해 온 장본인들로, 이분들과의 대화를 통해 '스페셜리스트'로서의 학자와는 또 다른, '제너럴리스트'로서의 편집자의 역량과 가치를 실감할 수 있었다.

이러한 인연으로, 위의 두 분과 이와나미쇼텐岩波書店의 전 사장인 오쓰카 신이치大塚信一 씨가 주축이 된 '동아시아출판인회의'에도 약간 관여하게 되었다. 이 회의는 한·중·일과 대만·홍콩의 출판인들이 모여 동아시아 지역이 공유할 가치가 있는 인문서 100권을 공동 선정해 각국에 번역·출판하는 독서공동체 프로젝트를 진행하고 있으며, 그중의 한 권이 바로 『정신사적 고찰』이다. 덕분에 이 책이 30여 년 만에 다시 한국에서 빛을 보고 새로운 독자를 얻을 수 있게 되었으니 참으로 묘하면서도 고마운 인연이다. 시대 경험을 반영한 고전을 선정하고, 또 고전으로부터 읽어 낸 시대정신을 통해 역사를 구성해 가는 '정신사적'

방법이 이 '인문서 100권' 프로젝트에도 역력히 살아 있다고 해야 할 것이다.

위에 언급한 분들 외에도 후지타 쇼조의 이해와 번역에 도움을 주신 분들은 셀 수 없이 많다. 한 분 한 분 성함을 들 수는 없지만, 그동안 신세를 진 선생님들, 선배님들 그리고 친구 분들께 진심으로 감사를 드린다. 마지막으로 2011년 동경 회의에서 조우한 이래 세심하게 마음 써 주시며 번역을 추진해 주신 돌베개 출판사 한철희 사장님, 그리고 제목 선정부터 교정에 이르기까지 꼼꼼하게 살펴 가며 책을 만들어 주신 최혜리 님께 감사를 드린다.

2013년 가을 동경에서
조성은